Word 2013

Die Anleitung in Bildern

von
Christine Peyton

Vierfarben

Sie haben Fragen, Wünsche oder Anregungen zum Buch?
Gerne sind wir für Sie da:

Anmerkungen zum Inhalt des Buches: maike.luebbers@vierfarben.de
Bestellungen und Reklamationen: service@vierfarben.de
Rezensions- und Schulungsexemplare: thomas.losch@vierfarben.de

An diesem Buch haben viele mitgewirkt, insbesondere:

Lektorat Maike Lübbers, Ariane Börder
Korrektorat Alexandra Müller, Olfen
Herstellung Iris Warkus
Einbandgestaltung Sabine Reibeholz
Coverentwurf Daniel Kratzke
Typographie und Layout Vera Brauner
Satz Tilly Mersin
Druck aprinta druck, Wemding

Gesetzt wurde dieses Buch aus der Linotype Syntax (10,25 pt/14,25 pt) in Adobe InDesign CS6. Und gedruckt wurde es auf mattgestrichenem Bilderdruckpapier (115 g/m²). Hergestellt in Deutschland.

Bibliografische Information der Deutschen Nationalbibliothek
Die Deutsche Nationalbibliothek verzeichnet diese Publikation in der Deutschen National-bibliografie; detaillierte bibliografische Daten sind im Internet über http://dnb.d-nb.de abrufbar.

ISBN 978-3-8421-0077-0

1. Auflage 2013
© Vierfarben, Bonn 2013
Vierfarben ist ein Verlag der Galileo Press GmbH
Rheinwerkallee 4, D–53227 Bonn
www.vierfarben.de

Der Verlagsname Vierfarben spielt an auf den Vierfarbdruck, eine Technik zur Erstellung farbiger Bücher. Der Name steht für die Kunst, die Dinge einfach zu machen, um aus dem Einfachen das Ganze lebendig zur Anschauung zu bringen.

Liebe Leserin, lieber Leser,

der ideelle Wert eines handgeschriebenen Textes ist unbestritten, und manch einer denkt mit nostalgischen Gefühlen an die gute alte Schreibmaschine zurück, wenn er sich mit der neuen und oft auch verwirrenden Bedienung des Computers abmüht. Aber wer erst einmal Geschmack an der elektronischen Textverarbeitung gefunden hat, der wird ihre Unkompliziertheit und die Zeitersparnis nicht mehr missen wollen. Keine Schreibfehler mehr am Ende des Blattes, die mühsam korrigiert werden müssen, dafür aber eine Menge Möglichkeiten, um den Text ansprechend zu gestalten.

In diesem Buch zeigt Ihnen Christine Peyton, was mit Microsoft Word alles möglich ist. Ob es um das Verfassen eines einfachen Briefes oder beispielsweise um die gefällige Gestaltung eines Lebenslaufes oder einer Einladung geht – Schritt für Schritt werden Sie durchs Programm geführt und können so Ihre Vorstellungen einfach und schnell zu Papier bringen.

Dieses Buch wurde mit größter Sorgfalt geschrieben und hergestellt. Sollten Sie dennoch einmal Fehler finden oder inhaltliche Anregungen haben, freue ich mich, wenn Sie mit mir in Kontakt treten. Für konstruktive Kritik bin ich dabei ebenso offen wie für lobende Worte. Doch zunächst einmal wünsche ich Ihnen viel Freude beim Lesen!

Ihre Maike Lübbers
Lektorat Vierfarben

maike.luebbers@vierfarben.de

Inhalt

Inhalt

6 Drucken 126

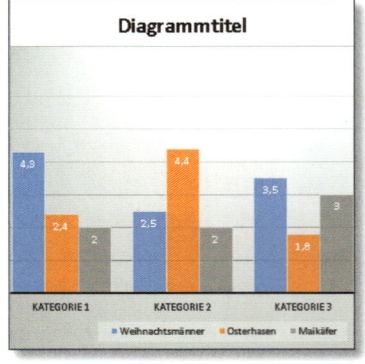

7 Nummerierungen und Aufzählungen 140

8 Tabellen erstellen und bearbeiten 156

9 Grafiken, Diagramme und Videos
einfügen 178

10 Verzeichnisse, Verweise und Co. 212

Inhalt

Kapitel 1
Bevor es losgeht

Bevor wir in die Textverarbeitung mit Word einsteigen, beginnen wir erst einmal mit den Grundlagen. Wenn Sie sich mit diesen Arbeitstechniken schon auskennen, umso besser – ansonsten machen wir Sie nun mit der Bedienung des Computers und dem Start des Programms vertraut.

Tastatur, Maus, Touchpad und Touchscreen
Sowohl mit der Maus als auch mit der Tastatur können Sie das Programm steuern, durch Ihr Dokument navigieren oder Befehle ausführen. Das Touchpad ist dabei die moderne Form der Maus – direkt in den Laptop integriert. Der Touchscreen ersetzt seit Windows 8 häufig Maus, Tastatur und Touchpad ❶.

Erste Schritte
Dann geht es weiter mit Word 2013 ❷ selbst. Wie wird es geöffnet, und welche Einstellungen sollten Sie zuerst vornehmen, um sich die Arbeit zu erleichtern? Blenden Sie z. B. Steuerzeichen ein, oder lernen Sie, wie Sie Änderungen zurücknehmen.

1 Ob Tastatur, Maus oder Touchpad, Word 2013 lässt sich auf verschiedene Weisen steuern.

Mit einem Klick auf die Kachel öffnet sich das Programm, und Word steht Ihnen mit seinen vielen Möglichkeiten zur Verfügung.

So funktioniert die Tastatur

Wir möchten Ihnen zunächst zeigen, wie Sie die Tastatur am PC benutzen und welche Besonderheiten sie hat.

1 Großschreibung

Starten Sie Word, und dann nur keine Scheu: Schreiben Sie einfach mal drauflos! Die Anordnung der Zeichen entspricht mehr oder weniger der einer klassischen Tastatur. Für die Großschreibung eines Zeichens drücken Sie die ⇧-Taste ❶.

2 Der Nummernblock

Rechts an der PC-Tastatur befindet sich der Nummernblock ❷ für die bequeme Eingabe von Zahlen und Rechenoperatoren. Den Block schalten Sie mit der Num-Taste an (eine LED leuchtet) oder aus; dann navigieren Sie mit den Tasten durch den Text.

3 Tastenbelegung

Die sogenannte *zweite Belegung* (z. B. das Prozentzeichen % auf der 5) erzeugen Sie, indem Sie mit gedrückter ⇧-Taste ❸ die jeweilige Taste drücken. Für die *dritte Belegung*, z. B. die geschweifte Klammer auf der 7-Taste, halten Sie die Alt Gr-Taste ❹ gedrückt.

4 Die Pfeiltasten

Durch einen Text wandern Sie mit den Pfeiltasten ❺: Sie gehen nach unten ↓ , nach oben ↑ , nach rechts → oder links ← . Praktisch: Die Ende -Taste setzt den Cursor direkt auf das letzte Zeichen einer Zeile, die Pos1 -Taste auf das erste Zeichen.

5 Die Escape-Taste

Die Esc -Taste ❻ ist oft von unschätzbarem Wert. *Esc* steht für »escape«, also »fliehen«. Mit dieser Taste können Sie geöffnete Dialoge wieder verlassen oder eine angefangene Aktion abbrechen.

6 Die Steuerungstaste

Die Strg -Taste ❼ löst in der Regel in Zusammenhang mit einem anderen Zeichen eine Aktion aus, z.B. wird durch Drücken von Strg + C ein markierter Text kopiert. Die Tastenkombination Strg + V fügt den kopierten Text an der Cursorposition ein.

Dauerhaftes Großschreiben

Drücken Sie einmal die ⇧ -Taste ❽, um durchweg großzuschreiben. Jetzt bewirkt die ⇧ -Taste, dass Buchstaben kleingeschrieben werden. Durch erneutes Drücken lösen Sie die ⇧ -Taste wieder.

So funktioniert die Maus

Mit der Maus bewegen Sie den Mauszeiger über den Monitor; per Mausklick werden die meisten Befehle und Aktionen ausgelöst.

1 Linksklick

In einem Word-Dokument setzen Sie per Klick auf die linke Maustaste den Cursor an eine andere Stelle. Außerdem starten Sie per Linksklick Befehle, öffnen Auswahllisten und Dialoge etc. – je nachdem, wo Sie klicken.

2 Rechtsklick

Die Maus hat auch eine rechte Taste. Wenn Sie die rechte Maustaste drücken, rufen Sie in der Regel ein *Kontextmenü* auf. Dies sind Menüs mit variierenden Befehlen; die Auswahl ist jeweils abhängig von der Stelle, an der Sie geklickt haben.

3 Doppelklick

Mitunter benötigen Sie auch einen Doppelklick, d. h., Sie klicken möglichst schnell zweimal hintereinander auf die linke Maustaste. In Word markiert ein Doppelklick z. B. ein Wort. Ordner (Verzeichnisse) werden per Doppelklick geöffnet.

4   Das Scrollrad

Auch das Verhalten des Scrollrades ist von der Position des Mauszeigers abhängig. Befindet er sich auf einem Text, wandern Sie mit dem Scrollrad durch den Text. Ist der Mauszeiger auf einer Registerkarte des Menübandes, wechseln Sie die aktive Registerkarte.

5   Mit der Maus ziehen

Mit der Maus können Sie auch »ziehen«; dazu halten Sie die linke Maustaste gedrückt und wandern in eine Richtung. Für diese Aktion gibt es unterschiedliche Einsatzgebiete. Ziehen Sie z. B. an der Bildlaufleiste, um sich im Text nach unten bzw. oben zu bewegen.

6   Mit rechts ziehen

Dieses »Ziehen« geht auch mit der rechten Maustaste. Möchten Sie z. B. im Explorer eine Datei kopieren, können Sie sie mit gedrückter rechter Maustaste an den Zielort ziehen. Lassen Sie die Maustaste los, erscheint ein Auswahlmenü mit den Befehlen zum Kopieren oder Verschieben.

Wie weit scrollt das Rad?

Sie können über **Systemsteuerung ▸ Maus** auf der Registerkarte **Rad** die Schrittweite des Scrollrades bestimmen.

So benutzen Sie das Touchpad am Notebook

Das Touchpad finden Sie bei den meisten Notebooks oder Netbooks. Sie können damit wie mit einer Maus den Mauscursor bewegen und Aktionen ausführen. Es wird mit den Fingerkuppen bedient, sodass Sie auf die Maus verzichten können.

1 Der Mauszeiger

Zur Positionierung des Mauszeigers fahren Sie mit einer Fingerkuppe leicht über das Touchpad. Der Mauszeiger auf dem Monitor folgt der Bewegung Ihres Fingers.

2 Die Tasten

Unterhalb des Touchpads sind zwei Tasten angeordnet, deren Funktionen denen der Maustasten entsprechen. Für einen Linksklick reicht aber auch ein kurzes Antippen des Touchpads.

3 Doppelklick

Wie mit der Maus können Sie auch mit dem Touchpad einen Doppelklick ausführen. Dazu benutzen Sie die linke Taste Ihres Touchpads. Alle neueren Touchpads unterstützen inzwischen auch den Doppelklick durch zweimaliges Antippen.

4 Scrollen

Auch scrollen können Sie mit dem Touchpad, indem Sie mit den Fingerkuppen darüberstreichen.

5 Ziehen

Das Bewegen der Maus mit gedrückter Maustaste (zum Ziehen oder Markieren) können Sie ebenfalls simulieren. Führen Sie einen »anderthalbfachen« Klick aus, also einen Doppelklick, ohne den Finger nach dem zweiten Klick vom Touchpad abzuheben. Gehen Sie dann gleich in eine Mausbewegung über.

6 Rechtsklick

Für den Rechtsklick verwenden Sie die rechte Taste Ihres Touchpads. Bei einigen Touchpads erzeugt auch das Antippen mit drei Fingern einen Rechtsklick. Dazu sind aber meistens ein aktueller Treiber und schlanke Finger notwendig.

i

Fingereingabe vs. Maus

In diesem Buch ist meistens die Rede von »klicken«, obwohl man an einem Touchscreen auch mit der Fingereingabe arbeiten könnte. In besonderen Fällen weisen wir Sie auf die Möglichkeiten der Fingereingabe hin.

Ein paar Tricks, die das Leben mit Word erleichtern

Manche Tricks, Kniffe und Einstellungen machen das Leben mit Word noch einfacher.

1 Formatierungszeichen

Formatierungszeichen erleichtern die Arbeit und sind nur auf dem Bildschirm zu sehen. Blenden Sie sie also ein, indem Sie auf das Symbol **Alle anzeigen** auf der Registerkarte **Start** klicken.

2 Dokumente wechseln

Mehrere gleichzeitig geöffnete Dateien werden auf der Taskleiste unten am Bildschirm angezeigt. Wenn Sie den Mauszeiger daraufsetzen, erscheinen alle Dokumente in einem kleinen Vorschaufenster. Ein Klick öffnet das Dokument.

3 Aktionen zurücknehmen

Auch in Word gibt es das Symbol **Rückgängig**. Mit dieser praktischen Funktion können Sie Aktionen einfach wieder zurücknehmen, als ob nichts geschehen wäre. Mehrere Aktionen auf einmal machen Sie über den Auswahlpfeil ungeschehen.

4 Immer speichern

Speichern Sie Ihre Dokumente zwischendurch, dazu ist nur ein Mausklick erforderlich. Dies hat nicht nur den Vorteil, dass Sie Ihre Arbeit regelmäßig sichern. Wenn etwas schiefgelaufen ist, können Sie das Dokument schließen, ohne zu speichern, und dann wieder öffnen, um den vorherigen Zustand wiederherzustellen.

5 Druckvorschau

Nur die Druckvorschau zeigt das Dokument so an, wie es im Druck aussehen wird. Sie rufen die Druckvorschau über **Datei ▸ Drucken** auf.

6 Markieren und formatieren

In der Regel gilt: erst markieren, dann agieren! Setzen Sie den Cursor vor das Wort, und ziehen Sie ihn mit gedrückter Maustaste darüber. Stellen Sie auf der Registerkarte **Start** die gewünschte Formatierung ein. Wenn Sie ein einzelnes Wort formatieren möchten, reicht es, den Cursor in dieses Wort zu setzen.

Word vom neuen Startbildschirm aus starten

Viele Wege führen nach Rom und auch zur Arbeit mit Word. Die gängigsten sechs Wege beschreiben wir in diesem Abschnitt.

Schritt 1

Über den neuen Startbildschirm von Windows 8 können Sie Word ganz einfach aufrufen. Klicken oder tippen Sie einfach die Kachel mit der Beschriftung **Word 2013** an.

Schritt 2

Wenn die Word-Kachel nicht gleich an oberster Stelle auf dem Startbildschirm liegt und Sie erst umständlich dorthin wandern müssen, verschieben Sie sie am besten. Klicken oder tippen Sie die Kachel an, und halten Sie sie gedrückt, ziehen Sie sie dann an die gewünschte Stelle, z. B. gleich links auf den Bildschirm.

Schritt 3

Praktisch ist es, Word als Symbol auf die Taskleiste zu legen. Dazu klicken Sie die Kachel auf dem Startbildschirm mit rechts an. Daraufhin wird am unteren Bildschirmrand eine Leiste mit Befehlen angezeigt. Klicken Sie hier auf **An Taskleiste anheften**. Ein einfacher Mausklick auf das Symbol ❶ in der Taskleiste öffnet anschließend das Programm.

Schritt 4

Schnellen Zugriff auf das Programm haben Sie auch, wenn Sie es als Symbol irgendwo auf dem »klassischen« Desktop ablegen. Klicken Sie die Word-Kachel auf dem Startbildschirm mit der rechten Maustaste an. In der unteren Befehlsleiste klicken Sie auf **Speicherort öffnen**.

Schritt 5

Daraufhin wird der Explorer mit dem Pfad zur Word-Datei geöffnet. Klicken Sie mit der rechten Maustaste auf den Eintrag **Word 2013**, und wählen Sie **Senden an ▸ Desktop (Verknüpfung erstellen)**.

Schritt 6

Sie rufen das Programm auch auf, wenn Sie im Explorer eine Word-Datei doppelt anklicken. Mit dieser Aktion werden Word selbst und die entsprechende Datei in Word geöffnet.

Taskleiste aufräumen

Um aufzuräumen, klicken Sie ein Programm-Symbol mit rechts an und wählen im Kontextmenü **Dieses Programm von der Taskleiste lösen**.

Im Trend: Word 2013 auf dem Tablet

Word 2013 können Sie auch auf einem Tablet bedienen. Das geht mit der Maus oder per Fingerberührung.

Schritt 1

Sie haben schon gesehen, dass Word ganz einfach vom Startbildschirm aus aufzurufen ist. Die entsprechende Kachel ❶ befindet sich nach der Installation automatisch auf dem Startbildschirm.

Schritt 2

Klicken Sie die Kachel mit der rechten Maustaste an, wird am unteren Bildschirmrand eine Befehlsleiste eingeblendet. Sie finden hier Befehle für den Umgang mit dem Programm ❷ bzw. der Kachel, z. B. **Von »Start« löschen**, **An Taskleiste anheften** und **Deinstallieren**.

Schritt 3

Um die Befehle in der unteren Leiste per Fingerzeig zu erhalten, tippen Sie die Kachel an, halten den Finger gedrückt und wischen ein wenig nach unten.

Schritt 4

Word 2013 wird auch unter Windows 8 ganz »normal« als Fenster geöffnet. Ein Klick auf das Schließkreuz schließt das Fenster. Sie können das Programm aber auch schließen, indem Sie mit dem Finger vom oberen Rand nach unten wischen.

Schritt 5

Von Word aus gelangen Sie schnell wieder zum Startbildschirm, indem Sie mit der Maus in die untere linke Ecke zeigen und auf die Miniaturvorschau des Startbildschirms klicken.

Schritt 6

Umgekehrt kehren Sie im Nu wieder zu Ihrem (geöffneten) Word-Dokument zurück, wenn Sie auf dem Startbildschirm mit der Maus in die linke obere Ecke zeigen und auf die Miniaturvorschau klicken oder – bei einem Touchbildschirm – vom linken Rand nach rechts wischen.

Startbildschirm-Anzeige

Ganz bequem können Sie sich auch mit der Tastatur jederzeit den Startbildschirm anzeigen lassen: Drücken Sie einfach die Taste mit dem Windows-Symbol.

Word per Touchscreen bedienen

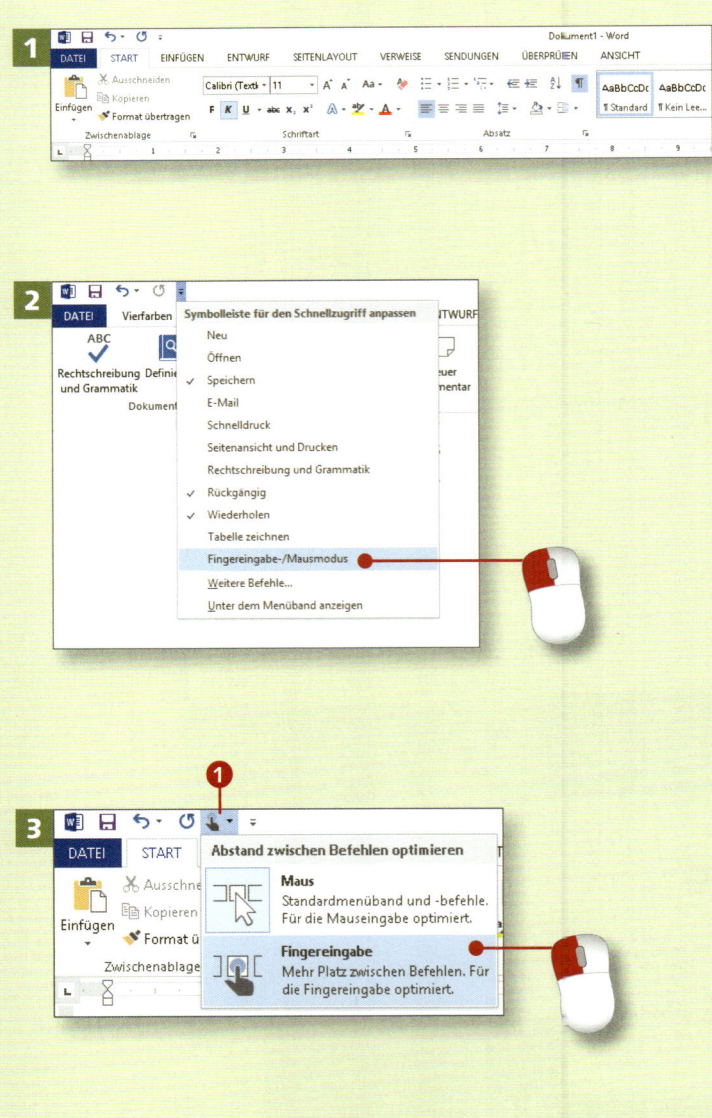

Wenn Sie an einem Touchscreen arbeiten, können Sie Word prinzipiell auch per Fingereingabe bedienen. In vielen Fällen ist das zwar umständlicher als mit der Maus, aber Symbole und Co. lassen sich recht gut antippen.

Schritt 1

Generell ist es möglich, bei der Verwendung eines Touchscreens Word 2013 auch per Fingerzeig zu bedienen. Alle Symbole lassen sich auch antippen, anstatt sie wie üblich mit der Maus anzuklicken.

Schritt 2

Word 2013 bietet einen besonderen Modus für die Fingereingabe an. Klicken Sie auf den kleinen Pfeil, um die Symbolleiste für den Schnellzugriff anzupassen. Aktivieren Sie hier mit einem Klick den Eintrag **Fingereingabe-/Mausmodus**. Klicken Sie daraufhin auf das Symbol **Fingereingabe-/Mausmodus** ❶ in der *Symbolleiste für den Schnellzugriff*.

Schritt 3

Wählen Sie im Menü des Symbols die Option **Fingereingabe**. Mit dieser Einstellung optimieren Sie den Abstand zwischen den Befehlen auf den Registerkarten für die Bedienung mit dem Finger.

Der Modus »Fingereingabe« und Dialoge

Die Dialoge, die Sie über die Pfeile an den einzelnen Gruppen aufrufen, bleiben vom Modus **Fingereingabe** unberührt. Hier sind alle Befehle und Abstände »wie immer«.

Schritt 4

Text zu markieren spielt eine große Rolle bei der Arbeit mit Word. Bei einem Touchscreen können Sie so vorgehen: Tippen Sie an den Anfang der Textpassage, die markiert werden soll. Es erscheint ein Markierungspunkt ❷ unterhalb des Textes.

Schritt 5

Ziehen Sie nun mithilfe des Markierungspunktes mit dem Finger über den zu markierenden Text. Wenn Sie den Finger vom Bildschirm nehmen, um die Markierung zu beenden, erscheint ein weiterer Markierungspunkt ❸.

Schritt 6

Es ist etwas knifflig, das Kontextmenü eines markierten Textes per Fingerzeig aufzurufen. Tippen Sie auf einen markierten Text, um die sogenannte *Minisymbolleiste* zu öffnen. Ganz rechts in dieser Leiste tippen Sie auf den nach unten weisenden Pfeil.

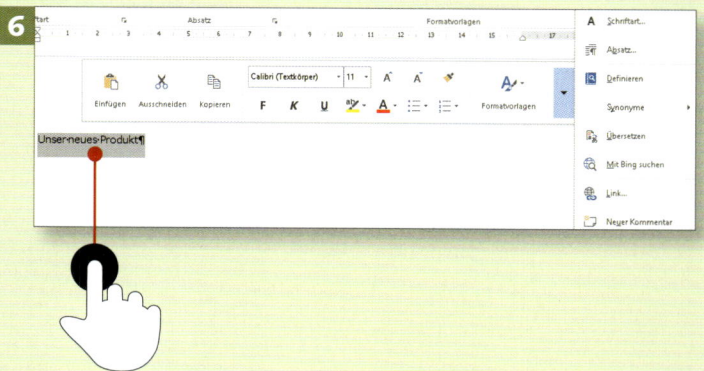

Das Kontextmenü aufrufen

Wenn Sie mit der Maus arbeiten, klicken Sie den markierten Text einfach mit der rechten Maustaste an, um das Kontextmenü aufzurufen.

Kapitel 2
Was ist wo in Word?

Die Registerkarten

Im oberen Teil des Programmfensters sehen Sie die Registerkarten. Auf jeder einzelnen finden sich Befehlsgruppen ❶ zu unterschiedlichen Arbeitsschritten. Über den kleinen Pfeil unten rechts in den Gruppen können Sie Dialogfenster mit weiteren Optionen öffnen.

Den Bildschirm einrichten

Die Bildschirmansicht lässt sich verändern ❷, sodass Sie sie optimal an Ihre Bedürfnisse anpassen können. Verkleinern Sie z. B. die Ansicht, um mehrere Blätter nebeneinander darstellen zu können, oder lassen Sie sich das Dokument als Vollbild anzeigen (ohne Menüband).

Auf den Registerkarten finden sich unterschiedliche Befehlsgruppen zu verschiedenen Arbeitsschritten.

Die Bildschirmansicht lässt sich ganz leicht an Ihre Bedürfnisse anpassen.

Ein erster Überblick

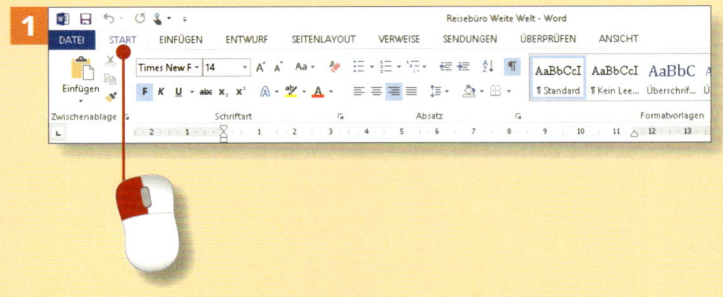

Dieser Abschnitt dient der ersten Orientierung. Wir beschreiben die Registerkarten und was Sie sonst noch auf dem Bildschirm finden.

Schritt 1

Die wichtigen Funktionen sind auf Registerkarten gesammelt, die sich auf dem Menüband befinden. Wechseln Sie zwischen den Registerkarten, indem Sie auf die jeweilige Bezeichnung klicken, z. B. **Start**, **Einfügen** oder **Seitenlayout**.

Schritt 2

Oberhalb des Menübandes links am Bildschirm befindet sich die *Symbolleiste für den Schnellzugriff*. Hier haben Sie in der Standardeinstellung Zugriff auf die Symbole **Speichern**, **Rückgängig** und **Wiederholen** ❶.

Schritt 3

Rechts oben am Bildschirm ❷ finden Sie neben der **Microsoft Word-Hilfe** und dem Symbol **Menüband-Anzeigeoptionen** die Symbole **Minimieren** (zum Ablegen des Programms auf der Taskleiste), **Verkleinern** (ist das Word-Fenster bereits verkleinert, heißt das Symbol **Maximieren**) und **Schließen** (zum Schließen eines Dokuments).

Schritt 4

Klicken Sie auf das Symbol **Verkleinern** ❸, um Word in einem Fenster darzustellen. Die Größe des Fensters können Sie verändern, indem Sie den Mauszeiger an den Rand bzw. eine der Ecken des Fensters führen und mit gedrückter Maustaste nach innen oder nach außen ziehen.

Schritt 5

Unterhalb des Arbeitsbereichs befindet sich die Statusleiste, wo u. a. die Seitenzahl des Dokuments angezeigt wird. Wenn dort z. B. »1 von 3« steht, befindet sich der Cursor auf der Seite 1 eines dreiseitigen Dokuments. Wenn Sie daraufklicken, öffnet sich der **Navigationsbereich**, und Sie können schnell zwischen den Seiten des Dokuments wechseln.

Schritt 6

Rechts unten in der Statusleiste finden Sie die Symbole zum Wechseln der Ansicht (mehr dazu erfahren Sie im Abschnitt »Die verschiedenen Ansichten« ab Seite 34) und den Regler bzw. die Plus- und Minuszeichen zur Veränderung des Zooms der Darstellung. Testen Sie ruhig einmal durch Verschieben des Reglers, wie sich das Dokument ändert.

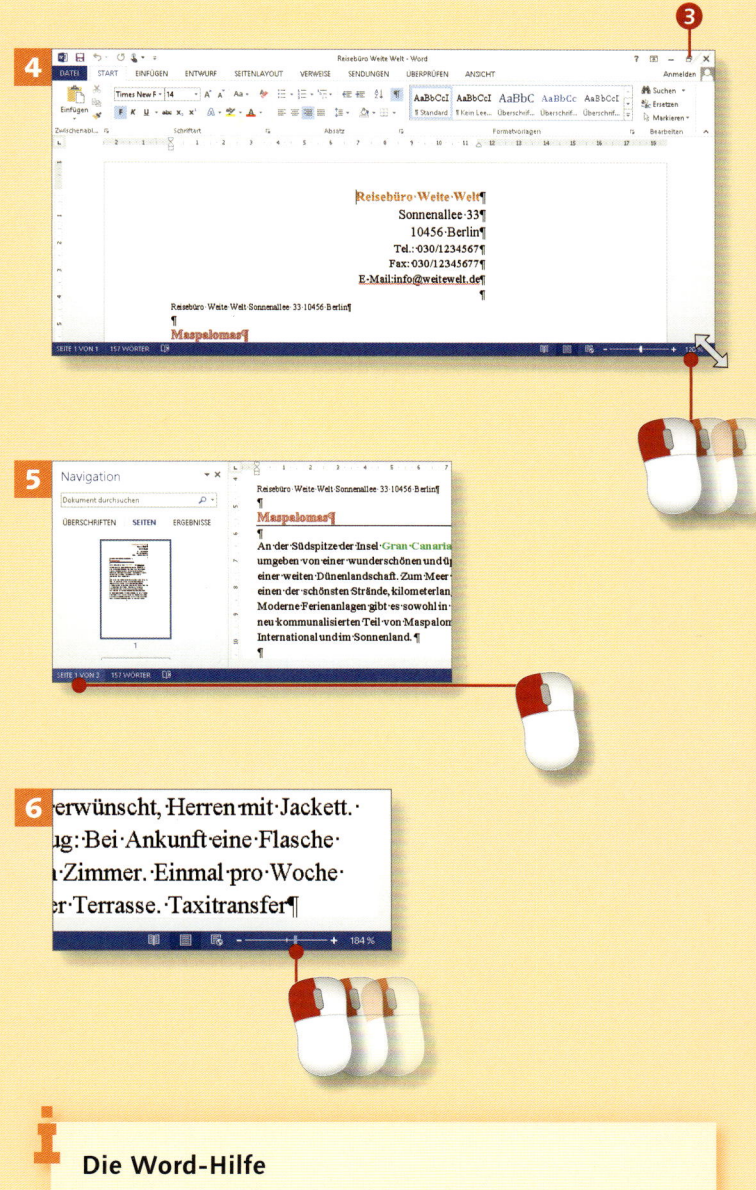

Die Word-Hilfe

Nach wie vor bietet Word eine Hilfe an. Sie rufen sie auf, indem Sie auf das Fragezeichen rechts oben am Bildschirm klicken. Sie erhalten dann ein Fenster mit einem Suchfeld für eine Onlinesuche. Sie können aber auch das Inhaltsverzeichnis aufrufen und die Word-Hilfe auf diese Weise durchforsten.

Die einzelnen Registerkarten – wo finde ich was?

Alles, was Word kann, ist auf Registerkarten zusammengestellt. Wir stellen Ihnen im Folgenden kurz alle Registerkarten vor.

1 »Start«

Normalerweise ist nach dem Aufrufen des Programms die Registerkarte **Start** geöffnet. Hier finden Sie in den verschiedenen Gruppen gängige Möglichkeiten zum Formatieren sowie z. B. die Befehle zum Ausschneiden, Kopieren und Einfügen.

2 »Datei«

Die Registerkarte **Datei** – auch als *Backstage* bezeichnet – bietet Befehle für den alltäglichen Umgang mit Word, u. a. **Speichern unter**, **Öffnen**, ein leeres Dokument öffnen (**Neu**) und **Drucken**.

3 »Einfügen«

Auf der Registerkarte **Einfügen** sind alle Befehle zum Einfügen der verschiedenen Elemente gesammelt, z. B. Tabellen, Onlinegrafiken, Formen, Textfelder und Symbole. Auch Kopf- und Fußzeilen fügen Sie hier mithilfe der entsprechenden Symbole ein.

4 Entwurf

Auf der neuen Registerkarte **Entwurf** werden die Designs angeboten, mit denen Sie Word-Dokumenten ein einheitliches Aussehen verleihen können. Außerdem gibt es hier eine Auswahl an fertigen Dokumentformatierungen.

5 »Seitenlayout«

Mit den Befehlen auf der Registerkarte **Seitenlayout** richten Sie Ihr Dokument ein. Hier können Sie u. a. die Breite der Seitenränder festlegen, die Ausrichtung des Dokuments bestimmen (Hoch- oder Querformat), Zeilennummern hinzufügen und die Spaltenanzahl festlegen.

6 »Verweise«

Für wissenschaftliche Arbeiten und lange Dokumente ist die Registerkarte **Verweise** wichtig. Hier finden Sie Funktionen wie **Fußnote einfügen**, **Inhaltsverzeichnis**, **Literaturverzeichnis**, **Querverweis** und **Index einfügen**.

Die einzelnen Registerkarten (Forts.)

7 »Sendungen«

Auf der Registerkarte **Sendungen** sind alle Befehle rund um die Seriendruckfunktion von Word zusammengestellt. Hier starten Sie den Seriendruck, erstellen die Empfängerliste, fügen Seriendruckfelder ein und führen beide Dateien zu einem Serienbrief zusammen.

8 »Überprüfen«

Die Registerkarte **Überprüfen** enthält im Wesentlichen Befehle, die Sie für die Arbeit im Team benötigen. Sie können z. B. Kommentare einfügen, sich Änderungen anzeigen lassen und Änderungen annehmen bzw. ablehnen. Auch die Rechtschreibprüfung finden Sie hier.

9 »Ansicht«

Auf der Registerkarte **Ansicht** wechseln Sie zwischen den verschiedenen Ansichten von Word, die jeweils für bestimmte Arbeiten besonders geeignet sind. Auch der Zoom zum Ändern der Größe des Dokuments ist hier zu finden.

10 »Tabellentools«

Sobald Sie eine Tabelle eingefügt haben und der Cursor in der Tabelle steht, werden die beiden Kontextregisterkarten (**Entwurf** und **Layout**) der **Tabellentools** zur weiteren Bearbeitung der Tabelle eingeblendet.

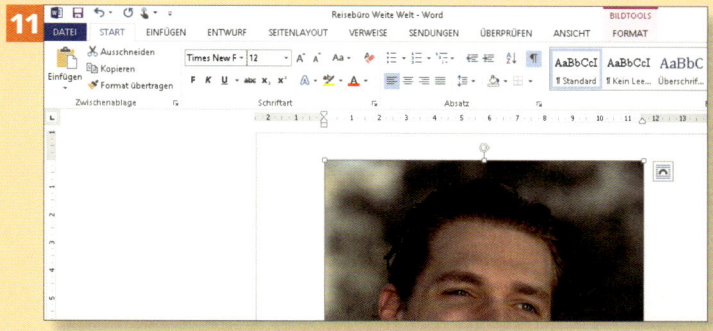

11 »Bildtools«

Für die Bearbeitung von Bildern und Grafiken steht die Registerkarte **Format** der **Bildtools** zur Verfügung. Sie wird eingeblendet, sobald Sie ein Bild in Ihr Dokument einfügen und es markieren.

12 »Zeichentools«

Die Registerkarte **Format** der **Zeichentools** erscheint, wenn Sie in Ihrem Dokument Zeichenelemente (**Formen**) wie Pfeile oder Rechtecke oder ein Textfeld markieren. Auch eine eingefügte WordArt (siehe dazu den Abschnitt »Formatierte Schriftzüge – WordArt« ab Seite 196) blendet die **Zeichentools** ein.

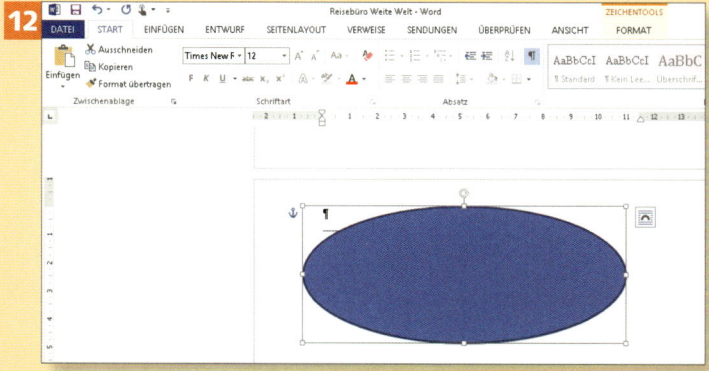

Die Kontexttools

Die Kontextregisterkarten sind nicht auf den ersten Blick sichtbar. Sie tauchen erst auf, wenn sich der Cursor auf bzw. in bestimmten Bildschirmelementen befindet. Die Kontextregisterkarten sind u. a. in **Tabellen-**, **Bild-**, **Zeichen-** sowie **Kopf- und Fußzeilentools** gruppiert.

Die verschiedenen Ansichten

Die verschiedenen Ansichten von Word beeinflussen die Art und Weise, wie ein Dokument auf dem Bildschirm angezeigt wird, nicht aber den eigentlichen Ausdruck.

Schritt 1

Klicken Sie auf **Ansicht ▸ Seitenlayout**. In dieser Ansicht sehen Sie Ihr Dokument mehr oder minder so, wie es im Ausdruck ausgegeben wird. Die Seitenränder werden angezeigt, zwischen den Seiten ist ein deutlicher Abstand zu sehen.

Schritt 2

Wenn Sie ein Dokument bequem lesen möchten, wählen Sie **Ansicht ▸ Lesemodus**. Das Menüband wird ausgeblendet, übrig bleiben oben links drei Menüpunkte zum Umgang mit diesem Modus. Um den Lesemodus wieder zu verlassen, drücken Sie einfach die Esc-Taste.

Schritt 3

Word-Dokumente lassen sich auch in einem Format speichern, das das Dokument als Webseite in einem Browser anzeigen kann. Das **Weblayout** (zu erreichen über **Ansicht ▸ Weblayout**) zeigt, wie Ihr Dokument als Webseite aussehen würde.

Schritt 4

Klicken Sie auf **Ansicht ▸ Gliederung**, um Ihr Dokument in der Gliederungsansicht zu sehen. Diese Ansicht bietet sich für längere Texte mit hierarchischen Gliederungsebenen an, da das Dokument nach Überschriften strukturiert angezeigt wird.

Schritt 5

Um ein Dokument schlicht und ohne Seitenränder anzeigen zu lassen, wählen Sie **Ansicht ▸ Entwurf**. Bestimmte Elemente eines Dokuments (z. B. Kopf- und Fußzeilen) werden in der Entwurfsansicht nicht angezeigt. Der Seitenumbruch erscheint als gepunktete Linie, nicht als Lücke.

Schritt 6

Praktisch: Sie können problemlos zwischen den Ansichten hin und her wechseln, indem Sie einfach auf das entsprechende Symbol der gewünschten Ansicht in der Statusleiste unten rechts am Bildschirm klicken.

Neues Fenster

Auch die Möglichkeit, das aktuelle Dokument in einem neuen Fenster zu öffnen, finden Sie auf der Registerkarte **Ansicht**. Klicken Sie dazu auf das Symbol **Neues Fenster** ❶.

Praktisch: der neue Lesemodus

Der Lesemodus bietet sich an, wenn Sie einen Text bequem lesen möchten. Registerkarten und Befehle verschwinden, und Sie können sich ganz auf den Text konzentrieren.

Schritt 1

Der Lesemodus gehört zu den von Word angebotenen Ansichten. Aktivieren Sie also die Registerkarte **Ansicht**, und klicken Sie auf das Symbol **Lesemodus**.

Schritt 2

Daraufhin wird der Bildschirm mehr oder weniger komplett mit dem Dokument ausgefüllt. Am oberen linken Rand befinden sich lediglich drei Menüpunkte ❶: **Datei**, **Extras**, **Ansicht**.

Schritt 3

Zum »Umblättern« nutzen Sie die Pfeile rechts und links am Seitenrand. Wenn Sie mit einem Touchscreen arbeiten, ist es besonders bequem; Sie streifen einfach mit dem Finger nach rechts oder nach links.

Befehle auf der Registerkarte »Datei«
Die Registerkarte **Datei** bietet alle Funktionen, die Sie auch sonst hier finden, **Öffnen**, **Speichern**, **Drucken** etc.

Schritt 4

Um in diesem Modus nach bestimmten Textstellen zu suchen, öffnen Sie per Mausklick das Menü **Extras** und klicken hier auf **Suchen** ❷. Im Navigationsbereich, der dann eingeblendet wird, geben Sie die Textstelle in das Suchfeld ein. Die Treffer werden gelb markiert angezeigt.

Schritt 5

Bei manchen Lichtverhältnissen ist es angenehmer, den Text auf einem dunklen Hintergrund zu lesen. Dazu öffnen Sie das Menü **Ansicht** und wählen hier **Seitenfarbe ▸ Invertiert**.

Schritt 6

Sie können den Lesemodus beenden, indem Sie einfach die `Esc`-Taste drücken. Auch wenn Sie das Menü **Ansicht** öffnen und hier **Dokument bearbeiten** wählen, schließen Sie den Lesemodus und gelangen zurück zur normalen Ansicht **Seitenlayout**.

Den Bildschirm einrichten

Auch den Bildschirm können Sie in vielerlei Hinsicht an Ihre Bedürfnisse anpassen.

Schritt 1

Um oben und links Lineale anzuzeigen, mit deren Hilfe Tabstopps, Seitenränder und Einzüge ersichtlich sind, klicken Sie auf der Registerkarte **Ansicht** auf **Lineal**. Die Seitenränder werden auf dem Lineal grau dargestellt.

Schritt 2

Die Größe des angezeigten Dokuments ändern Sie mit dem Zoom. Den Zoomfaktor bestimmen Sie auf der Registerkarte **Ansicht**. Klicken Sie auf das Symbol **Zoom** ❶, um den gleichnamigen Dialog aufzurufen. Im Feld **Prozent** stellen Sie den gewünschten Zoomfaktor ein.

Schritt 3

Im Navigationsbereich, den Sie über **Ansicht ▸ Navigationsbereich** einblenden, werden die Überschriften Ihres Dokuments aufgelistet, sofern Sie Formatvorlagen für Überschriften verwendet haben. Klicken Sie hier auf **Überschriften**, falls der Bereich mit einer anderen Kategorie geöffnet wird. Per Klick auf eine Überschrift springt der Cursor direkt zur entsprechenden Zeile.

Schritt 4

Die *Symbolleiste für den Schnell-zugriff* können Sie um Funktionen erweitern. Klicken Sie dazu auf den Pfeil ganz rechts auf der Symbol-leiste, und aktivieren Sie im Menü die gewünschten Befehle. Der Ein-trag **Weitere Befehle** öffnet einen Dialog, der alle Word-Befehle zur Auswahl stellt.

Schritt 5

Das Menüband mit den einzelnen Registerkarten nimmt einen recht großen Bereich auf dem Bildschirm in Anspruch. Sie können es komplett ausblenden oder sich nur die Regis-terkarten anzeigen lassen. Die ent-sprechenden Optionen finden Sie im Menü der Schaltfläche **Menüband-Anzeigeoptionen**.

Schritt 6

Mit **Registerkarten anzeigen** ❷ werden die Befehle ausgeblendet, übrig bleiben die Registerkartenbe-schriftungen. Sobald Sie den Namen einer Registerkarte anklicken, wer-den die Befehle angezeigt. Stellen Sie die Option **Registerkarten und Befehle anzeigen** ein, wenn Sie die Registerkarten mit den Befehlen dauerhaft im Word-Fenster sehen möchten.

Menüband lösen

Ganz rechts im Fenster gibt es das Symbol **Menü-band lösen** (der kleine nach oben weisende Pfeil). Ein Klick darauf bewirkt das Gleiche wie die Option **Registerkarten anzeigen**.

Kapitel 3
Dokumente anlegen, öffnen und speichern

Das Dokument ist der Ausgangspunkt jeglicher Arbeit mit Word. In diesem Kapitel erfahren Sie mehr zum Erstellen, Speichern und Öffnen eines Dokuments.

Dateien neu erstellen und öffnen

Über die Registerkarte **Datei** – den Backstage-Bereich – können Sie im Bereich **Neu** ❶ neue Dokumente anlegen. Das geht ganz fix.

Dateien speichern

Dokumente müssen gespeichert werden, um sie dauerhaft zu sichern ❷. Speichern Sie ein Dokument im Dateiformat *.docx*, wenn Sie alle Funktionen nutzen wollen, mit der Endung *.doc*, wenn es auch in älteren Word-Versionen genutzt werden soll, oder als PDF, um es per E-Mail zu verschicken. Sie können Dokumente auch im Internet der modischen Cloud speichern, im sogenannten *SkyDrive*, dem Onlinespeicher von Microsoft.

Vorlagen verwenden

Wenn Sie Vorlagen verwenden, erstellen Sie blitzschnell schicke Dokumente mit Layout und Design. Über Word 2013 haben Sie Zugriff auf Vorlagen zu jedem erdenklichen Thema ❸, Sie müssen allerdings mit dem Internet verbunden sein, um die Vorlagen herunterladen zu können.

Neue Dokumente
können in Word 2013
schnell und unkompli-
ziert angelegt werden.

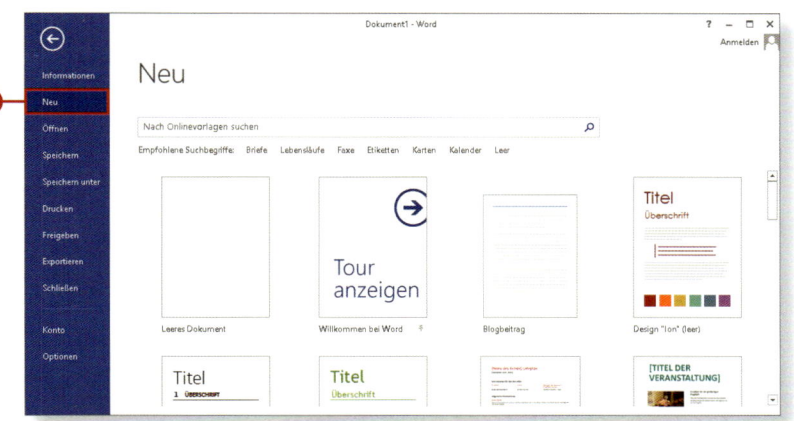

Damit Dokumente
dauerhaft gesichert
sind, müssen sie
abgespeichert werden.
Word bietet Ihnen un-
terschiedliche Möglich-
keiten zum Speichern
Ihrer Dokumente an.

Blitzschnell schicke
Dokumente mit
fertigem Layout und
ansprechendem Design?
Kein Problem, Word
bietet für viele Gele-
genheiten die passende
Vorlage an.

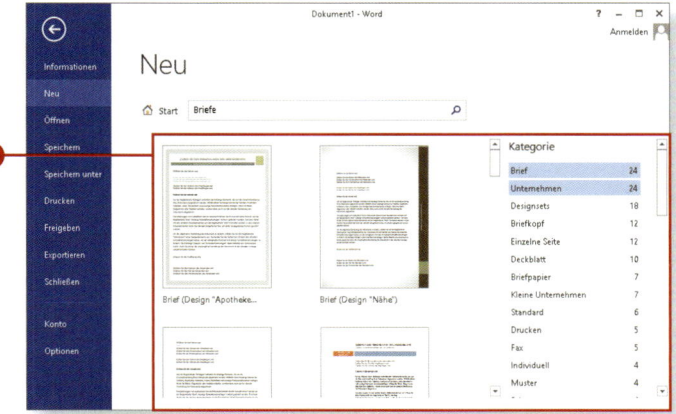

Ein neues Dokument erstellen

Wenn Sie zu Beginn Ihrer Arbeit in Word ein neues leeres Dokument öffnen, sehen Sie ein jungfräulich weißes Blatt auf dem Bildschirm und können sofort loslegen.

Schritt 1

Um in Word etwas zu schreiben, brauchen Sie zunächst natürlich ein leeres Blatt. Wenn ein solches Dokument nicht automatisch angezeigt wird, nachdem Sie Word geöffnet haben, klicken Sie gleich im ersten Fenster nach dem Aufrufen von Word auf **Leeres Dokument**.

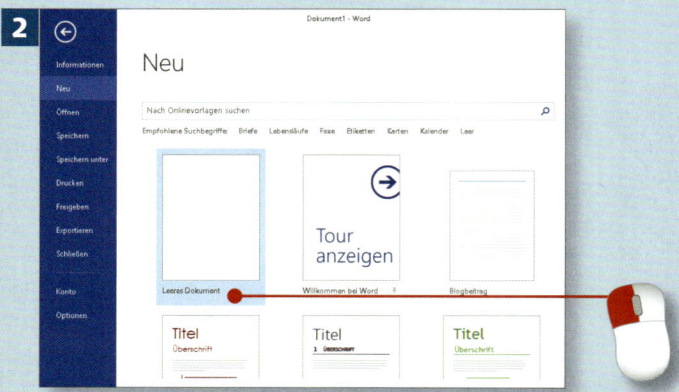

Schritt 2

Wenn Sie während der Arbeit ein neues Dokument beginnen möchten, klicken Sie auf der Registerkarte **Datei** auf **Neu**. Im folgenden Fenster klicken Sie dann einfach auf das Symbol **Leeres Dokument**. Word erstellt daraufhin ein neues Dokument.

Schritt 3

Da Sie den Befehl **Neu** sehr häufig brauchen, sollten Sie ihn schnell erreichen können. Daher empfiehlt es sich, die entsprechende Schaltfläche auf die *Symbolleiste für den Schnellzugriff* zu legen. Klicken Sie auf den Pfeil rechts an der Leiste, und wählen Sie **Neu**.

++ Per Tastatur zu einem leeren Dokument
Drücken Sie einfach die Tastenkombination `Strg` + `N`, um ein leeres Blatt zu öffnen.

Schritt 4

Wenn Sie eines Ihrer erstellen Dokumente als Basis für ein neues Dokument nutzen möchten, klicken Sie auf die Registerkarte **Datei** und dann auf **Öffnen** ❶. (Wir gehen hier nur ganz kurz auf das Öffnen ein, im Abschnitt »Eine gespeicherte Datei öffnen« ab Seite 44 beschreiben wir den Vorgang detailliert.)

Schritt 5

Suchen Sie in der Liste **Zuletzt verwendete Dokumente** das Dokument, das Sie als Basisdokument verwenden wollen. Haben Sie das gewünschte Dokument gefunden, klicken Sie es mit der rechten Maustaste an und wählen im Kontextmenü **Kopie öffnen**.

Schritt 6

Anschließend haben Sie ein neues, bisher nicht gespeichertes Dokument – wie Sie in der Titelleiste sehen können ❷ – auf dem Bildschirm, aber das Dokument ist mit dem Text des Basisdokuments gefüllt.

Neue Namen für Kopien

Achtung: Wenn Sie ein neues Dokument auf Basis eines vorhandenen beginnen, ist dieses neue Dokument noch nicht gespeichert.

Eine gespeicherte Datei öffnen

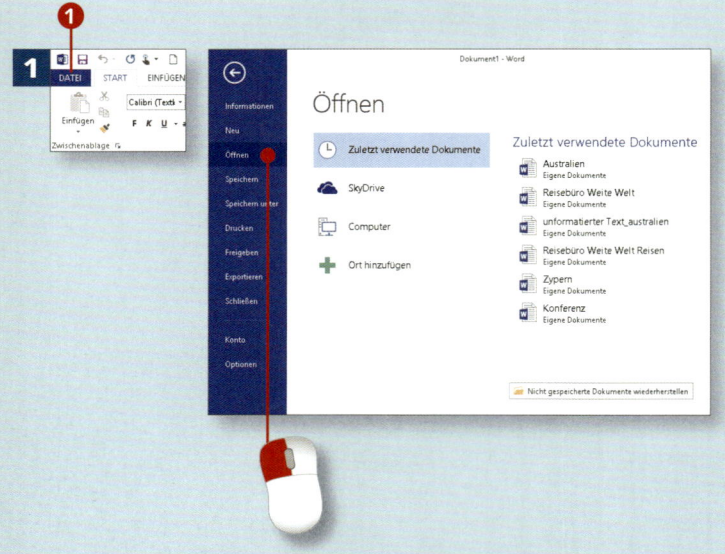

Dokumente können zur Weiterbearbeitung immer wieder aufgerufen werden. Sie müssen natürlich zuvor gespeichert worden sein.

Schritt 1

Um ein bereits gespeichertes Dokument erneut aufzurufen, klicken Sie auf die Registerkarte **Datei** ❶ und dann auf **Öffnen**. Sie erhalten das Fenster **Öffnen**.

Schritt 2

Im Fenster **Öffnen** haben Sie mehrere Möglichkeiten. Wenn Sie eine Datei öffnen möchten, die Sie vor Kurzem geöffnet hatten, markieren Sie **Zuletzt verwendete Dokumente**. In der Liste klicken Sie dann einfach die gewünschte Datei an.

Schritt 3

Falls sich die Datei nicht in dieser Liste befindet, markieren Sie den Eintrag **Computer** ❷. Dann öffnen Sie per Klick einen der Ordner rechts in der Liste, oder Sie klicken auf die Schaltfläche **Durchsuchen**.

Schritt 4

In beiden Fällen erscheint der Dialog **Öffnen**. Entweder sind Sie bereits im richtigen Ordner, oder Sie müssen zunächst zu dem Ordner wandern, in dem die Datei gespeichert ist.

Schritt 5

Um in einen anderen Ordner zu wechseln, klicken Sie im Adressfeld auf den Ordnernamen oder auf den Pfeil daneben, um die Liste der Unterordner zu sehen. Per Mausklick öffnen Sie den jeweiligen Ordner. Auch über den linken Bereich können Sie zu anderen Ordnern wandern. Klicken Sie auf **Computer** ❸, um eine Liste aller Laufwerke zu erhalten.

Schritt 6

Wenn Sie die gewünschte Datei gefunden haben, markieren Sie sie und klicken auf die Schaltfläche **Öffnen**. Auch ein Doppelklick auf den Dateinamen funktioniert.

Bibliotheken

Im linken Bereich des Dialogs **Öffnen** finden Sie auch den Eintrag **Bibliotheken**. Vereinfacht gesagt, sind Bibliotheken Sammlungen von Verweisen zu Ordnern.

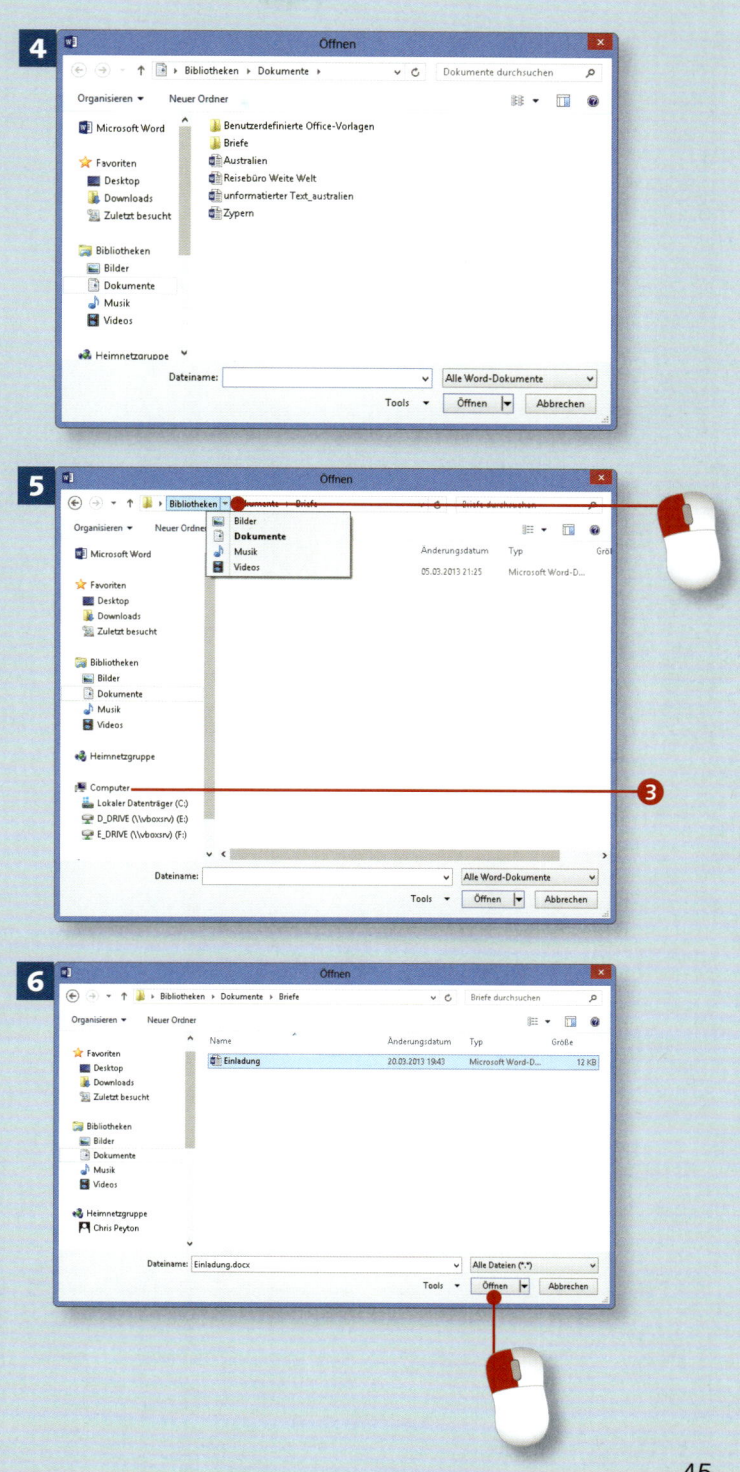

Auf vorhandenen Vorlagen aufbauen

Word bietet zahlreiche Vorlagen – also vorbereitete, teils mit Text ausgefüllte Dokumente – für bestimmte Zwecke an, die Sie als Basis für Ihr neues Dokument nutzen können.

Schritt 1

Öffnen Sie das Menü **Datei**, und klicken Sie hier auf **Neu**. Im gleichnamigen Fenster werden zahlreiche Vorlagen angeboten. Wählen Sie anhand der Vorschaubildchen die von Ihnen gewünschte Vorlage aus, und klicken Sie darauf.

Schritt 2

Daraufhin erhalten Sie ein Fenster mit einer Beschreibung und einer etwas größeren Vorschau auf die Vorlage. Entspricht die Vorlage Ihren Vorstellungen, klicken Sie auf die Schaltfläche **Erstellen**, die Sie im unteren Bereich des Fensters finden.

Schritt 3

Daraufhin beginnt der Download. Wenn die Vorlage fertig heruntergeladen ist, öffnet sich das Dokument mit der gewünschten Vorlage in einem neuen Fenster. Dieses Dokument können Sie nun bearbeiten und mit Ihren Texten füllen.

Schritt 4

Beachten Sie im Fenster **Neu** auch die Links unterhalb des Suchfeldes (**Briefe**, **Lebensläufe** etc.). Wenn Sie hier einen empfohlenen Suchbegriff auswählen, erhalten Sie Vorschauen auf Vorlagen, die nach Themen geordnet sind. Klicken Sie z. B. auf **Karten**.

Schritt 5

Sie erhalten eine Auflistung aller Vorlagen, die zu diesem Thema passen. In der rechten Spalte **Kategorie** können Sie das Suchergebnis durch Anklicken eines Begriffs weiter einschränken. Wenn Sie eine Einschränkung aufheben möchten, klicken Sie auf das Schließkreuz rechts an der Bezeichnung.

Schritt 6

Sie können natürlich auch eigene Suchbegriffe wie z. B. »Einladung« in das Suchfeld eingeben und die Suche mit einem Klick auf die Lupe ❶ starten.

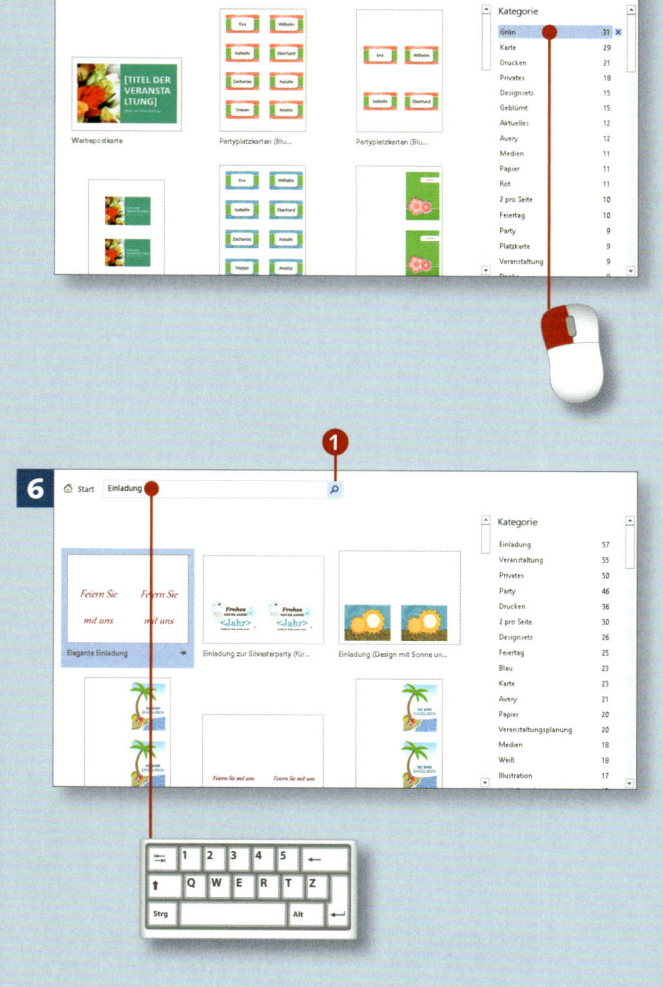

Onlinevorlagen

Bei den Vorlagen handelt es sich um Onlinevorlagen. Um sie zu verwenden, brauchen Sie also eine aktive Internetverbindung. Nach dem Download stehen sie dann lokal zur Verfügung.

Eine Datei speichern

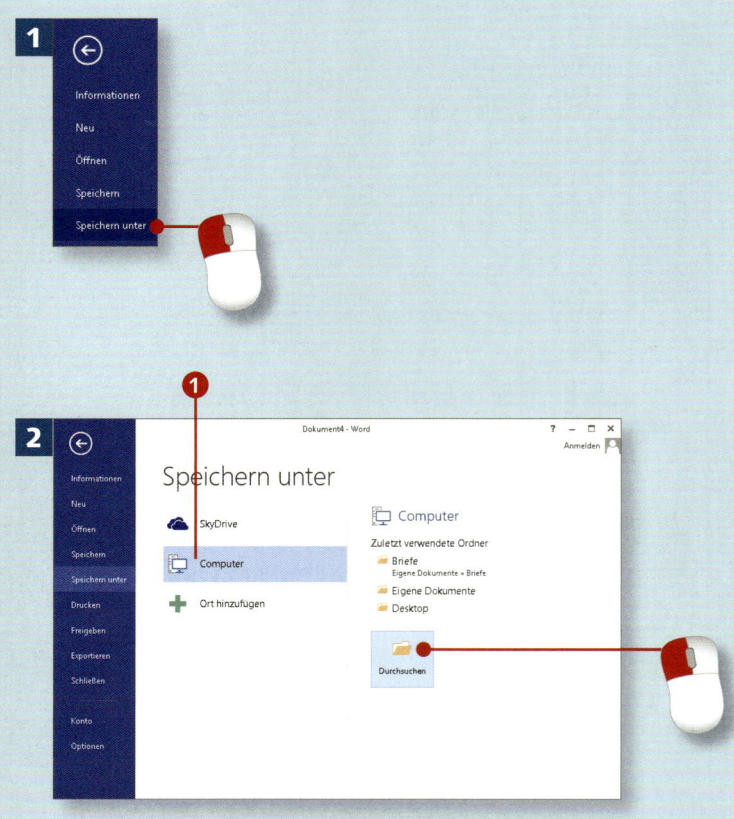

Das Speichern ist das A und O bei der Arbeit mit Word (und jedem anderen Programm). Denken Sie regelmäßig daran, ersparen Sie sich eine Menge Ärger.

Schritt 1

Um ein noch nicht gespeichertes Dokument zu sichern, klicken Sie auf der Registerkarte **Datei** auf **Speichern unter**. Daraufhin öffnet sich das gleichnamige Fenster.

Schritt 2

Um die Datei lokal auf Ihrem Rechner zu speichern, markieren Sie **Computer** ❶. Im rechten Bereich klicken Sie auf den Zielordner, sofern er in der Liste auftaucht. Ansonsten klicken Sie auf **Durchsuchen**.

Schritt 3

In beiden Fällen wird der Dialog **Speichern unter** geöffnet. Wenn Sie sich noch nicht im richtigen Ordner befinden, navigieren Sie zunächst zu dem Ordner, in dem Sie die Datei ablegen möchten.

Schritt 4

Zum Navigieren in der Ordnerstruktur nutzen Sie – wie beim Öffnen – das Adressfeld oben im Dialog. Ein Klick auf den Ordnernamen öffnet den Ordner, ein Klick auf den Pfeil zeigt die Unterorder an, die dann per Mausklick zu öffnen sind.

Schritt 5

Wenn Sie den gewünschten Ordner geöffnet haben, geben Sie im Feld **Dateiname** den Dateinamen ein. Die Erweiterung (*.docx*) schreiben Sie nicht mit, Word vergibt sie automatisch (mehr dazu erfahren Sie im Abschnitt »Die Dateiformate von Word« ab Seite 56). Klicken Sie dann auf **Speichern**.

Schritt 6

In gewissen Grenzen können Sie den Typ der Datei auch selbst bestimmen und sie z. B. im Format einer älteren Programmversion speichern. Dazu klicken Sie auf den Pfeil am Feld **Dateityp** und wählen den gewünschten Typ aus (z. B. **Word 97-2003-Dokument**).

Eine Datei speichern (Forts.)

Schritt 7

Möchten Sie einen neuen Ordner für das Dokument anlegen? Dann öffnen Sie den entsprechenden Überordner und klicken auf **Neuer Ordner** ❶. Ein gelbes Ordner-Symbol mit der Bezeichnung »Neuer Ordner« erscheint. Geben Sie ihm einen passenden Namen (in unserem Beispiel »Einladungen«), und drücken Sie die ↵-Taste.

Schritt 8

Sobald ein Dokument gespeichert ist, taucht der Dateiname am Kopf des Programmfensters auf ❷. Denken Sie nun daran, regelmäßig nachzuspeichern. Dazu klicken Sie einfach auf das Symbol **Speichern** in der Symbolleiste für den Schnellzugriff.

Schritt 9

Wenn Sie Word schließen und Änderungen an einem Dokument noch nicht gespeichert sind, fragt Word, wie Sie verfahren möchten. Normalerweise sollten Sie in diesem Dialog auf **Speichern** klicken, es sei denn, Sie verzichten bewusst auf die letzten Änderungen.

Ein schneller Weg zum Nachspeichern

Drücken Sie die Tastenkombination Strg + S. Damit speichern Sie den aktuellen Stand des Dokuments.

Schritt 10

Statt lokal können Sie ein Dokument auch im Internet – genau genommen im SkyDrive von Microsoft – speichern. Dazu markieren Sie im Fenster **Speichern unter** die Option **IhrName-SkyDrive** und klicken auf den gewünschten Ordner. Oder Sie navigieren über **Durchsuchen** dorthin.

Schritt 11

Sofern Sie nicht mit Ihrem Microsoft-Konto angemeldet sind oder gar keines besitzen (bei der Installation von Windows 8 wird es oft bereits angelegt), steht hier nur **SkyDrive**. Sie müssen sich also anmelden bzw. zunächst ein neues Microsoft-Konto anlegen. Klicken Sie auf **SkyDrive** und dann auf **Anmelden**.

Schritt 12

Im nächsten Fenster geben Sie die E-Mail-Adresse Ihres Microsoft-Kontos ein, z. B. *IhrName@live.de* oder *IhrName@hotmail.de*. Falls Sie noch keine Microsoft-E-Mail-Adresse haben, geben Sie irgendeine – formal gültige – Mail-Adresse ein und klicken dann auf **Anmelden**.

Eine Datei speichern (Forts.)

Schritt 13

Falls Sie bereits ein Microsoft-Konto angelegt hatten und die dort verwendete E-Mail-Adresse eingegeben haben, werden Sie aufgefordert, das entsprechende Kennwort **1** einzugeben. Springen Sie dann zu Schritt 16.

Schritt 14

Sofern Sie kein Microsoft-Konto haben und diese Adresse bei Microsoft nicht existiert, werden Sie aufgefordert, sich zu registrieren. Klicken Sie auf **Registrieren**.

Schritt 15

Sie erhalten dann einen Registrierungsdialog, den Sie ausfüllen und unter anderem ein Kennwort festlegen müssen. Nachdem Sie alles ausgefüllt haben, geben Sie noch den Sicherheitscode ein.

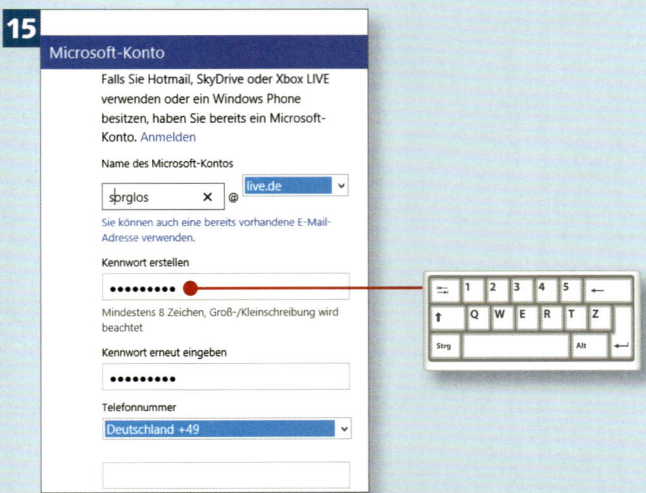

! Große Dateien

Das Speichern in der Cloud, also im SkyDrive, ist eine verlockende Sache, da man mit jedem Gerät, das eine Internetverbindung hat, auf seine Dokumente zugreifen kann. Bei umfangreichen Dokumenten kann das Speichern allerdings zu einer Geduldsprobe werden.

Schritt 16

Nachdem Microsoft alles akzeptiert hat, finden Sie im Fenster **Speichern unter** auch **SkyDrive** mit Ihrem Anmeldenamen. Klicken Sie auf den SkyDrive-Eintrag, und wählen Sie den Ordner zum Speichern aus.

Schritt 17

Dass Sie mit Ihrem Microsoft-Konto angemeldet sind, erkennen Sie auch rechts oben am Fenster unterhalb der Titelleiste; dort steht Ihr Anmeldename. Klicken Sie hier auf den Pfeil, um das Menü zu öffnen. Dort finden Sie z. B. den Link, um das Microsoft-Konto zu wechseln.

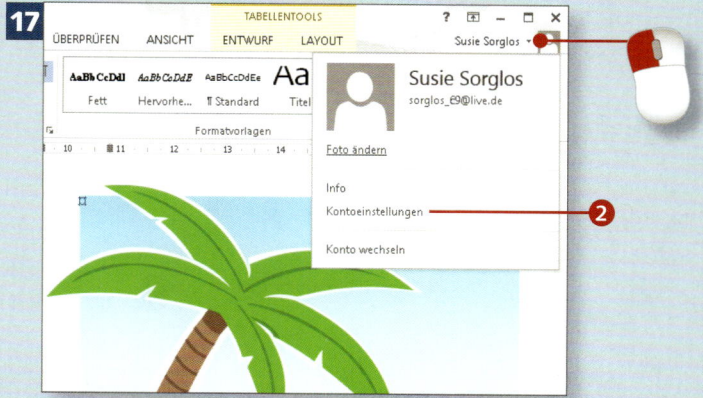

Schritt 18

Wenn Sie sich von Ihrem Microsoft-Konto abmelden möchten, klicken Sie in diesem Menü auf **Kontoeinstellungen** ❷. Sie können auch über **Datei ▸ Konto** zu den Einstellungen wechseln. Im Fenster **Konto** klicken Sie auf **Abmelden**. Bestätigen Sie den nachfolgenden Dialog **Konto entfernen** mit **OK**.

Abmelden ist wichtig

Denken Sie daran, sich jedes Mal abzumelden, wenn Sie als Gast nur kurzfristig einen Rechner benutzen.

Zugriff auf Dokumente im SkyDrive

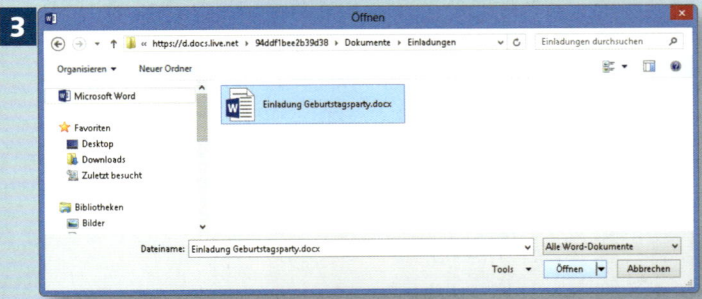

Dokumente, die auf dem SkyDrive gespeichert sind, können Sie auf jedem anderen Gerät aufrufen, sofern Sie mit dem Internet verbunden sind.

Schritt 1

Genau wie beim Öffnen eines lokal gespeicherten Dokuments klicken Sie auf **Datei ▸ Öffnen**. Im Fenster **Öffnen** klicken Sie auf **IhrNameSkyDrive**.

Schritt 2

Im rechten Bereich finden Sie eine Auflistung zuletzt verwendeter Ordner. Klicken Sie den Ordner an, in dem die Datei gespeichert ist. Falls kein oder nicht der richtige Ordner angezeigt wird, klicken Sie auf **Durchsuchen**.

Schritt 3

In beiden Fällen wird die Verbindung zum SkyDrive-Server hergestellt und der Dialog **Öffnen** angezeigt, der sich im Prinzip nicht von seinem lokalen Pendant unterscheidet.

Schritt 4

Achten Sie auf die Adressleiste des Dialogs. Sie sehen hier den Servernamen ❶ und dann gegebenenfalls den Pfad zum geöffneten Ordner. Wie üblich benutzen Sie die Pfeile zum Navigieren in der Ordnerstruktur.

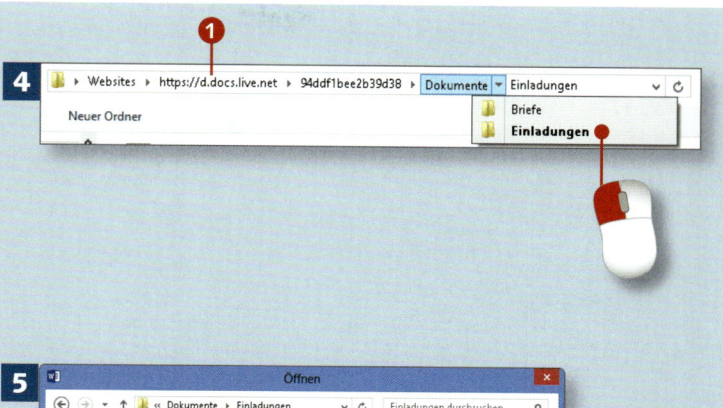

Schritt 5

Wenn Sie sich bereits im richtigen Ordner befinden, klicken Sie die gewünschte Datei einfach doppelt an. Bei einem Touchscreen können Sie den Dateinamen durch Antippen markieren und dann auf die Schaltfläche **Öffnen** tippen.

Schritt 6

Wenn Sie z. B. durch einen Klick auf **Bibliotheken** im linken Bereich mehr oder minder freiwillig das SkyDrive-Laufwerk verlassen haben, gelangen Sie nicht so einfach wieder zurück. Am einfachsten ist es, den Zurück-Pfeil des Dialogs zu nutzen.

SkyDrive ist auch nur eine Cloud

So schön es ist, von überall auf seine Dokumente zugreifen zu können, birgt dies doch auch Nachteile. Ohne hier auf die Sicherheitsaspekte einzugehen, ist offensichtlich, dass bei Internetverbindungsproblemen – die häufiger vorkommen, als man mitunter meint – Ihre auf dem SkyDrive abgelegten Dateien auf jeden Fall »vor Ihnen sicher sind«, sprich: Sie nicht darauf zugreifen können!

Die Dateiformate von Word

Dateiendungen wie ».doc« oder ».docx« sind wie Familiennamen. An ihnen lässt sich erkennen, aus welchem Programm ein Dokument bzw. eine Datei stammt.

Schritt 1

Dokumente werden in bestimmten Formaten gespeichert. Diese Formate werden über eine Erweiterung nach dem letzten Punkt im Dateinamen festgelegt, z. B. *Einladung.docx*. Wenn Sie im Dialog **Speichern unter** im Eingabefeld einen Dateinamen eingeben, taucht die Erweiterung standardmäßig nicht auf.

Schritt 2

Es kann ganz nützlich sein, diese Erweiterungen einzublenden. Dazu öffnen Sie die Systemsteuerung. Das geht unter Windows 8 am schnellsten über die Tastenkombination ⊞-Taste + X. Im Menü, das dann auftaucht, klicken Sie auf **Systemsteuerung**.

Schritt 3

In der Systemsteuerung klicken Sie auf den Eintrag **Ordneroptionen**. Falls Sie diesen Eintrag nicht finden, denken Sie daran, die Anzeige auf **Kleine Symbole** ➊ umzustellen.

Schritt 4

Wechseln im Dialog **Ordneropti-onen** zur Registerkarte **Ansicht**. Entfernen Sie das Häkchen vor **Erweiterungen bei bekannten Dateitypen ausblenden**. Klicken Sie auf die Schaltfläche **Übernehmen**. Zukünftig werden die Dateierweiterungen in Dateinamen und in Auswahllisten für den Dateityp angezeigt. Mit **OK** verlassen Sie den Dialog wieder.

Schritt 5

Wenn Sie eine Datei nicht im Standardformat abspeichern möchten, sondern z. B. in einem Format einer älteren Programmversion, klicken Sie im Dialog **Speichern unter** auf den Auswahlpfeil am Feld **Dateityp**.

Schritt 6

In der Auswahlliste steht, in welchen anderen Formaten Sie ein Word-Dokument abspeichern können. Wie Sie in der Abbildung sehen, sind zahlreiche Formate möglich.

i

Ansicht der Systemsteuerung
Der in Schritt 3 beschriebene Weg gilt für die Ansicht **Kleine** (oder **Große**) **Symbole**.

Die Dateiformate von Word (Forts.)

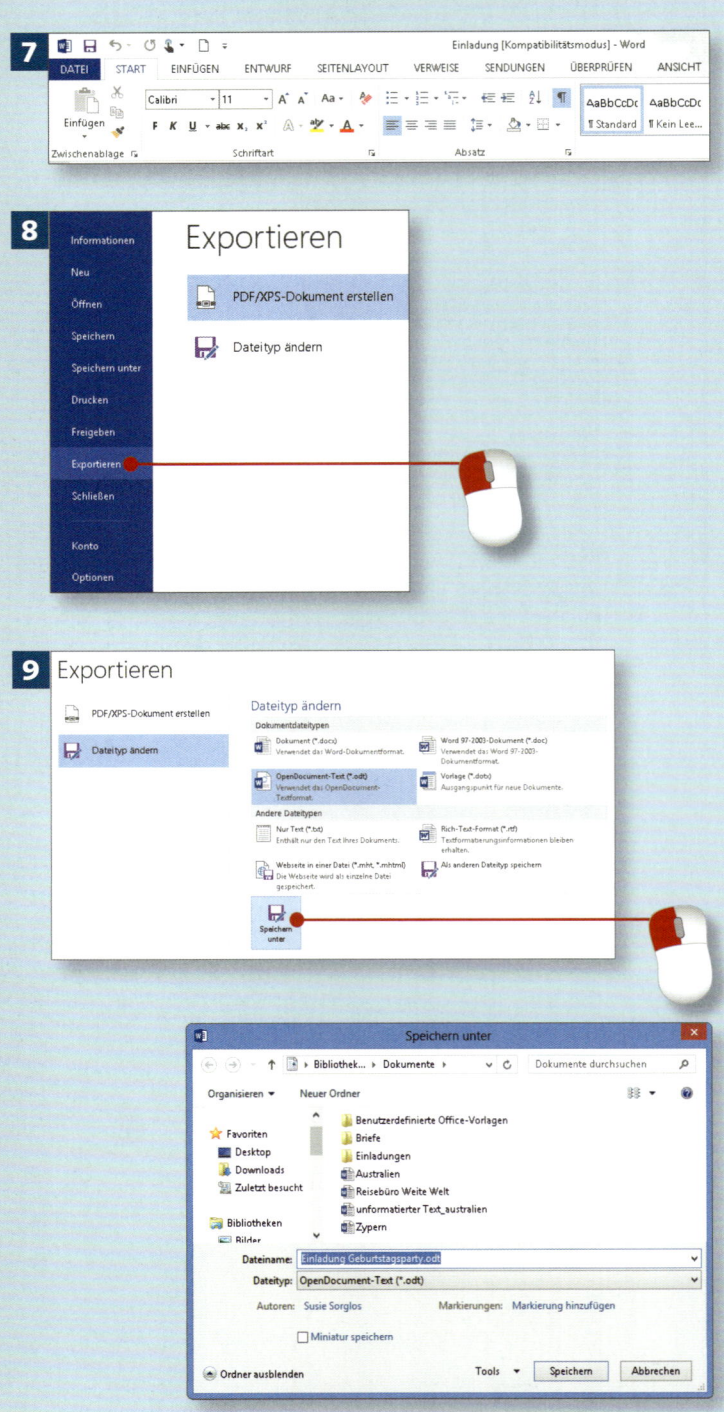

Schritt 7

Soll die Datei z. B. in Word 2003 oder einer älteren Version zu öffnen sein, wählen Sie **Word 97-2003-Dokument (doc)**. Wird die Datei geöffnet, erscheint dann neben dem Dateinamen im Kopf des Fensters der Zusatz **[Kompatibilitätsmodus]**. Mitunter gehen dann jedoch bestimmte Formatierungen verloren.

Schritt 8

Sie können Dateien auch in andere Formate exportieren. Den Befehl **Exportieren** finden Sie auf der Registerkarte **Datei**.

Schritt 9

Klicken Sie im Fenster **Exportieren** auf **Dateityp ändern**, und wählen Sie rechts den gewünschten Dateityp aus. Dann klicken Sie auf **Speichern unter**. Daraufhin wird der Dialog **Speichern unter** geöffnet, in dem das Dateiformat nun bereits eingestellt ist.

Schritt 10

Praktisch: Sie können mit Word direkt PDF-Dokumente (z. B. für die Weitergabe per E-Mail) erstellen. Markieren Sie im Fenster **Exportieren** den Eintrag **PDF/XPS-Dokumente erstellen**, und klicken Sie im rechten Bereich auf die gleichnamige Schaltfläche.

Schritt 11

Daraufhin wird der Dialog **Als PDF oder XPS veröffentlichen** angezeigt. Der Dateiname und das Format sind bereits eingestellt. Klicken Sie auf **Veröffentlichen**. Nach dem Veröffentlichen wird die neue Datei in Ihrem PDF-Programm geöffnet.

Schritt 12

Sie können auch dauerhaft ein Dateiformat festlegen, in dem Word speichern soll. Die entsprechende Option finden Sie in den Word-Optionen, die Sie über **Datei ▸ Optionen** öffnen. Aktivieren Sie hier **Speichern**, und wählen Sie das gewünschte Format im Feld **Dateien in diesem Format speichern**.

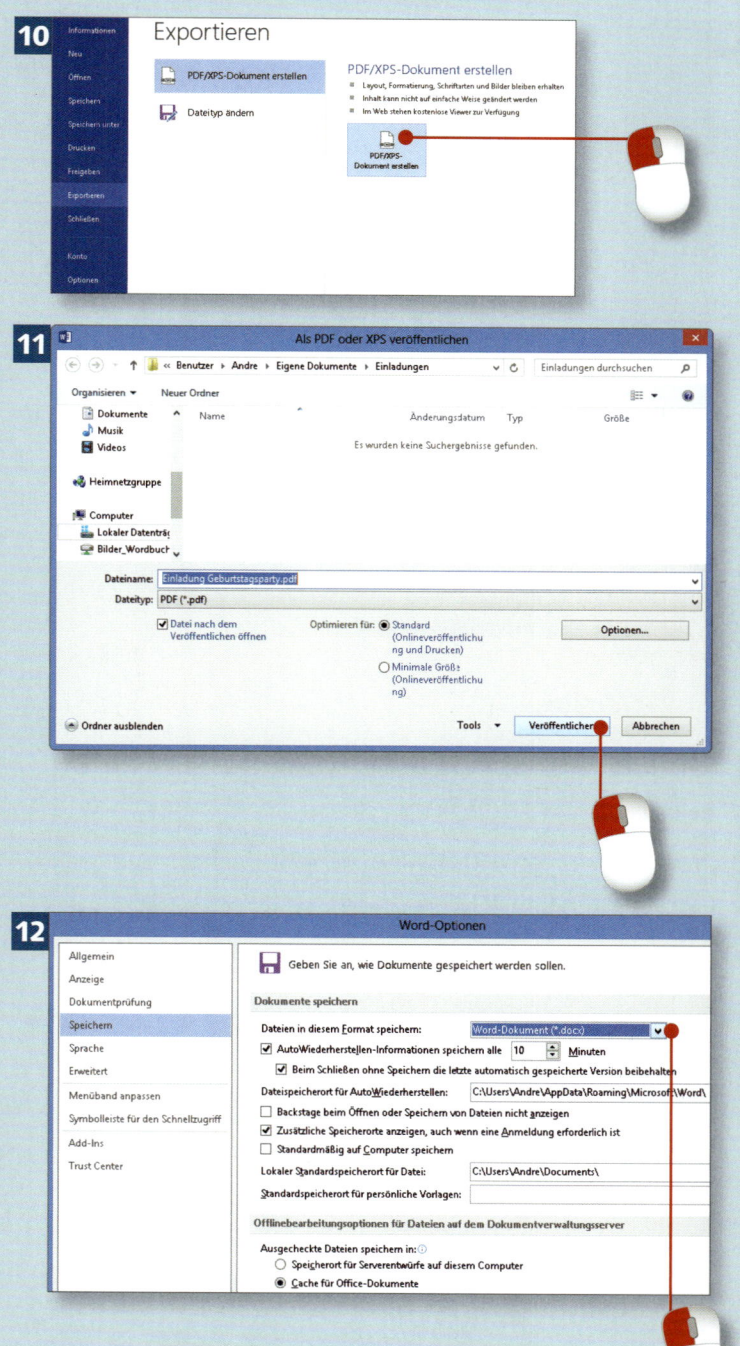

PDF-Dateien in Word öffnen und bearbeiten

Vielleicht haben Sie schon oft die Möglichkeit vermisst, PDF-Dateien bearbeiten zu können. Diese Möglichkeit haben Sie jetzt.

Schritt 1

Öffnen Sie über **Datei ▸ Öffnen** das Fenster **Öffnen**, klicken Sie hier auf **Computer** und dann auf die Schaltfläche **Durchsuchen**.

Schritt 2

Navigieren Sie gegebenenfalls zu dem Ordner, in dem die gesuchte PDF-Datei liegt. Markieren Sie die PDF-Datei, und klicken Sie auf **Öffnen**.

Schritt 3

Sie erhalten dann ein Fenster mit der Meldung, dass das Dokument konvertiert wird und dass es vermutlich nicht genauso aussehen wird wie ein Word-Dokument. Bestätigen Sie die Meldung mit **OK**.

Schritt 4

Das Dokument wird in Word angezeigt. Sie können es »normal« bearbeiten, alle Befehle von Word stehen
zur Verfügung. In der Titelleiste wird
das Dokument weiterhin als PDF-
Datei angezeigt.

Schritt 5

Wenn Sie zum Speichern den Dialog
Speichern unter öffnen, sehen Sie,
dass das Word-Format *.docx* eingestellt ist. Möchten Sie wieder das
PDF-Format erhalten, ändern Sie
hier den Dateityp.

Schritt 6

Um ein PDF-Dokument auch als PDF
zu öffnen, klicken Sie die Datei im
Explorer doppelt an. Daraufhin wird
das Dokument im Adobe Reader
oder – je nach Einstellung – im
Windows Reader angezeigt.

Dokumente öffnen

Um zu bestimmen, wie ein PDF-
Dokument geöffnet werden soll,
klicken Sie das Dokument im
Explorer mit der rechten Maustaste
an. Zeigen Sie im Kontextmenü
auf **Öffnen mit**, und wählen Sie
im Untermenü das gewünschte
Programm.

Kapitel 4
Texte schreiben und bearbeiten

Der Sinn und Zweck von Word 2013 ist es in erster Linie, Texte zu schreiben und zu bearbeiten. Wie das Programm Ihnen dabei unter die Arme greift, zeigen wir Ihnen in diesem Kapitel.

Text eingeben und korrigieren

Gerade wenn es schnell gehen muss, schleichen sich beim Tippen schon mal Fehler ein. Word verhilft Ihnen zu einem korrekten Text, indem es eine Rechtschreib- und Grammatikprüfung ❶ anbietet oder z. B. einfache Buchstabendreher selbstständig korrigiert.

Änderungen auf die Schnelle

Wenn Änderungen für mehrere Wörter oder ganze Passagen gelten sollen, markieren Sie diese, bevor Sie einen Befehl ausführen ❷. Auf diese Weise lassen sich Textteile auch kopieren oder ausschneiden und komplett verschieben.

Suchen und ersetzen

Kommt Ihnen nachträglich in den Sinn, dass Sie z. B. lieber »Harald« anstelle von »Harry« schreiben möchten, können Sie mit der Tastenkombination ⌈Strg⌉ + ⌈F⌉ das eine Wort suchen und automatisch durch das andere ersetzen ❸. Das funktioniert sogar mit Formaten wie Fett- oder Kursivschrift.

Die Rechtschreib- und Grammatikprüfung
von Word verhilft Ihnen zu korrekten Texten.

Um Änderungen an mehreren Wörtern
und Textpassagen gleichzeitig vorzunehmen, können Textteile markiert und
dann bearbeitet werden.

Sie können in Ihrem
Textdokument ein
Wort suchen und
automatisch durch
ein anderes ersetzen.

Text eingeben

Die Bildschirmtastatur einblenden

In der Taskleiste finden Sie ein kleines Symbol für die Bildschirmtastatur. Ein Klick oder Touch auf dieses Symbol blendet sie ein.

Kommen wir nun zu den Grundlagen der Textverarbeitung. Erst einmal geht es ans Schreiben selbst, dann zeigen wir Ihnen, wie sich Korrekturen und nachträgliche Änderungen der Textstruktur vereinfachen lassen.

Schritt 1

Fangen Sie einfach an zu schreiben, ohne am Zeilenende einen Zeilenumbruch mit der ↵-Taste zu erzeugen. Word bricht die Zeilen am rechten Rand automatisch um. Geräte mit Touchscreen besitzen auch eine Bildschirmtastatur, mit der Sie »tippen« können. Sie blendet sich mitunter selbsttätig ein. Was Sie hier antippen, erscheint wie üblich an der Position des Cursors.

Schritt 2

Nur wenn Sie einen Absatz **1** benötigen, drücken Sie einmal die ↵-Taste bzw. zweimal für eine leere Zeile. Wenn Sie nun weiterschreiben, beginnt ein neuer Absatz.

Schritt 3

Wenn Sie keinen neuen Absatz erzeugen, aber dennoch in einer neuen Zeile weiterschreiben möchten, hilft ein sogenannter *weicher Zeilenumbruch* **2**. Drücken Sie dazu die Tastenkombination ⇧ + ↵.

Schritt 4

Word kümmert sich auch um den *Seitenumbruch*. Wenn der untere Rand einer Seite erreicht ist, wandert der Cursor auf die nächste Seite. In der Statuszeile ❸ steht jetzt **Seite: 2 von 2**.

Schritt 5

Sie können einen Seitenumbruch auch »erzwingen«: Drücken Sie dazu ⌜Strg⌝ + ⌜↵⌝. Dieser Seitenumbruch wird als gestrichelte Linie dargestellt.

Schritt 6

Sie können verhindern, dass der Zeilenumbruch z. B. zwischen einer Zahl und einer Maßeinheit oder innerhalb einer Datumsangabe erfolgt. Dazu fügen Sie ein geschütztes Leerzeichen ein: ⌜Strg⌝ + ⌜⇧⌝ + ⌜   ⌝. Das geschützte Leerzeichen wird als hochgestellter Kreis angezeigt.

i

Seitenumbruch in Absätzen

Wie Word mit Seitenumbrüchen in einem Absatz umgeht, legen Sie im Dialog **Absatz** (Registerkarte **Zeilen- und Seitenumbruch**) fest. Um den Dialog zu öffnen, klicken Sie auf **Start** und in der Gruppe **Absatz** auf den kleinen Pfeil.

Fehlerfreie Texte – die (Auto-)Korrektur in Word

1
Zypern·ist·eine·Insel·im·östlichen·Mittelmeer.¶

Sie·ist·die·drittgrößte·Insel·des·Mittelmeeres·und·gehört·geographisch·zu·
Asien,·wird·politisch·jedoch·oft·zu·Europa·gezählt.¶

Entf + ←

2
Sie·ist·die·drittgrößte·In·des·Mittelmeeres·und·gehört·geographisch·zu·
wird·politisch·jedoch·oft·zu·Europa·gezählt.¶

3
Sie·ist·die·drittgrößte·Inel·des·Mittelmeeres·und·gehört
Asien,·wird·politisch·jedo   hlt.¶

Die·Insel·ist·seit·1974·get   eil·wird·
Zypern·beherrscht,·die·vö   e·Insel·
britischen·Militärbasen).

Insel
Intel
Infel
Ionel
Ingerl
Alle ignorieren
Hinzufügen zum Wörterbuch
Link...
Neuer Kommentar

ℹ Überschreibmodus

Im Überschreibmodus wird der Text beim Tippen
nicht nach rechts weggeschoben, sondern die
vorhandenen Zeichen werden überschrieben. Sie
aktivieren diesen Modus über **Datei ▸ Optionen ▸
Erweitert**. Setzen Sie ein Häkchen vor **Überschreibmodus verwenden**.

*Trotz aller ausgefeilten Funktio-
nen, die Word bietet – die einfache
Tatsache, dass man das Geschriebene
unbegrenzt korrigieren kann, gehört
zu den bestechenden Vorteilen dieses
Textverarbeitungsprogramms.*

Schritt 1

Sie können Fehler einfach manuell
korrigieren. Die [Entf]-Taste löscht
Zeichen rechts, die [←]-Taste
Zeichen links vom Cursor. Halten Sie
eine dieser Tasten gedrückt, werden
gleich mehrere Zeichen gelöscht.

Schritt 2

Haben Sie ein oder mehrere Zeichen
vergessen, tippen Sie sie einfach
an Ort und Stelle ein. Die Zeichen
werden am Cursor eingefügt, der
alte Text rutscht weiter nach rechts –
es sei denn, Sie schreiben im *Überschreibmodus*.

Schritt 3

Falsch geschriebene Wörter werden
mit einer roten Wellenlinie unterstri-
chen. Klicken Sie das unterstrichene
Wort mit rechts an: Häufig bietet
das Kontextmenü einen Korrekturvorschlag, den Sie per Mausklick
übernehmen können.

Schritt 4

Eigennamen stehen nicht von Haus aus im Word-Wörterbuch. Sie können sie aber darin aufnehmen, damit sie zukünftig nicht mehr bemängelt werden. Klicken Sie das Wort mit rechts an, und wählen Sie **Hinzufügen zum Wörterbuch**.

Schritt 5

Sie können ein Dokument auch »durchkorrigieren«. Klicken Sie auf der Registerkarte **Überprüfen** auf **Rechtschreibung und Grammatik**.

Schritt 6

Daraufhin wird rechts der Aufgabenbereich **Rechtschreibung** eingeblendet. Im oberen Bereich wird das erste bemängelte Wort präsentiert ❶. Im unteren Bereich erhalten Sie Korrekturvorschläge, die Sie per Klick auf **Ändern** übernehmen können.

Wörterbuch nutzen

Gerade bei Eigennamen ist der Wörterbuch-Fundus von Word sehr eingeschränkt, so dass fremdklingende Namen meist rot unterkringelt werden. Damit das nicht in jedem Dokument aufs Neue passiert, lohnt es sich, oft verwendete Eigennamen mit **Hinzufügen zum Wörterbuch** aufzunehmen (siehe Schritt 4).

Fehlerfreie Texte – die (Auto-)Korrektur (Forts.)

Schritt 7

Es kommt aber auch vor, dass ein Wort bemängelt wird, das Sie nicht korrigieren möchten, z. B. ein Eigenname oder ein ungewöhnlicher Begriff, der nicht im Wörterbuch steht. Klicken Sie dann einfach auf **Ignorieren**. Oder nehmen Sie den Begriff mit **Hinzufügen** in das Wörterbuch auf.

Schritt 8

Mitunter zeigt Word auch blaue Wellenlinien an. Sie weisen darauf hin, dass etwas mit der Grammatik nicht stimmt. Klicken Sie mit der rechten Maustaste darauf, um den Korrekturvorschlag zu sehen und ihn gegebenenfalls zu übernehmen.

Schritt 9

Vertippen Sie sich häufig bei bestimmten Wörtern, können Sie die Korrektur auch an Word delegieren. Das Zauberwort heißt *AutoKorrektur*. Öffnen Sie über **Datei ▸ Optionen** ❶ die **Word-Optionen**, und wählen Sie hier **Dokumentprüfung**.

Kein Grammatik-Experte!
Vertrauen Sie Word jedoch nicht blind. Bei komplexen, verschachtelten Sätzen erkennt Word oft nicht, dass die Grammatik korrekt ist.

Schritt 10

Klicken Sie in diesem Fenster auf die Schaltfläche **AutoKorrektur-Optionen**. Sie finden sie gleich oben rechts.

Schritt 11

Im Dialog **AutoKorrektur** auf der gleichnamigen Registerkarte schreiben Sie das Wort, das Word automatisch korrigieren soll, in das Feld **Ersetzen**. Schreiben Sie es fehlerhaft, also so, wie Sie es versehentlich häufig tippen, z. B. mit einem bestimmten Buchstabendreher. In das Feld **Durch** ❷ schreiben Sie das Wort in der korrekten Form.

Schritt 12

Klicken Sie dann auf **Hinzufügen**. Anschließend verlassen Sie den Dialog mit **OK**. Wenn Ihnen der Fehler zukünftig beim Schreiben passiert, können Sie ihn einfach ignorieren und weiterschreiben; Word wird das Wort ohne Ihr Zutun korrigieren.

Text markieren

1 Sie·ist·die·drittgrößte·Insel·des·Mittelmeeres·und·gehört·geographisch·zu·Asien,·wird·politisch·jedoch·oft·zu·Europa·gezählt.¶

Das Markieren von Textpassagen ist das A und O bei der Arbeit mit Word. Vergessen Sie es nicht – ansonsten bleiben die meisten Ihrer Aktionen wirkungslos.

2 Die·Insel·ist·seit·1974·geteilt.·Der·größere·Südteil·wird·von·der·Republik·Zypern·beherrscht,·die·völkerrechtlich·die·ganze·Insel·umfasst·(außer·den·britischen·Militärbasen).·↵

Schritt 1

Um Text zu markieren, ziehen Sie einfach den Cursor mit gedrückter linker Maustaste über den zu markie-renden Text. Achten Sie darauf, dass Sie vorher den Cursor an den Anfang des ersten Wortes (oder an dessen Ende, aber nicht mittig) setzen.

Schritt 2

3 Zypern·ist·eine·Insel·im·östlichen·Mittelmeer.¶
Sie·ist·die·drittgrößte·Insel·des·Mittelmeeres·und·gehört·geographisch·zu·Asien,·wird·politisch·jedoch·oft·zu·Europa·gezählt.¶

Zypern·ist·eine·Insel·im·östlichen·Mittelmeer.¶
Sie·ist·die·drittgrößte·Insel·des·Mittelmeeres·und·gehört·geographisch·zu·Asien,·wird·politisch·jedoch·oft·zu·Europa·gezählt.¶
Die·Insel·ist·seit·1974·geteilt.·Der·größere·Südteil·wird·von·der·Republik·

Zypern·ist·eine·Insel·im·östlichen·Mittelmeer.¶
Sie·ist·die·drittgrößte·Insel·des·Mittelmeeres·und·gehört·geographisch·zu·Asien,·wird·politisch·jedoch·oft·zu·Europa·gezählt.¶
Die·Insel·ist·seit·1974·geteilt.·Der·größere·Südteil·wird·von·der·Republik·Zypern·beherrscht,·die·völkerrechtlich·die·ganze·Insel·umfasst·(außer·den·britischen·Militärbasen).·↵

Es muss nicht immer die Maus sein! Auch mit der Tastatur können Sie markieren. Markieren Sie Text z. B., indem Sie den Cursor vor das Wort setzen, die ⇧-Taste gedrückt hal-ten und dann mit der → oder der ↓ über den Text »fahren«.

  2x **3x**

Schritt 3

Neben diesen beiden Methoden gibt es eine Reihe von »Tricks«, mit denen bestimmte Textteile (Zei-len, Absätze etc.) markiert werden können. Ein Klick links neben den Text markiert die jeweilige Zeile, ein Doppelklick den Absatz, ein Drei-fachklick das gesamte Dokument.

Schritt 4

Um einzelne Wörter, also nicht zusammenhängenden Text, zu markieren, können Sie die Mehrfachmarkierung nutzen. Markieren Sie ein Wort, halten Sie die ⌊Strg⌋-Taste gedrückt, und markieren Sie das nächste Wort etc.

Schritt 5

Word bietet auch eine Reihe von Befehlen zum Markieren an. Klicken Sie auf der Registerkarte **Start** auf **Markieren**. Im Menü gibt es u. a. den Befehl **Alles markieren**, mit dem Sie ebenfalls das gesamte Dokument markieren können.

Schritt 6

Wenn Sie z. B. alle kursiv formatierten Wörter markieren möchten, setzen Sie den Cursor in das erste formatierte Wort. Auf der Registerkarte **Start** wählen Sie anschließend **Markieren ▸ Text mit ähnlicher Formatierung markieren**.

✛✛ Tastatur oder Maus?

Es gibt unzählige Methoden zum Markieren. PC-Anfängern empfehlen wir, die Tastatur zu verwenden, weil der Text so nicht versehentlich verschoben werden kann.

Text markieren (Forts.)

7 Zypern ist eine Insel im östlichen Mittelmeer. ¶
Sie ist die drittgrößte Insel des Mittelmeeres und gehört geographisch zu Asien, wird politisch jedoch oft zu Europa gezählt.¶

8 Zypern ist eine Insel im östlichen Mittelmeer. ¶
Sie ist die drittgrößte Insel des Mittelmeeres und gehört geographisch zu Asien, wird politisch jedoch oft zu Europa gezählt.¶

9 Zypern ist eine Insel im östlichen Mittelmeer. ¶
Sie ist die drittgrößte Insel des Mittelmeeres und gehört geographisch zu Asien, wird politisch jedoch oft zu Europa gezählt.¶

Schritt 7

Bei einem Touchscreen können Sie den Text auch mit dem Finger markieren (unabhängig davon, ob Sie im **Mausmodus** oder mit der **Fingereingabe** arbeiten). Tippen Sie an den Anfang der Textpassage, die Sie markieren möchten. Daraufhin erscheint ein kleiner Kringel, der Auswahlziehpunkt.

Schritt 8

»Greifen« Sie diesen Kringel – tippen Sie ihn also an – und streifen Sie mit dem Finger über den Text. Wenn Sie den Finger vom Bildschirm nehmen, erscheint ein weiterer Kringel am Ende der Markierung.

Schritt 9

Nachträglich korrigieren Sie die Markierung, indem Sie einen der Kringel mit dem Finger greifen und in die gewünschte Richtung etwas nach rechts oder links verschieben.

Komfortabel lesen

Besonders beim Lesemodus (siehe dazu den Abschnitt »Praktisch: der neue Lesemodus« auf Seite 36) zeigen sich die Stärken der Fingereingabe: Hier können Sie ganz komfortabel durch den Text »gleiten«, denn Lesefluss und Wischtechnik werden hier optimal kombiniert.

Schritt 10

Wenn Sie mit dem Finger »doppel-tippen«, markieren Sie ein ganzes Wort. So können Sie übrigens auch eine neue Markierung beginnen, weil nach dem »Doppeltouch« zwei Kringel angezeigt werden. Damit können Sie dann die Markierung erweitern.

10 Zypern ist eine Insel im östlichen Mittelmeer. ¶

Sie ist die drittgrößte Insel des Mittelmeeres und gehört geographisch zu Asien, wird politisch jedoch oft zu Europa gezählt. ¶

2x

Schritt 11

Wenn Sie mit dem Finger etwas länger auf der Markierung verharren, erscheint an der Stelle, an der Sie mit Ihrem Finger verweilen, ein transparentes Rechteck.

11 Zypern ist eine Insel im östlichen Mittelmeer. ¶

Sie ist die drittgrößte Insel des Mittelmeeres und gehört

Schritt 12

Wenn Sie jetzt den Finger vom Bild-schirm lösen, wird die sogenannte *Minisymbolleiste* ❶ mit gängigen Formatierungssymbolen eingeblen-det. Die Leiste trägt ihren Namen nun eigentlich zu Unrecht – hier ist sie gar nicht mehr so »mini«.

❶

12

Zypern ist eine Insel im östlichen Mittelmeer. ¶

Sie ist die drittgrößte Insel des Mittelmeeres und gehört geographisch zu

ℹ Markieren mit dem Finger

Generell ist das Markieren mit dem Finger recht gewöhnungsbedürf-tig. Oft trifft man nicht genau die gewünschte Stelle. Üben Sie ein bisschen, oder bleiben Sie bei den bewährten Methoden.

Text kopieren und verschieben

Selten sitzt ein Text auf Anhieb. Umso besser, dass sich Textpassagen ganz einfach verschieben lassen. Und wollen Sie einen brillanten Satz gleich zweimal verwenden, ist das auch kein Problem.

Schritt 1

Markieren Sie die Textpassage, die an einer anderen Stelle im Dokument besser aufgehoben wäre. Klicken Sie auf der Registerkarte **Start** auf das Symbol **Ausschneiden** ❶. Setzen Sie den Cursor an den »Zielort« ❷, und klicken Sie auf **Einfügen**. Die Befehle **Ausschneiden** und **Einfügen** finden Sie auch im Kontextmenü.

Schritt 2

Sie können hier auch mit der Tastatur arbeiten. Sie markieren den zu verschiebenden Text, drücken Strg + X, wandern zu der Stelle, an der der Text eingefügt werden soll, und drücken Strg + V.

Schritt 3

Wollen Sie bestimmen, mit welcher Formatierung der Text wieder eingefügt wird, klicken Sie auf den Pfeil am Symbol **Einfügen**. Sie können zwischen verschiedenen Einfügeoptionen wählen (lesen Sie dazu auch den Hinweis »Einfügeoptionen«).

Schritt 4

Besonders schnell können Sie Text per *Drag & Drop* (»Ziehen und Fallenlassen«) verschieben. Markieren Sie den Text, führen Sie den Mauszeiger an die Markierung, und ziehen Sie den Text mit gedrückter linker Maustaste an den neuen Ort. Der kleine vertikale Strich ❸ gibt an, wo der Text eingefügt wird.

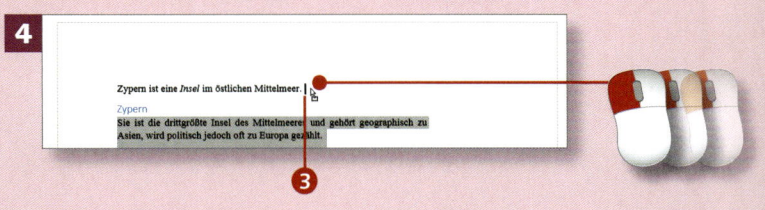

Schritt 5

Soll eine markierte Textpassage nicht ausgeschnitten, sondern kopiert und eingefügt werden, klicken Sie auf der Registerkarte **Start** auf **Kopieren**. Die nächsten Schritte sind identisch mit denen zum Ausschneiden.

Schritt 6

Auch zum Kopieren können Sie mit Drag & Drop arbeiten. Markieren Sie den Text, und ziehen Sie ihn mit gedrückter rechter Maustaste. Beim Loslassen erscheint ein Menü, das die Option **Hierhin kopieren** anbietet.

Einfügeoptionen

Die Option **Ursprüngliche Formatierung beibehalten** fügt den Text so ein, wie er formatiert war; **Nur den Text übernehmen** verwirft die ursprüngliche Formatierung; **Formatierung zusammenführen** ist eine Mischung aus vorheriger und aktueller Formatierung.

Text suchen

Um in einem langen Dokument einen bestimmten Begriff oder eine Passage zu finden, muss man nicht den gesamten Text lesen – schneller geht es mit der Suchfunktion.

Schritt 1

Zum Auffinden eines bestimmten Textes bzw. Wortes stehen mehrere Möglichkeiten zur Verfügung. Klicken Sie auf der Registerkarte **Start** auf **Suchen**. Daraufhin öffnet sich links am Bildschirm ein Navigationsbereich.

Schritt 2

Im Suchfeld geben Sie den Begriff ein, den Sie finden möchten. Der Cursor »hüpft« daraufhin zu der Stelle, an der dieser Begriff erstmalig im Dokument auftaucht. Er wird gelb unterlegt angezeigt.

Schritt 3

Klicken Sie auf den Pfeil am Eingabefeld, um Ihre Suche zu verfeinern. Wenn Sie verhindern möchten, dass der Cursor bereits nach der Eingabe weniger Zeichen zu einem Wort hüpft, klicken Sie auf **Optionen** und im Dialog auf **Nur ganzes Wort suchen** ❶.

Schritt 4

Mithilfe von Textmarken können Sie gezielt zu einem Wort bzw. einer Position springen. Setzen Sie den Cursor z. B. vor »Bevölkerung«, und klicken Sie auf der Registerkarte **Einfügen** auf **Textmarke** ❷. Geben Sie der Textmarke einen Namen, und klicken Sie auf **Hinzufügen**.

Schritt 5

Um gezielt zu dieser Stelle zu springen, klicken Sie im Navigationsbereich auf den Pfeil rechts am Suchfeld und wählen im Menü **Gehe zu** ❸. Markieren Sie im Dialog (**Suchen und Ersetzen**) **Textmarke**, wählen Sie im rechten Bereich den Textmarkennamen, und klicken Sie auf **Gehe zu**.

Schritt 6

Den Dialog **Suchen und Ersetzen** mit der Registerkarte **Gehe zu** können Sie auch so aufrufen: Klicken Sie auf der Registerkarte **Start** auf den Pfeil an der Schaltfläche **Suchen**, und wählen Sie im Menü den Eintrag **Gehe zu**.

Die Taste F5 verwenden
Den Dialog **Suchen und Ersetzen** können Sie auch mit der Taste F5 aufrufen.

Text ersetzen

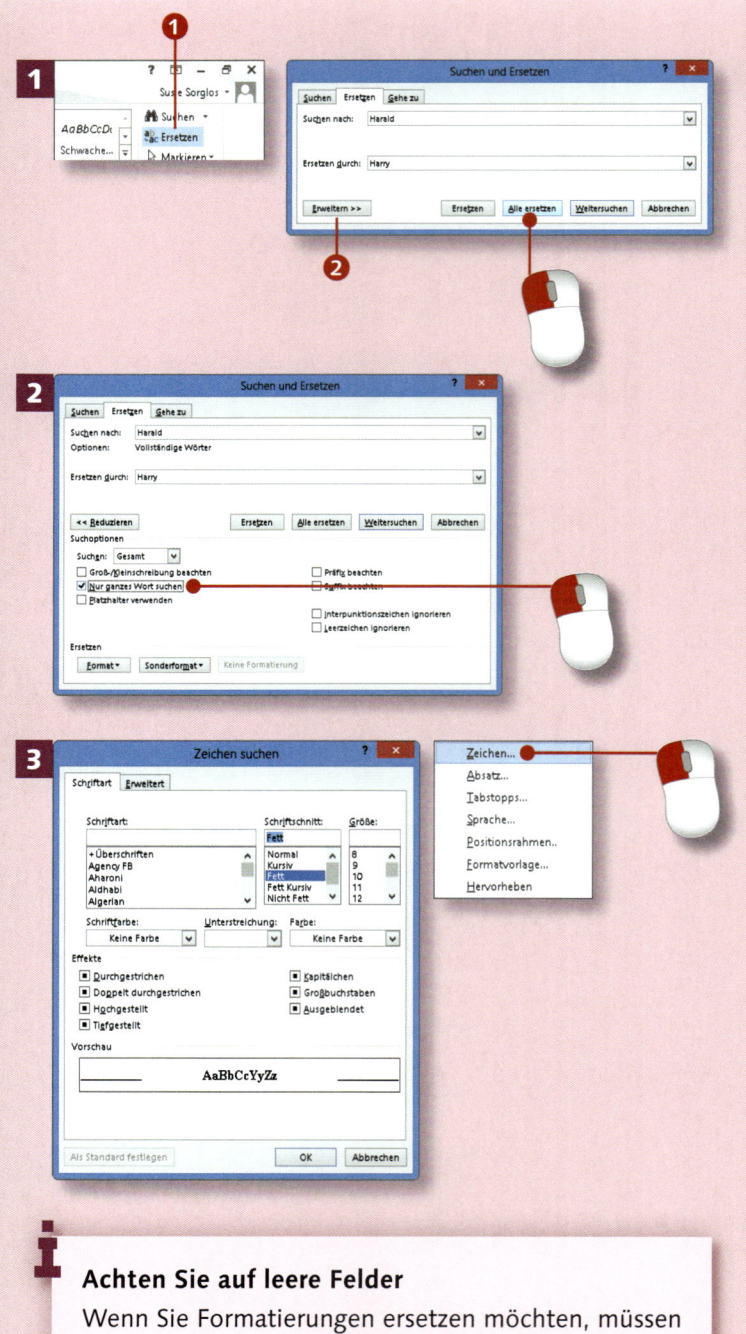

Sie haben in einem Text x-mal »Ha-rald« geschrieben, entscheiden sich zu guter Letzt aber doch für »Harry«. Dies ist ein Fall für die Funktion »Ersetzen«.

Schritt 1

Klicken Sie auf der Registerkarte **Start** auf die Schaltfläche **Ersetzen** ①. Im Feld **Suchen nach** geben Sie das zu ersetzende Wort ein. In das Feld **Ersetzen durch** schreiben Sie das neue Wort. Klicken Sie auf **Alle ersetzen**.

Schritt 2

Um die Funktion **Ersetzen** genauer einzustellen, klicken Sie im Dialog auf **Erweitern** ②. Im Bereich **Suchoptionen** haken Sie die gewünschten Einstellungen an.

Schritt 3

Auch Formatierungen lassen sich schnell ersetzen. Klicken Sie in das Feld **Suchen nach**, und wählen Sie **Format ▸ Zeichen**. Stellen Sie im zugehörigen Dialog eine Formatierung ein (z. B. **Fett**), und bestätigen Sie mit **OK**.

Achten Sie auf leere Felder
Wenn Sie Formatierungen ersetzen möchten, müssen Sie darauf achten, dass kein Text in den Feldern **Suchen nach** und **Ersetzen durch** steht.

Schritt 4

Klicken Sie danach in das Feld **Ersetzen durch** ❸, und rufen Sie (über **Format ▸ Zeichen**) erneut den Dialog **Zeichen ersetzen** auf. Dort aktivieren Sie die neuen Formate (z. B. **Kursiv**) und bestätigen mit **OK**. Dann klicken Sie im ersten Dialogfenster auf **Alle ersetzen**.

Schritt 5

Ganz ähnlich lassen sich auch Formatierungen zurücknehmen. Klicken Sie in das Feld **Suchen nach** ❹, und stellen Sie (wenn es um eine Zeichenformatierung geht) über **Format ▸ Zeichen** die Formatierung ein, die gelöscht werden soll. Setzen Sie den Cursor in das Feld **Ersetzen durch**, und klicken Sie auf **Keine Formatierung**. Nach dem Klick ist die Schaltfläche ausgegraut.

Schritt 6

Mit der Funktion **Ersetzen** lassen sich auch Formatierungszeichen austauschen oder entfernen, z. B. Absatzmarken. Setzen Sie den Cursor in das Feld **Suchen nach**, und klicken Sie auf **Sonderformat**. Wählen Sie im Menü **Absatzmarke**. Das Feld **Ersetzen durch** lassen Sie leer. Dann klicken Sie auf **Alle ersetzen**.

Mit Schnellbausteinen arbeiten

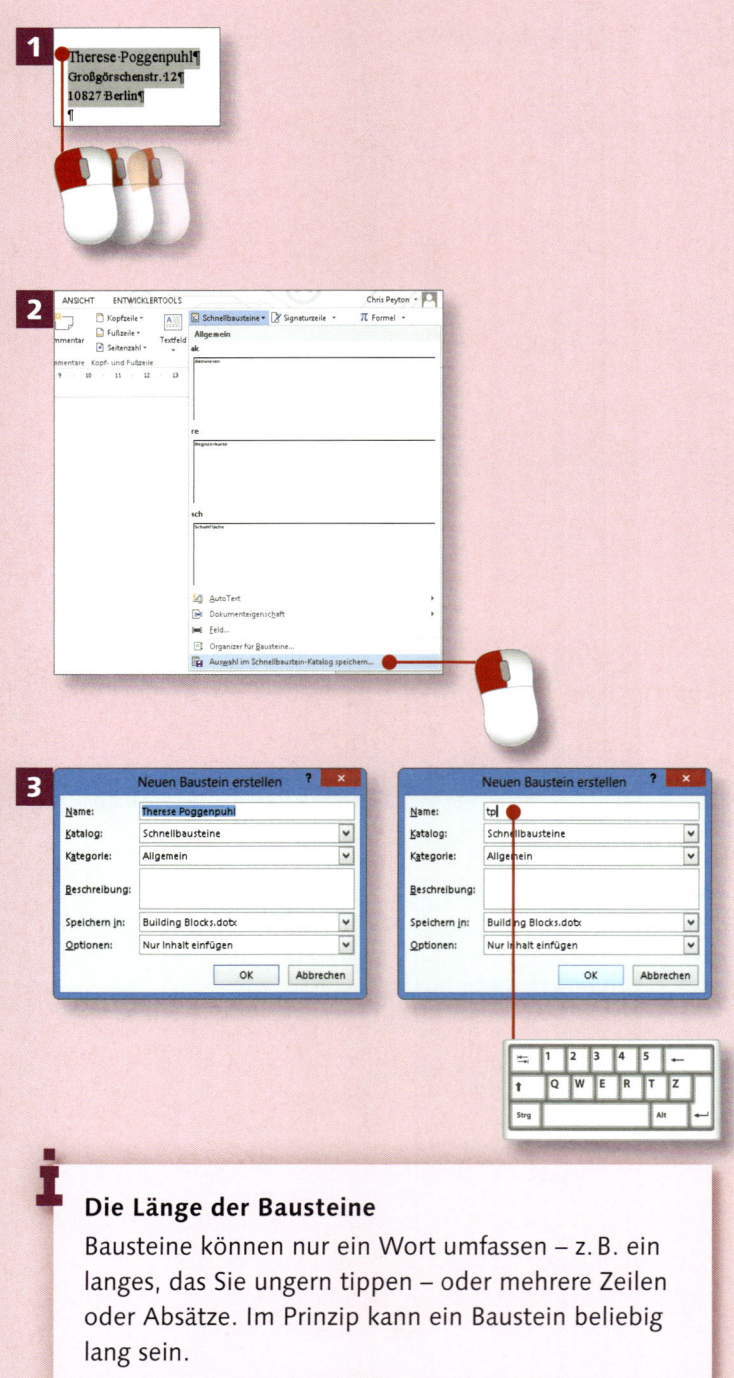

Schnellbausteine sind aus dem Computeralltag nicht wegzudenken. Wenn Sie Textpassagen häufig verwenden, legen Sie sich dafür am besten einen Baustein an.

Schritt 1

Um für ein paar Textzeilen, die Sie häufig verwenden, einen Schnellbaustein zu erstellen, müssen Sie diesen Text zunächst einmal schreiben und ihn nach Wunsch auch gleich formatieren. Dann markieren Sie ihn.

Schritt 2

Wechseln Sie auf die Registerkarte **Einfügen**, und klicken Sie hier auf den Pfeil an der Schaltfläche **Schnellbausteine**. Im Menü wählen Sie **Auswahl in Schnellbaustein-Katalog speichern**.

Schritt 3

Daraufhin wird der Dialog **Neuen Baustein erstellen** geöffnet. Hier geben Sie dem Baustein im Feld **Name** einen kurzen Namen, z. B. eine Abkürzung. Merken Sie sich das Kürzel, um es später problemlos einfügen zu können. Im Feld **Katalog** belassen Sie es bei **Schnellbausteine**, und auch die anderen Felder ändern Sie nicht. Dann klicken Sie auf **OK**.

Die Länge der Bausteine

Bausteine können nur ein Wort umfassen – z. B. ein langes, das Sie ungern tippen – oder mehrere Zeilen oder Absätze. Im Prinzip kann ein Baustein beliebig lang sein.

Schritt 4

Probieren Sie nun den Baustein aus. Öffnen Sie gegebenenfalls ein leeres Dokument, und setzen Sie den Cursor an die Stelle, an der der Text des Bausteins eingefügt werden soll. Dort tippen Sie den Namen des Bausteins und drücken gleich im Anschluss die Taste F3. Der Text erscheint.

Schritt 5

Dies ist die schnellste Methode, um einen Schnellbaustein einzufügen, aber sie setzt natürlich voraus, dass Sie sich an das richtige Kürzel erinnern. Im Zweifelsfall klicken Sie auf die Schaltfläche **Schnellbausteine**, wandern durch das Menü und markieren den Baustein, den Sie einfügen möchten.

Schritt 6

Bausteine, die Sie nur zeitweise für ein bestimmtes Projekt gebraucht haben, können Sie auch wieder löschen. Klicken Sie im Menü der Schaltfläche **Schnellbausteine** auf den Eintrag **Organizer für Bausteine** ❶. Markieren Sie in der Liste der Bausteine den entsprechenden Baustein, und klicken Sie auf **Löschen**.

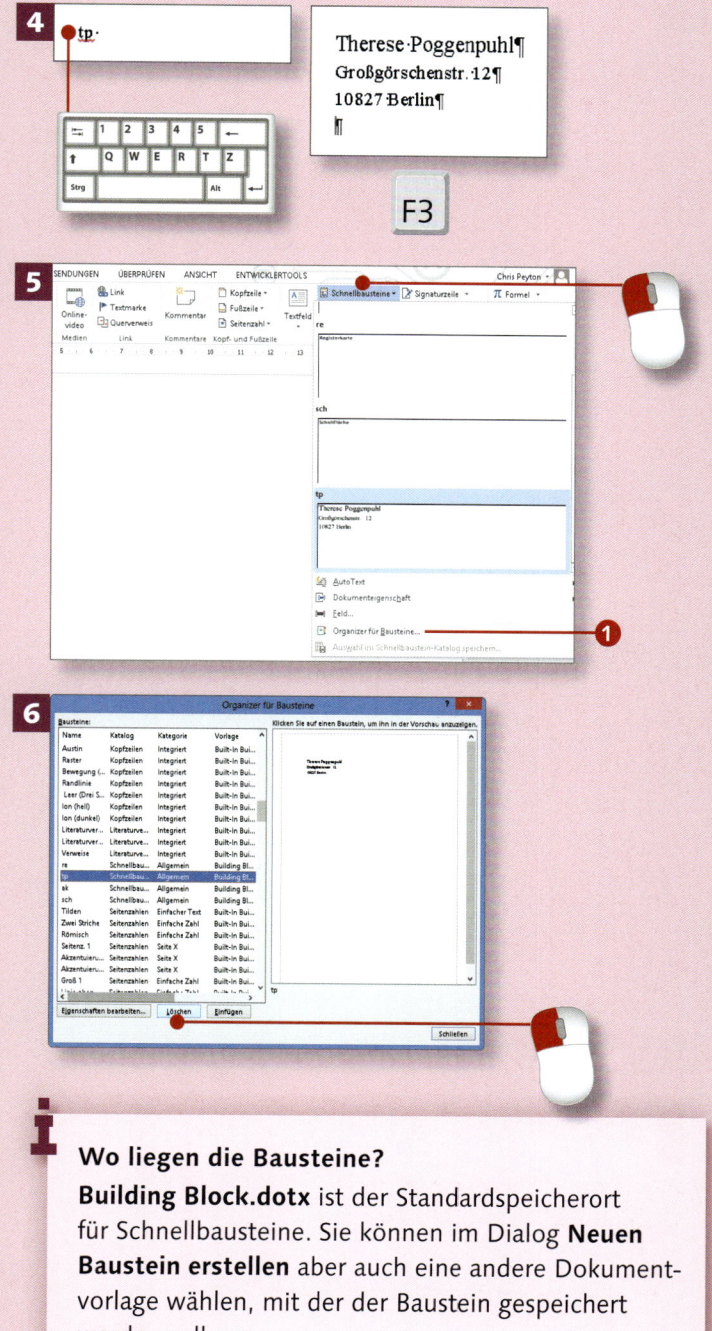

> **i Wo liegen die Bausteine?**
> **Building Block.dotx** ist der Standardspeicherort für Schnellbausteine. Sie können im Dialog **Neuen Baustein erstellen** aber auch eine andere Dokumentvorlage wählen, mit der der Baustein gespeichert werden soll.

Die Seite einrichten

Word bietet Ihnen eine Standardseite, mit der Sie sofort arbeiten können. Sie können sich eine Seite aber auch ganz nach Ihrem Geschmack einrichten.

Schritt 1

Im Standard schreiben Sie auf einem Blatt mit der Einstellung **Hoch-format**. Auf einer Seite mit einer vielspaltigen Tabelle ist aber z. B. das Querformat passender. Um die Aus-richtung zu ändern, aktivieren Sie die Registerkarte **Seitenlayout** und klicken auf das Symbol **Ausrichtung**. Wählen Sie **Querformat**.

Schritt 2

Selbstverständlich können Sie die Standardseitenränder verändern. Aktivieren Sie die Registerkarte **Seitenlayout**, und klicken Sie auf das Symbol **Seitenränder**. Im Menü suchen Sie sich ein passendes Layout aus und klicken es an.

Schritt 3

Um die Breite der Seitenränder selbst zu bestimmen, klicken Sie un-ten im Menü auf **Benutzerdefinierte Seitenränder**. Dies öffnet den Dia-log **Seite einrichten**, in dem Sie die passenden Maße manuell eintragen können.

Schritt 4

In der Standardeinstellung schreiben Sie einspaltig. Wenn Sie Ihrem Blatt eine Art Zeitungslayout verpassen wollen, richten Sie mehrere Spalten ein. Klicken Sie auf der Registerkarte **Seitenlayout** auf **Spalten**, und wählen Sie die Anzahl der Spalten.

Schritt 5

Sie können die Spalten und Seitenränder auch im Lineal mit der Maus verändern. Blenden Sie die Lineale über **Ansicht ▸ Lineal** ein, sollten sie nicht bereits angezeigt werden.

Schritt 6

Wenn Sie die Maus jetzt auf den farblich angedeuteten Seitenrändern im Lineal positionieren, wird der Mauszeiger zum Doppelpfeil, und Sie können die Ränder mit gedrückter Maustaste verschieben. Übrigens: Die »Sanduhren« ❶ zeigen die Absatzeinzüge an (mehr dazu erfahren Sie in Kapitel 5, »Text gestalten und formatieren«, ab Seite 84).

Kapitel 5
Text gestalten und formatieren

Wie Sie Formatierungen in Word realisieren, erfahren Sie in diesem Kapitel. So lässt sich die Seite schön gestalten, und wichtige Abschnitte können hervorgehoben werden.

Schriften und Texteffekte

Sie können die Schriftart, ihre Größe oder Farbe selbst verändern oder aber auf fertige Formatvorlagen zurückgreifen ❶. Versehen Sie den Text z. B. mit einem Rahmen oder einer Hintergrundfarbe. Darüber hinaus gibt es (jedoch nur im Dateiformat *.docx*) erweiterte Effekte wie Schattierungen oder Spiegelungen.

Ordnung in den Text bringen

Normalerweise orientiert sich der Text am linken Blattrand. Sie können ihn aber auch rechtsbündig ausrichten, Blocksatz einstellen oder z. B. einzelne Textteile zentrieren. Um die Lesbarkeit zu erhöhen, lässt sich u. a. der Zeilenabstand ❷ anpassen.

Ergänzungen

Wenn Sie nicht als Einziger an einem Dokument arbeiten, ist der Änderungsmodus ❸ sehr nützlich. Damit können Sie Textkorrekturen kenntlich machen und Kommentare ergänzen. Ebenfalls nützlich ist die Registerkarte **Verweise**, über die sich Fußnoten oder auch ein automatisches Inhaltsverzeichnis einfügen lassen.

Texte lassen sich in Word 2013 vielfach gestalten. Sie können die Schriftart, die Schriftgröße, Farbe und vieles mehr ändern. Auch Texteffekte stehen Ihnen zur Verfügung.

Auch die Textausrichtung und der Zeilenabstand lassen sich schnell und einfach anpassen.

Der Änderungsmodus ist sehr hilfreich: Hier können Sie z. B. Textkorrekturen kenntlich machen und Kommentare ergänzen.

Die Schriftart festlegen

Word bietet Schriftarten in Hülle und Fülle. Für jeden Geschmack und jeden Zweck ist etwas dabei.

Schritt 1

Um die Schriftart zu verändern, markieren Sie den relevanten Textteil. Klicken Sie dann auf der Registerkarte **Start** auf den Pfeil neben **Schriftart**. Aus der Liste wählen Sie per Mausklick die gewünschte Schriftart aus.

Schritt 2

Die Schriftart lässt sich auch im Dialog einstellen. Klicken Sie auf der Registerkarte **Start** auf den Pfeil ❶ der Gruppe **Schriftart**. Im Dialog klicken Sie im gleichnamigen Feld auf die gewünschte Schriftart. Achten Sie dabei auf die Vorschau ❷.

Schritt 3

Im Dialog **Schriftart** können Sie auch eine Schriftart zur Standardschriftart machen. Markieren Sie die Schriftart, und klicken Sie auf die Schaltfläche **Als Standard festlegen**. Im nächsten Dialog aktivieren Sie eine der beiden Optionen und klicken auf **OK**.

Schritt 4

Sie können auch mit der rechten Maustaste arbeiten. Markieren Sie den relevanten Text, und rufen Sie per Rechtsklick das Kontextmenü auf. Wählen Sie **Schriftart**, um den gleichnamigen Dialog aufzurufen.

Schritt 5

Schriftzeichen, die Sie für andere Sprachen benötigen, z. B. das spanische ñ, finden Sie auf der Registerkarte **Einfügen** über **Symbol ▸ Weitere Symbole ❸**. In der Auswahl der **Schriftart (normaler Text)** und **Lateinisch-1 (Ergänzung)** als **Subset** wird diese sogenannte *Tilde* angeboten. Markieren Sie das Symbol, und klicken Sie auf **Einfügen**.

Schritt 6

Schriftarten für Windows werden normalerweise als *.ttf*-Dateien verteilt. Wenn Sie eine solche Datei haben, klicken Sie sie im Explorer mit der rechten Maustaste an und wählen im Kontextmenü den Eintrag **Installieren**.

Accent aigu und Accent grave – ´ oder `?

Sie möchten z. B. »Coupé« schreiben? Ganz einfach: Drücken Sie die Taste ´ (bzw. in anderen Fällen ⇧ + `), und schreiben Sie dann erst das »e«.

Die Schriftgröße festlegen

Die Schriftgröße wird in der Einheit Punkt gemessen. Je höher die Zahl, desto größer die Schrift. In Word heißt es übrigens »Schriftgrad«, nicht »Schriftgröße«.

Schritt 1

Um die Schrift einer Textpassage zu vergrößern, markieren Sie zunächst den Text. Denken Sie daran, dass Sie auch nicht zusammenhängende Textpassagen mithilfe der ⌨Strg -Taste markieren können.

Schritt 2

Klicken Sie auf der Registerkarte **Start** auf den Pfeil am Symbol **Schriftgrad**. In der Liste wählen Sie die gewünschte Schriftgröße aus und übernehmen sie per Mausklick.

Schritt 3

Sie können auch mit den Symbolen **Schriftart vergrößern** und **Schriftart verkleinern** arbeiten. Klicken Sie nach dem Markieren auf eines der beiden Symbole. Die Schrift wird um einen Punkt vergrößert bzw. verkleinert.

Den Dialog »Schriftart« im Kontextmenü aufrufen
Sie können den Dialog **Schriftart** auch über das Kontextmenü des markierten Textabschnitts aufrufen. Wählen Sie dort den Eintrag **Schriftart**.

Schritt 4

Wenn Sie eine Standardschrift-
größe einstellen bzw. die Standardeinstellung ändern möchten, klicken
Sie auf der Registerkarte **Start** auf
den Pfeil an der Gruppe **Schriftart**,
um den gleichnamigen Dialog zu
öffnen.

Schritt 5

Wählen Sie im Dialog **Schriftart** die
von Ihnen gewünschte Schriftgröße
aus, und klicken Sie anschließend
unten auf die Schaltfläche **Als Standard festlegen**.

Schritt 6

Bestimmen Sie im nächsten Fenster,
ob der Standard nur für das gerade
aktive Dokument gelten soll oder für
alle Dokumente, die auf der genutzten Formatvorlage basieren. Klicken
Sie dann auf **OK**.

Standard festlegen

Mit der Schaltfläche **Als Standard
festlegen** legen Sie nicht nur
die Schriftgröße, sondern alle im
Dialog gewählten Einstellungen als
Standard fest.

Eine Schriftfarbe festlegen

Schriftfarben können einen Text optisch lebendiger machen. Aber greifen Sie nicht zu tief in den Farbtopf – weniger ist oft mehr!

Schritt 1

Wie bei den bisherigen Aktionen markieren Sie zunächst den Text. Klicken Sie dann auf den Pfeil am Symbol **Schriftfarbe**, und wählen Sie per Mausklick die gewünschte Farbe aus der Palette aus.

Schritt 2

Eine noch größere Auswahl an Farben erhalten Sie, wenn Sie auf die Option **Weitere Farben** im Menü **Schriftfarbe** klicken. Wählen Sie hier eine Farbe aus dem Sechseck aus.

Schritt 3

Auf der Registerkarte **Benutzerdefiniert** des Dialogs **Farben** stellen Sie per Klick auf das Farbfeld die Grundfarbe ein, die Sie mittels des Schiebereglers rechts daneben verfeinern können. Ziehen Sie dafür mit gedrückter linker Maustaste am Farbbalken.

Schritt 4

Für Schriftzüge lässt sich auch ein Farbverlauf einstellen. Führen Sie den Mauszeiger auf **Farbverlauf** im Menü des Symbols **Schriftfarbe**, und fahren Sie mit der Maus über die verschiedenen Varianten. Der Effekt zeigt sich im Text. Per Klick übernehmen Sie eine Variante. Übrigens: Die Funktion **Farbverlauf** gibt es nur für docx-Dokumente.

Schritt 5

Ein Farbverlauf lässt sich verfeinern, wenn Sie im Menü auf **Weitere Farbverläufe ❶** klicken. Im Aufgabenbereich **Texteffekte formatieren** ist die Option **Farbverlauf** bereits aktiviert. Am einfachsten machen Sie es sich mit einem voreingestellten Farbverlauf. Klicken Sie auf den Pfeil an der Schaltfläche.

Schritt 6

Für einen individuellen Farbverlauf klicken Sie einen **Farbverlaufstopp** an ❷ und wählen über die Kachel **Farbe** eine Farbe. Dann klicken Sie den zweiten **Farbverlaufstopp** an und wählen die nächste Farbe. Über den Schieberegler **Farbverlaufstopps** steuern Sie den Verlauf.

Textabschnitte ordentlich ausrichten

Sie kennen linksbündigen Text, zentrierte Überschriften oder Blocksatz? Nichts anderes verbirgt sich hinter den Befehlen zur Ausrichtung. Auch mit Einzügen werden Absätze angeordnet.

Schritt 1

Standardmäßig ist ein Dokument linksbündig ❶ ausgerichtet. Um einen Absatz z. B. mittig auszurichten ❷, setzen Sie den Cursor (irgendwo) in den jeweiligen Absatz und klicken auf das Symbol **Zentriert**.

Schritt 2

Genauso verfahren Sie, wenn Sie einen Absatz rechtsbündig ausrichten oder in Blocksatz setzen möchten. Klicken Sie wie hier auf **Rechtsbündig** bzw. auf **Blocksatz** ❸.

Schritt 3

Absätze lassen sich auch vom Rand ein wenig nach rechts einrücken – man nennt das *Einzug*. Klicken Sie auf der Registerkarte **Start** auf den Pfeil an der Gruppe **Absatz** ❹. Im Dialog **Absatz** geben Sie im Feld **Einzug Links** das Maß für den Einzug ein, z. B. »1,5 cm«.

> **!**
> **Formatierung für mehrere Absätze**
> Wenn die Formatierung (Ausrichtung oder Einzug) für mehrere Absätze gelten soll, müssen Sie diese Absätze vorher alle markieren.

Schritt 4

Neben normalen Einzügen bietet Word auch *Sondereinzüge*. Dazu gehören der Erstzeileneinzug (nur die erste Zeile des Absatzes wird eingerückt) und ein *hängender Einzug* (alle Zeilen des Absatzes mit Ausnahme der ersten Zeile werden eingerückt).

Schritt 5

Für den Erstzeileneinzug wählen Sie im Dialog **Absatz** im Feld **Sondereinzug** die Option **Erste Zeile**. Dann geben Sie daneben im Feld **Um** an, um viele Zentimeter die erste Zeile eingerückt werden soll. Achten Sie auf die Vorschau.

Schritt 6

Für einen hängenden Einzug wählen Sie im Dialog **Absatz** im Feld **Sondereinzug** die Option **Hängend**. Im Feld **Um** geben Sie an, um viele Zentimeter die Zeilen des Absatzes eingerückt werden sollen.

Einzüge mit dem Lineal

Sie können die Einzüge auch mit der »Sanduhr« im Lineal einstellen: Ziehen Sie am unteren Teil, um den ganzen Absatz einzuziehen, am oberen Teil für den Erstzeileneinzug und am mittleren Dreieck für den hängenden Einzug.

Abstände zwischen Absätzen festlegen

Sie können einen Abstand zwischen Absätzen mit der ⏎-Taste erzeugen, aber eleganter ist es, wenn Sie die Abstände festlegen.

Schritt 1

Standardmäßig wird beim Schreiben ein Abstand von 8 Punkten (Pt) nach einem Absatz erzeugt. Auf die Schnelle können Sie einen größeren Abstand (12 Pt) erzeugen, indem Sie auf der Registerkarte **Start** auf das Symbol **Zeilen- und Absatzabstand** klicken und im Menü **Abstand nach Absatz hinzufügen** ❶ wählen.

Schritt 2

Möchten Sie den Abstand genauer einstellen, aktivieren Sie die Registerkarte **Seitenlayout**. In der Gruppe **Absatz** klicken Sie auf den Pfeil neben **Vor** oder **Nach** und wählen den gewünschten Abstand aus.

Schritt 3

Sie müssen sich nicht an die Sprünge der Felder **Vor** bzw. **Nach** halten. Wenn Ihnen 6 Punkt zu viel sind, klicken Sie einfach in das Feld und geben einen anderen Wert ein, z. B. »3 Pt.«.

! Absätze markieren

Wenn der Absatzabstand für das ganze Dokument gelten soll (was meistens der Fall ist), müssen Sie alles markieren.

Schritt 4

Auch im Dialog **Absatz** können Sie Absatzabstände festlegen. Sie öffnen den Dialog auf der Registerkarte **Start** über einen Klick auf den kleinen Pfeil ❷ an der Gruppe **Absatz** oder über das Kontextmenü einer Markierung.

Schritt 5

Hier verfahren Sie genauso wie auf der Registerkarte **Seitenlayout**. Legen Sie den gewünschten Abstand in den Feldern **Vor** und **Nach** im Bereich **Abstand** fest.

Schritt 6

Einige wichtige Einstellungen zum Umgang mit Absätzen finden Sie auf der Registerkarte **Zeilen- und Seitenumbruch** des Dialogs **Absatz**. Haken Sie hier z. B. die Option **Diesen Absatz zusammenhalten** an, wenn ein Teil eines Absatzes nicht auf die nächste Seite rutschen soll.

i

Abstände zwischen Absätzen

Wenn Sie einem Absatz einen Abstand **Nach** von 12 Pt. geben und dem nachfolgenden Absatz einen Abstand **Vor** von 6 Pt., addiert Word diese beiden Abstände nicht, sondern wählt den größeren Wert (12 Pt.) als maßgeblich aus.

Abstände zwischen Zeilen festlegen

Standardmäßig wird in Word 2013 ein Zeilenabstand von 1,08 verwendet, mitunter ist jedoch ein anderer Abstand gewünscht.

Schritt 1

Der Zeilenabstand ist schnell geändert. Setzen Sie den Cursor in den entsprechenden Absatz, und klicken Sie auf der Registerkarte **Start** auf das Symbol **Zeilen- und Absatzabstand**. Aus der Liste wählen Sie per Mausklick den gewünschten Zeilenabstand aus.

Schritt 2

Weitere Optionen für den Zeilenabstand erhalten Sie im Dialog **Absatz**. Wählen Sie in der Liste des Symbols **Zeilen- und Absatzabstand** den Eintrag **Zeilenabstandsoptionen** ❶. Klicken Sie auf den Pfeil neben dem Feld **Zeilenabstand** im Dialog.

Schritt 3

Wählen Sie die Option **Mindestens**, um für das größte Schriftzeichen (oder eine Grafik) in einer Zeile den nötigen Abstand zwischen den Zeilen festzulegen. Die Abbildung zeigt einen Abstand von 16 Pt., nur die Zeile mit den großen Buchstaben erhält automatisch einen größeren Zeilenabstand.

Dem·WWF·wird·von·einigen·Umweltgruppen·und·zivilgesellschaftlichen·Initiativen·vorgeworfen,·zu·enge·
Beziehungen·zu·Unternehmen·zu·unterhalten,·um·unabhängig·agieren·zu·können.·Siehe·dazu·den·Abschnitt·
Kritik.·Die·Organisation·wurde·am·29.·April·1961·als·**W**orld·**W**ildlife·**F**und·in·der·Schweiz·gegründet.·
Noch·im·Gründungsjahr·entstanden·Sektionen·in·Großbritannien,·der·Schweiz·und·den·USA.·Es·folgten·
Sektionen·in·Deutschland·(1963),·den·Niederlanden,·Österreich·und·Südafrika.·Nach·und·nach·entstand·bis·
heute·ein·weltweites·Netzwerk·aus·59·nationalen·Sektionen,·Programmbüros·und·Partnerorganisationen.¶

Schritt 4

Mithilfe der Option **Einfach** in dieser Liste wird der an das größte Schriftzeichen in einer Zeile angepasste Zeilenabstand festgelegt und ein zusätzlicher kleiner Zwischenraum gelassen. Der Zwischenraum variiert je nach verwendeter Schriftart.

Dem·WWF·wird·von·einigen·Umweltgruppen·und·zivilgesellschaftlichen·Initiativen·vorgeworfen,·zu·enge· Beziehungen·zu·Unternehmen·zu·unterhalten,·um·unabhängig·agieren·zu·können.·Siehe·dazu·den·Abschnitt· Kritik.·Die·Organisation·wurde·am·29.·April·1961·als·World·Wildlife·Fund·in·der·Schweiz·gegründet.·Noch· im·Gründungsjahr·entstanden·Sektionen·in·Großbritannien,·der·Schweiz·und·den·USA.·Es·folgten·Sektionen·in· Deutschland·(1963),·den·Niederlanden,·Österreich·und·Südafrika.·Nach·und·nach·entstand·bis·heute·ein· weltweites·Netzwerk·aus·59·nationalen·Sektionen,·Programmbüros·und·Partnerorganisationen.¶

Schritt 5

Mit der Option **Genau** legen Sie einen festen Zeilenabstand fest, der von Word nicht angepasst wird. Die Option eignet sich dazu, den Zeilenabstand optimal an die gewählte Schriftgröße anzupassen. Bei unterschiedlich großen Schriftzeichen empfiehlt sich diese Einstellung nicht.

Dem·WWF·wird·von·einigen·Umweltgruppen·und·zivilgesellschaftlichen·Initiativen·vorgeworfen,·zu·enge· Beziehungen·zu·Unternehmen·zu·unterhalten,·um·unabhängig·agieren·zu·können.·Siehe·dazu·den·Abschnitt· Kritik.·Die·Organisation·wurde·am·29.·April·1961·als·World·Wildlife·F·und·in·der·Schweiz·gegründet.· Noch·im·Gründungsjahr·entstanden·Sektionen·in·Großbritannien,·der·Schweiz·und·den·USA.·Es·folgten· Sektionen·in·Deutschland·(1963),·den·Niederlanden,·Österreich·und·Südafrika.·Nach·und·nach·entstand·bis· heute·ein·weltweites·Netzwerk·aus·59·nationalen·Sektionen,·Programmbüros·und·Partnerorganisationen.¶

Schritt 6

Wenn der eingegebene Zeilenabstand bei Mehrfach identisch mit den Werten der Zeilenabstände Einfach, 1,5 Zeilen oder Doppelt ist, ändert Word die Einträge entsprechend: Aus Mehrfach mit dem Wert 2 wird dann z. B. automatisch der Zeilenabstand Doppelt.

Markieren oder nur einen Absatz formatieren?

Beachten Sie auch bei allen Änderungen des Zeilenabstands, dass der Text bzw. das Dokument markiert sein muss. Für einen Absatz reicht es, den Cursor in diesen Absatz zu setzen.

Text mit Hervorhebungen und Effekten versehen

Es gibt weitere Möglichkeiten, einen Text optisch aufzuwerten. Die Texteffekte bieten Schattierungen, Spiegelungen und vieles mehr.

Schritt 1

Markieren Sie den relevanten Text, und klicken Sie auf den Pfeil am Symbol **Texteffekte**. Das Menü bietet eine Reihe von Füllungen, die Sie per Mausklick auf den ausgewählten Text übertragen können. Es steht jedoch nur beim Dateiformat *.docx* zur Verfügung.

Schritt 2

Sie finden dort zahlreiche weitere Effekte. Wenn Sie den Mauszeiger auf **Kontur** führen, erhalten Sie eine Farbpalette, um eine Farbe für die Kontur der Buchstaben auszuwählen. Auch für die Art der Kontur (Menüpunkt **Striche**) werden Optionen angeboten.

Schritt 3

Interessant ist der Effekt **Spiegelung**. Der ausgewählte Text taucht als angedeutete Spiegelung erneut auf. Klicken Sie im Menü auf **Spiegelung**, und wählen Sie per Mausklick eine der Varianten.

Schritt 4

Sie können Textpassagen auch zum Leuchten bringen. Klicken Sie im Menü auf **Leuchteffekt**, und wählen Sie per Mausklick eine Variante.

Schritt 5

Haben Sie zu tief in den Effekte-Topf gegriffen? Dann klicken Sie in den Untermenüs der Effekte auf die Einträge **Kein Rahmen** ❶, **Keine Spiegelung** ❷ etc. Denken Sie daran, den betreffenden Text vorher zu markieren.

Schritt 6

Achten Sie auf die Einträge **Leuchteffektoptionen**, **Spiegelungsoptionen**, **Weitere Schatten** etc. unten in den Untermenüs der Effekte. Diese Einträge öffnen rechts den Aufgabenbereich **Texteffekte formatieren**, der zahlreiche Einstellungen zum Feinschliff der Effekte bietet.

Effekte für Zahlen

Im Menü des Symbols **Texteffekte** wird auch die Option **Zahlenformatvorlagen** angeboten. Im Untermenü finden Sie Formatierungen für Zahlen, z. B. **Proportionale Lineatur**. Damit wird der Abstand zwischen Zahlen je nach dem Platz, den eine Zahl benötigt, angepasst.

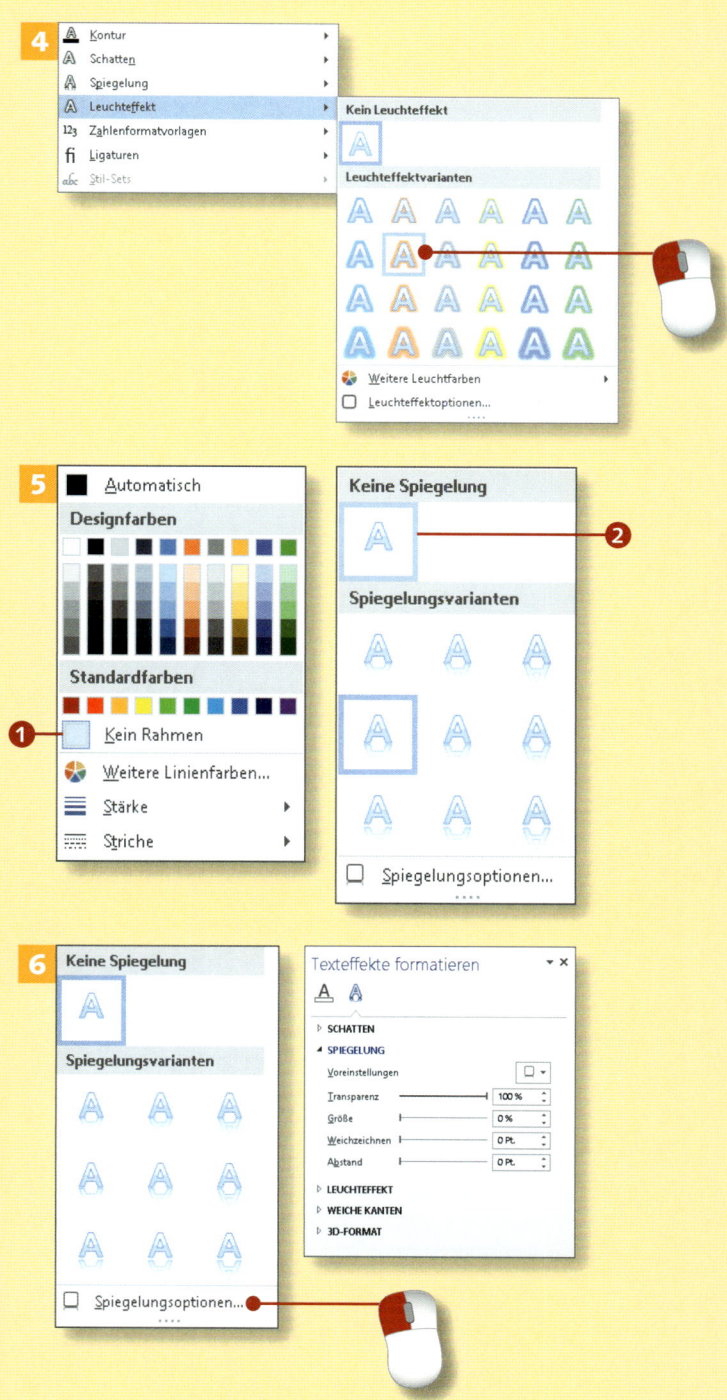

Rahmen und Linien um Texte setzen

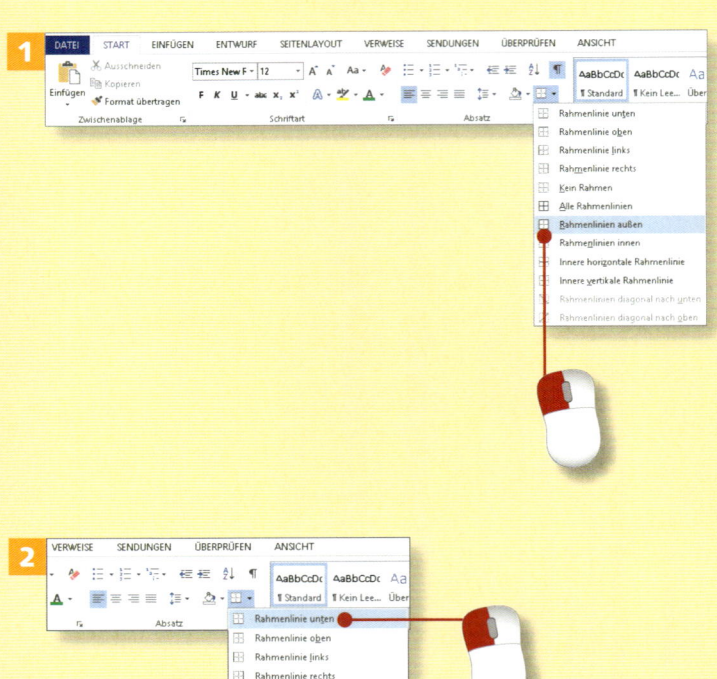

Text zu umranden oder einzelne Linien zu ziehen sind tolle Möglichkeiten, um bestimmte Passagen vom Rest des Textes abzugrenzen.

Schritt 1

Um einem ganzen Absatz einen Rahmen zu geben, setzen Sie den Cursor in den Absatz. Klicken Sie auf der Registerkarte **Start** auf den Pfeil am Symbol **Rahmen**. Im Menü wählen Sie **Rahmenlinien außen**.

Schritt 2

Mit den Optionen im Menü des Symbols **Rahmen** können Sie nicht nur einen geschlossenen Rahmen um eine Textpassage setzen, sondern auch einzelne Linien ziehen. Um z. B. eine Linie unterhalb eines Absatzes zu erzeugen (in dem der Cursor stehen muss), klicken Sie auf **Rahmenlinie unten**.

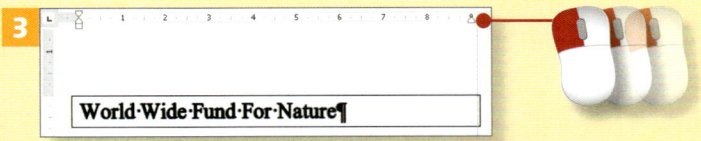

Schritt 3

Sie möchten eine linksbündige Überschrift einrahmen und stellen fest, dass der Rahmen zu groß ist? Kein Problem! Klicken Sie im Lineal auf das nach oben weisende Dreieck, das den rechten Einzug repräsentiert. Ziehen Sie das Dreieck ein wenig nach links.

Schritt 4

Um einen Rahmen zu setzen, der sich exakt um ein Stück Text legt (also keinen ganzen Absatz umrandet), markieren Sie den betreffenden Text. Achten Sie darauf, dass Sie die Absatzmarke nicht mit markieren. Dann klicken Sie im Menü des Symbols **Rahmen** auf **Rahmenlinien außen**.

Schritt 5

Um weitere Optionen für Rahmen und Linien zu sehen, klicken Sie im Menü des Symbols **Rahmen** auf **Rahmen und Schattierung**. Im zugehörigen Dialog können Sie u. a. die Linienart und die Farbe des Rahmens einstellen.

Schritt 6

Wählen Sie in der Liste **Formatvorlage** zunächst z. B. eine gestrichelte Linie ❶ und dann eine Farbe ❷ aus der Farbpalette. Klicken Sie nach diesen Einstellungen auf das Symbol **Kontur**. Achten Sie auf den Bereich **Vorschau** rechts; hier wird der Effekt angedeutet.

Schattierungen zuweisen

Den Hintergrund von Textpassagen zu schattieren ist ein weiteres optisches Gestaltungsmittel; wenn es sparsam eingesetzt wird, kann es sehr wirkungsvoll sein.

Schritt 1

Der Hintergrund eines Absatzes kann auch mit einer Farbe gefüllt werden. Stellen Sie sicher, dass der Cursor im richtigen Absatz steht, dann klicken Sie auf der Registerkarte **Start** auf den Pfeil am Symbol **Schattierung**. In der Palette wählen Sie eine Farbe aus.

Schritt 2

Wenn Sie den Hintergrund einer beliebig langen Textpassage farbig hinterlegen möchten, müssen Sie den Text zunächst markieren. Dann wiederholen Sie die Vorgehensweise aus Schritt 1.

Schritt 3

Genauso können Sie einen Rahmen mit einer Farbe füllen. Wenn Sie möchten, erledigen Sie das alles in einem Rutsch. Öffnen Sie den Dialog **Rahmen und Schattierung**, und stellen Sie **Kontur** ein. Dann wechseln Sie auf die Registerkarte **Schattierung** und wählen über das Feld **Füllung** eine Farbe.

Schritt 4

Für eine größere Auswahl an Farben klicken Sie im Menü des Symbols **Schattierung** oder – wenn Sie im Dialog arbeiten – im Menü des Feldes **Füllung** auf die Option **Weitere Farben**.

Schritt 5

Effektvoll sind farbig hinterlegte Überschriften: Zentrieren Sie die Überschrift, und setzen Sie den Cursor in die Überschrift. Öffnen Sie das Menü des Symbols **Schattierung**, und entscheiden Sie sich hier für eine Farbe.

Schritt 6

Verkürzen Sie die Schattierung auf beiden Seiten. Anstatt im Lineal an den entsprechenden Dreiecken zu ziehen, klicken Sie auf den Pfeil an der Gruppe **Absatz** und stellen in den Feldern **Einzug Links** und **Einzug Rechts** einen geeigneten Wert ein, z. B. »2 cm«.

Schattierung entfernen

Vergessen Sie das Symbol **Formatierung löschen** auf der Registerkarte **Start** nicht! Auch Schattierungen werden Sie damit wieder los.

Seiten formatieren – Abschnittswechsel

Abschnitte benötigen Sie, um unterschiedliche Seitenformatierungen in einem Dokument anzuwenden. Dazu gehören z. B. Kopf- und Fußzeilen, Spalten, Seitenränder oder die Seitenausrichtung.

Schritt 1

Setzen Sie den Cursor an die Position, an der der Abschnittswechsel eingefügt werden soll. Wechseln Sie zur Registerkarte **Seitenlayout**. Klicken Sie dann auf den Auswahlpfeil des Symbols **Umbrüche**.

Schritt 2

Um z. B. die Ausrichtung der folgenden Seite zu ändern, wählen Sie in der Auswahlliste den Eintrag **Nächste Seite** ❶. Im Dokument wird der Abschnittswechsel mit einer doppelt gepunkteten Linie dargestellt.

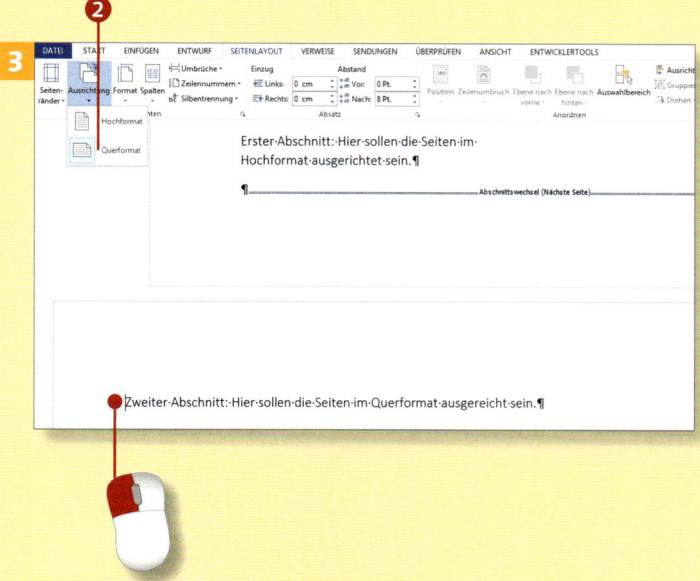

Schritt 3

Setzen Sie den Cursor in den eben erstellten Abschnitt, und wählen Sie auf der Registerkarte **Seitenlayout** im Menü des Symbols **Ausrichtung** die Option **Querformat** ❷. Die Wirkung zeigt sich sofort.

Schritt 4

Wenn die Überschrift eines Dokuments einspaltig bleiben, der Text darunter aber zweispaltig angeordnet werden soll, benötigen Sie einen fortlaufenden Abschnittswechsel. Platzieren Sie den Cursor dort, wo das zweispaltige Layout beginnen soll.

Schritt 5

Klicken Sie auf der Registerkarte **Seitenlayout** im Menü des Symbols **Umbrüche** auf die Option **Fortlaufend**. Auch der fortlaufende Abschnittswechsel wird als doppelt gepunktete Linie angezeigt.

Schritt 6

Um den eben erzeugten Abschnitt zweispaltig zu setzen, setzen Sie den Cursor in diesen Abschnitt und wählen auf der Registerkarte **Seitenlayout** im Menü des Symbols **Spalten** die Option **Zwei**.

Abschnitte formatieren

Um Abschnitte zu formatieren, klicken Sie in den bekannten Dialogen auf **Übernehmen für**. Dort bestimmen Sie z. B., ob die Formatierung für das gesamte Dokument oder den ausgewählten Abschnitt (in dem der Cursor stand) gelten soll.

Fußnoten einfügen

Anmerkungen, Literaturhinweise, Quellenangaben etc. gehören in Fußnoten, die in der Regel durchnummeriert werden. Mit Word lassen sich solche Anforderungen bestens umsetzen.

Schritt 1

Zuerst setzen Sie den Cursor genau dorthin, wo das Fußnotenzeichen im Text erscheinen soll. Achten Sie darauf, dass Sie den Cursor direkt, also ohne Leerstelle, hinter das Zeichen setzen.

Schritt 2

Aktivieren Sie nun die Registerkarte **Verweise**. Sofern Sie keine weiteren Einstellungen vornehmen möchten (für das Fußnotenzeichen oder Ähnliches), klicken Sie auf das Symbol **Fußnote einfügen**.

Schritt 3

Dadurch wandert der Cursor direkt in den Fußnotenbereich, der automatisch durch eine kurze Linie vom Rest des Textes abgegrenzt ist. Am Anfang der Zeile sehen Sie eine hochgestellte 1 (für die erste Fußnote). Im Text erscheint ebenfalls eine hochgestellte 1.

Den Fußnotentext im Dokument anzeigen lassen

Der Text einer Fußnote wird in einer kleinen Box eingeblendet, wenn Sie mit der Maus auf das Fußnotenzeichen im Dokument zeigen.

Schritt 4

Schreiben Sie nun Ihren Text in die Fußnote. Sollte der Text länger als eine Zeile sein, sieht es besser aus, wenn Sie einen hängenden Einzug (für alle Zeilen bis auf die erste) einstellen. Ziehen Sie dazu am entsprechenden Symbol auf dem Lineal.

Schritt 5

Um weitere Einstellungen für Fußnoten vorzunehmen, klicken Sie auf der Registerkarte **Verweise** auf den Pfeil an der Gruppe **Fußnoten**. Im Dialog könnten Sie sich z. B. auch für Endnoten (»Fußnoten« am Ende des Dokuments) entscheiden oder ein anderes Zahlenformat wählen.

Schritt 6

Sie werden Fußnoten auch leicht wieder los. Markieren Sie das kleine Fußnotezeichen im Text, und drücken Sie die `Entf`-Taste. Dadurch wird die gesamte Fußnote gelöscht.

Word zählt mit!

Word kümmert sich um die fortlaufende Nummerierung. Wenn Sie eine Fußnote löschen oder nachträglich eine weitere einfügen, wird die Nummerierung angepasst.

Kopf- und Fußzeilen einfügen und bearbeiten

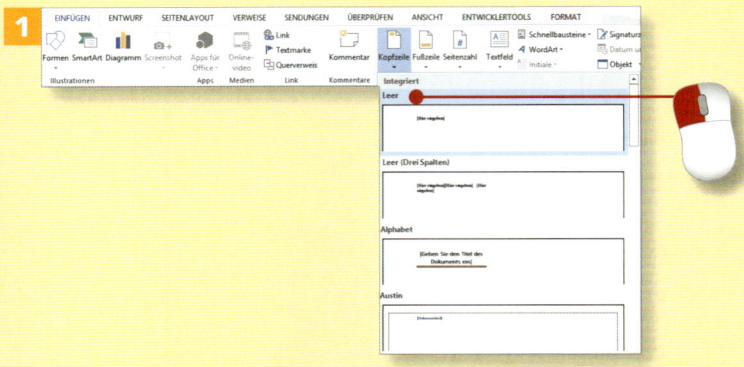

Kopfzeilen und Fußzeilen erscheinen automatisch auf jeder neuen Seite des Dokuments. Sie werden gern für Kapitelüberschriften, Firmennamen, Briefköpfe etc. eingesetzt. Wir beschreiben hier Kopfzeilen, der Umgang mit Fußzeilen ist aber identisch.

Schritt 1

Aktivieren Sie die Registerkarte **Einfügen**. Hier klicken Sie auf den Pfeil an der Schaltfläche **Kopfzeile**. Um eine Kopfzeile ohne weitere Formatierung einzufügen, wählen Sie **Leer**.

Schritt 2

Daraufhin erscheint oberhalb des Dokuments ein neuer Bereich mit dem Text **Hier eingeben**. Tippen Sie den Text für die Kopfzeile einfach dort ein.

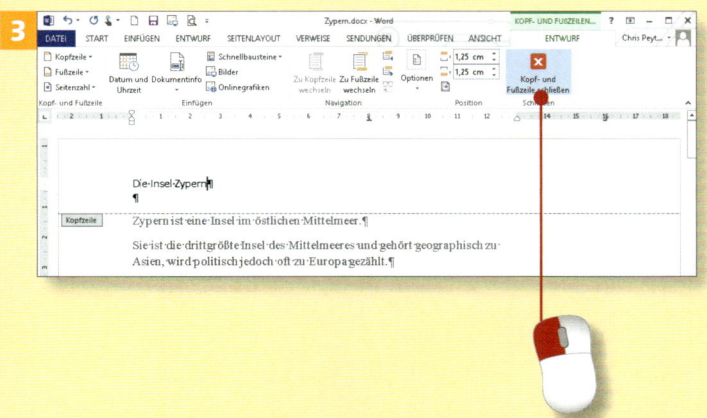

Schritt 3

Wenn Sie keine weiteren Formatierungen für die Kopfzeile festlegen möchten, war's das schon. Klicken Sie doppelt in den normalen Text oder auf die Schaltfläche **Kopf- und Fußzeile schließen** ganz rechts im Menüband.

Kopfzeilenbereich wieder einblenden
Um die Kopfzeile erneut zu bearbeiten, doppelklicken Sie im Dokument auf den Bereich.

Schritt 4

Sie können den Text einer Kopfzeile so formatieren wie jeden anderen Text auch. Aktivieren Sie gegebenenfalls die Registerkarte **Start**, und nehmen Sie die gewünschten Formatierungen vor. Weisen Sie z. B. das Attribut **Fett** zu, und zentrieren Sie den Text.

Schritt 5

Solange der Bereich der Kopfzeile geöffnet ist, werden die **Kopf- und Fußzeilentools** mit der Registerkarte **Entwurf** eingeblendet. Sie finden hier diverse Schaltflächen/Funktionen zur Bearbeitung der Kopfzeile.

Schritt 6

Wenn Sie z. B. das Datum in die Kopfzeile einfügen möchten, klicken Sie in der Gruppe **Einfügen** auf die Schaltfläche **Datum und Uhrzeit**. Im folgenden Dialog wählen Sie das Format für das Datum aus und klicken auf **OK**. Setzen Sie das Datum mithilfe der Tabulatortaste z. B. nach rechts.

Datum aktualisieren

Wenn Sie im Dialog **Datum und Uhrzeit** die Option **Automatisch aktualisieren** anhaken, wird das Datum bei jedem Öffnen des Dokuments aktualisiert.

Kopf- und Fußzeilen bearbeiten (Forts.)

Schritt 7

Oftmals soll auf der ersten Seite des Dokuments die Kopfzeile nicht auftauchen bzw. anders gestaltet sein. Das zu gewährleisten ist ganz einfach: Aktivieren Sie auf der Registerkarte **Entwurf** die Option **Erste Seite anders**.

Schritt 8

Sie können Kopfzeilen auch wieder entfernen. Klicken Sie auf der Registerkarte **Einfügen** auf den Pfeil an der Schaltfläche **Kopfzeile**. Im Menü wählen Sie **Kopfzeile entfernen** (wenn die Kopfzeile geöffnet ist, finden Sie diese Schaltfläche auch ganz links auf der Registerkarte **Entwurf**).

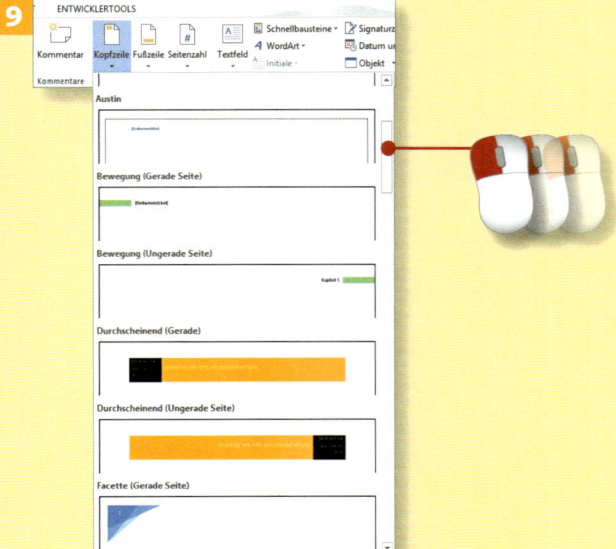

Schritt 9

Wenn Sie es sich bequem machen wollen, fügen Sie eine Kopfzeile mit einem Design ein. Öffnen Sie das Menü der Schaltfläche **Kopfzeile**, und klicken Sie auf eine Vorschau, die Ihnen gefällt.

Von Kopf bis Fuß

Um von der Kopfzeile in die Fußzeile zu springen, klicken Sie auf der Registerkarte **Entwurf** auf **Zu Fußzeile wechseln**.

Schritt 10

Sie finden im Menü der Schaltfläche **Kopfzeile** auch Kopfzeilen, bei denen zwischen gerader und ungerader Seite unterschieden wird, z. B. **Facette**.

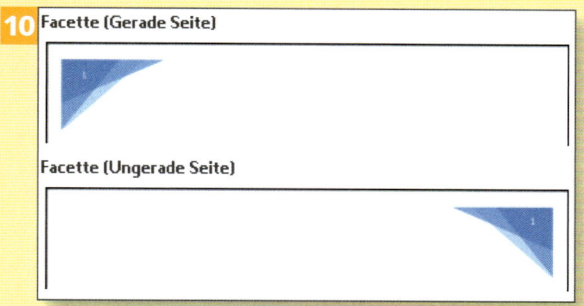

Schritt 11

Fügen Sie auf der ersten Seite die Kopfzeile für ungerade Seiten ein. Aktivieren Sie dann die Option **Gerade & ungerade Seiten untersch..** Mit den Schaltflächen **Vorherige** und **Nächste** können Sie zwischen den geraden und ungeraden Kopfzeilen wechseln ❶.

Schritt 12

Springen Sie per Klick auf **Nächste** zur geraden Kopfzeile. Klicken Sie auf der Registerkarte **Entwurf** auf **Kopfzeile**, und fügen Sie aus dem Menü das entsprechende Pendant ein: in unserem Beispiel **Facette** (**gerade Seite**).

Gerade und ungerade Kopfzeilen
Wenn Sie unterschiedliche Kopfzeilen nutzen und die Option für unterschiedliche Kopfzeilen deaktivieren, verschwindet die »gerade« Kopfzeile, und alle Seiten erhalten die »ungerade« Kopfzeile.

Seitenzahlen einfügen

Lange Texte sind besser mit Seiten-zahlen zu handhaben, vor allem, wenn sie ausgedruckt werden sollen. Es wäre sehr mühselig, einen Stapel Papier ohne Seitenzahlen wieder zu sortieren, wenn er auf dem Fußboden gelandet ist.

Schritt 1

Mehrseitige Dokumente sollten Seitenzahlen haben. Dafür finden Sie auf der Registerkarte **Einfügen** die Funktion **Seitenzahl**. Klicken Sie auf der Registerkarte **Einfügen** auf den Pfeil an der Schaltfläche **Seitenzahl**.

Schritt 2

Im Menü wählen Sie zunächst, wo die Seitenzahlen platziert werden sollen. **Seitenanfang**, **Seitenende** und **Seitenränder** stehen zur Verfü-gung. In der Regel werden Sie hier **Seitenende** wählen.

Schritt 3

Im Untermenü wandern Sie durch die Auswahl. Abgesehen von einer einfachen Zahl, stehen zahlreiche Formatierungen zur Verfügung. Für eine schlichte Seitenzahl in der Mitte klicken Sie auf **Einfache Zahl 2**.

!

Fußzeilen und Seitenzahlen

Wenn Sie vor dem Einfügen von Seitenzahlen bereits eine Fußzeile mit Text erstellt hatten, verschwindet dieser Text wieder.

Schritt 4

Wenn Sie **Seitenende** gewählt haben, erscheint dann im unteren Bereich des Dokuments der Fußzeilenbereich mit der Seitenzahl.

Schritt 5

Sie können aber auch ohne große Mühe für ein anderes Layout sorgen. Wie wäre es z. B. mit einer Linie über der Seitenzahl? Wählen Sie dazu im Auswahlmenü des Eintrags **Seitenende** die Option **Dünne Linie**.

Schritt 6

Das Format der Seitenzahlen können Sie ändern. Klicken Sie im Menü des Symbols **Seitenzahl** auf **Seitenzahlen formatieren**. Der Dialog **Seitenzahlenformat** öffnet sich. Klicken Sie auf den Pfeil am Feld **Zahlenformat** ❶. Sie erhalten eine Auswahlliste.

➕ Eine 1 auf der 2. Seite

Um auf der ersten Seite keine Seitenzahl auftauchen zu lassen, aktivieren Sie auf der Registerkarte **Entwurf** die Option **Erste Seite anders**. Aktivieren Sie die Fußzeile der ersten Seite und wählen **Seitenzahl ▸ Seitenzahlen formatieren**. Geben Sie im Feld **Beginnen bei** des Dialogs »0« ein.

Mit Formatvorlagen arbeiten

Eine praktische Sache: Formatvorlagen bündeln diverse Formatierungen in Vorlagen, die Sie Absätzen einfach per Mausklick zuweisen können.

Schritt 1

Um eine Formatvorlage zuzuweisen, setzen Sie den Cursor in den entsprechenden Absatz und klicken auf der Registerkarte **Start** auf den Pfeil des Bereichs **Formatvorlagen**.

Schritt 2

Im Menü sehen Sie eine Auswahl der Formatvorlagen, die *Schnellformatvorlagen*. Fahren Sie mit der Maus über die Bezeichnungen, dann sehen Sie die Auswirkungen direkt im Text. Klicken Sie auf eine Vorlage, um sie zu übernehmen.

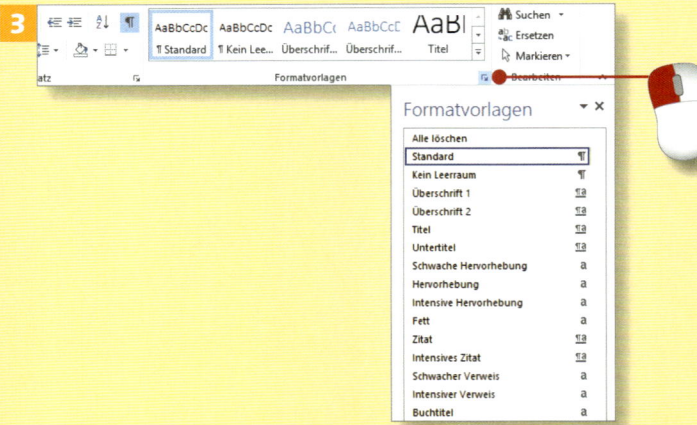

Schritt 3

Um das gesamte Angebot an Formatvorlagen zu überblicken, klicken Sie auf den Pfeil an der Gruppe **Formatvorlagen**. Daraufhin wird der Aufgabenbereich **Formatvorlagen** eingeblendet, in dem eine größere Auswahl angezeigt wird.

Die angezeigten Formatvorlagen

Wenn Sie an einem Dokument arbeiten, in dem Sie nur bestimmte Formatvorlagen verwenden möchten, ist es sinnvoll, im Feld **Anzuzeigende Formatvorlagen wählen** (Schritt 4) die Einstellung **Verwendet** zu wählen. Die Liste im Aufgabenbereich wird so erheblich übersichtlicher.

Schritt 4

Um alle vorhandenen Formatvorlagen zu sehen, klicken Sie ganz unten auf den Link **Optionen** ❶. Im Dialog wählen Sie im Feld **Anzuzeigende Formatvorlagen auswählen** die Option **Alle Formatvorlagen**.

Schritt 5

Wenn Sie mit der Maus auf eine der Formatvorlagen im Aufgabenbereich zeigen (nicht klicken!), werden die Formatierungseinstellungen eingeblendet.

Schritt 6

Um sich die Formatierung eines Absatzes anzeigen zu lassen, sodass Sie sehen, welche Formatierungen zusätzlich zu den Formatvorlagen vergeben sind, bietet sich der **Formatinspektor** an. Diesen Inspektor rufen Sie über die gleichnamige Schaltfläche im Aufgabenbereich **Formatvorlagen** auf.

Vorteile der Formatvorlagen

Insbesondere bei längeren Dokumenten sind Formatvorlagen nützlich, weil Sie wiederkehrende Formatierungen mit einem Mausklick zuweisen können.

Fertige Formatvorlagen ändern

Wenn Sie mit den Eigenschaften einer Vorlage nicht vollkommen zufrieden sind, können Sie sie auch verändern und an Ihre Vorstellungen anpassen. Wir zeigen Ihnen, wie das geht.

Schritt 1

Lassen Sie sich die Formatvorlagen im Aufgabenbereich anzeigen, indem Sie auf den Pfeil an der Gruppe **Formatvorlagen** klicken. In der Liste klicken Sie auf den Pfeil rechts neben der Vorlage, die Sie ändern möchten (z. B. **Überschrift 3**). Im Menü wählen Sie **Ändern**.

Schritt 2

Es öffnet sich der Dialog **Formatvorlage ändern**. Einige Formatierungseinstellungen können Sie unmittelbar im Dialog ändern, z. B. Schriftgröße und/oder Farbe.

Schritt 3

Für manche Einstellungen, z. B. einen Rahmen, klicken Sie unten im Dialogfenster **Formatvorlage ändern** auf **Format** und wählen im Menü **Rahmen**. Dies öffnet den bereits beschriebenen Dialog **Rahmen und Schattierung**.

Schritt 4

Wenn Sie dafür sorgen möchten, dass die (geänderte) Formatvorlage in der Gruppe **Schnellformatvorlagen** auf der Registerkarte **Start** auftaucht, aktivieren Sie die Option **Zum Formatvorlagenkatalog hinzufügen**.

Schritt 5

Sollen die Veränderungen an der Formatvorlage nur im aktuellen Dokument gelten, aktivieren Sie die Option **Nur in diesem Dokument**. In neuen Dokumenten hat die Formatvorlage dann wieder die Standardeinstellungen (gemäß der Dokumentvorlage).

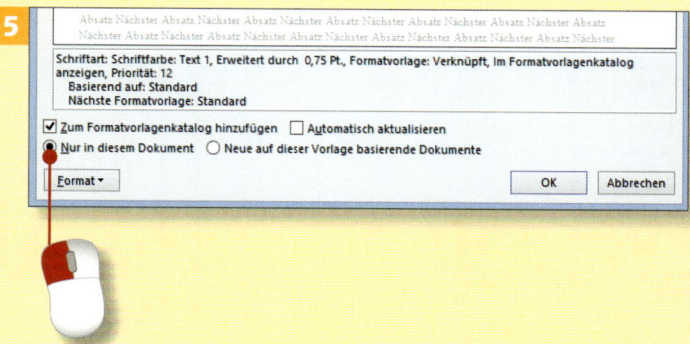

Schritt 6

Achten Sie auch auf das Feld **Formatvorlage für folgenden Absatz**. Hier stellen Sie ein, in welcher Formatvorlage Sie nach dem Drücken der ⏎-Taste weiterschreiben.

Auf die Formatvorlage für den nachfolgenden Absatz achten!

Die Einstellung **Formatvorlage für folgenden Absatz** ist sehr wichtig. Es wäre lästig, wenn Sie nach dem Drücken der ⏎-Taste erst immer in die gewünscht Formatvorlage wechseln müssten.

Eigene Dokumentvorlagen erstellen

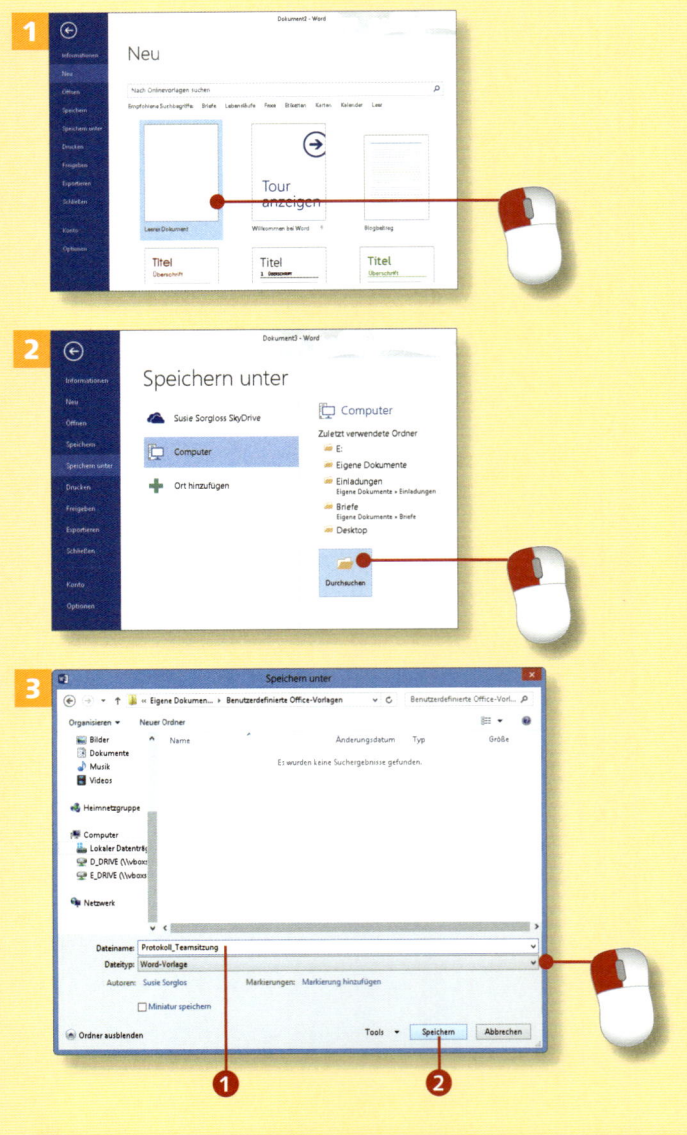

Eine Dokumentvorlage enthält alle Einstellungen, die Sie benötigen: Seitenlayout, Formatierungen, Formatvorlagen etc. Wir beschreiben hier die Erstellung einer Formatvorlage.

Schritt 1

Für ein Protokoll der wöchentlichen Teamsitzung sparen Sie sich mit einer Dokumentvorlage viel Arbeit. Beginnen Sie damit, das Grundgerüst Ihrer Vorlage wie eine normale Datei zu erstellen. Klicken Sie dazu auf **Datei ▸ Neu** und in der Auswahl auf **Leeres Dokument**.

Schritt 2

Nun speichern Sie das Dokument als Dokumentvorlage ab. Klicken Sie auf **Datei ▸ Speichern unter**, und markieren Sie **Computer**. Dann klicken Sie auf die Schaltfläche **Durchsuchen**.

Schritt 3

Geben Sie der Vorlage im Dialog **Speichern unter** einen Namen ❶. Klicken Sie dann auf den Pfeil am Feld **Dateityp**, und markieren Sie in der Liste **Word-Vorlage mit Makros (*.dotm)** bzw. **Word-Vorlage**. Der Ordner für **Benutzerdefinierte Office-Vorlagen** wird geöffnet. Klicken Sie dann auf **Speichern** ❷.

Der Ordner für persönliche Vorlagen
In den Word-Optionen in der Kategorie **Speichern** sehen Sie im Feld **Standardspeicherort für persönliche Vorlagen**, wo benutzerdefinierte Vorlagen gespeichert werden.

Schritt 4

Nehmen Sie die Einstellungen für Ihre neue Dokumentvorlage vor. Sie können z. B. Texte und Formatierung in die Dokumentvorlage einbinden. All diese Einstellungen sind später in den Dokumenten, die auf dieser Dokumentvorlage basieren, bereits vorhanden.

Schritt 5

Gönnen Sie der Vorlage z. B. auch eine Kopfzeile. Klicken Sie dazu auf der Registerkarte **Einfügen** auf das Symbol **Kopfzeile**, und wählen Sie im Untermenü das gewünschte Layout, z. B. **Facette**, wie es in der Abbildung zu sehen ist.

Schritt 6

Wenn Sie alle Einstellungen für die Dokumentvorlage vorgenommen haben und zufrieden sind, speichern Sie die Dokumentvorlage ab. Klicken Sie auf die Registerkarte **Datei** und dann auf **Speichern**. Aber denken Sie daran, Elemente zu löschen, die in späteren Dokumenten nicht zu sehen sein sollen.

Dokumentvorlagen in Ordner ablegen

Sie können Ihre Dokumentvorlagen auch in Ordner sortieren und ablegen. Sofern sie unter **Benutzer-definierte Office-Vorlagen** angelegt werden und mindestens eine Dokumentvorlage enthalten, werden diese Ordner im Fenster **Neu** angezeigt.

Eigene Dokumentvorlagen aufrufen

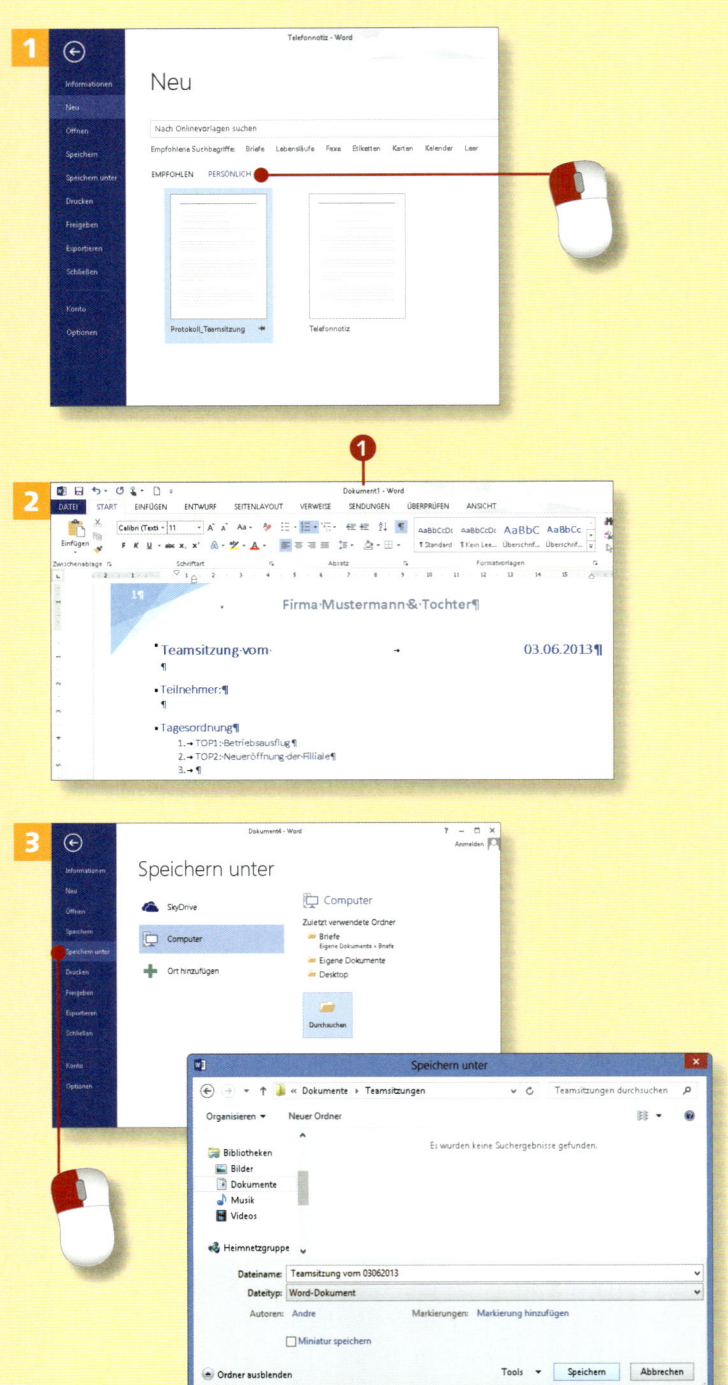

Nachdem Sie sich – wie im vorangegangenen Abschnitt beschrieben – eine Dokumentvorlage für das Protokoll einer Teamsitzung erstellt haben, können Sie sie schnell einsetzen.

Schritt 1

Eigene Dokumentvorlagen finden Sie, wie auch die anderen Vorlagen von Microsoft, im Fenster **Neu**. Klicken Sie auf **Datei ▸ Neu**. Im Fenster **Neu** klicken Sie auf den Link **Persönlich**. Per Klick rufen Sie die Vorlage auf.

Schritt 2

Word legt ein neues Dokument (**Dokument 1**) auf Basis der Dokumentvorlage an. Sie sehen das in der Titelleiste ❶. Das Dokument ist mit den Elementen der Vorlage gefüllt. Sie können es nun für neue Eingaben verwenden.

Schritt 3

Sie speichern das Protokoll wie jedes andere Dokument; klicken Sie also auf **Datei ▸ Speichern unter** oder auf **Speichern** in der Symbolleiste für den Schnellzugriff. Anschließend legen Sie den Speicherort fest.

Schritt 4

Um eine vorhandene Dokument-
vorlage zu bearbeiten, müssen Sie
die Vorlage öffnen. Wählen Sie im
Dialog **Öffnen** den Ordner, in dem
Sie Ihre Vorlagen abgelegt haben,
normalerweise **Bibliotheken ▸
Dokumente ▸ Benutzerdefinierte
Office-Vorlagen ❷**.

Schritt 5

Da die Dateiendungen in der
Standardeinstellung nicht angezeigt
werden, gehen Sie auf »Nummer
sicher« und wählen in der Auswahlliste neben dem Feld **Dateiname**
den Eintrag **Word-Vorlagen**. Mit
dieser Einstellung werden normale
Word-Dokumente nicht angezeigt,
sondern nur die Word-Vorlagen.

Schritt 6

Markieren Sie im Dialog die gewünschte Dokumentvorlage und
klicken Sie auf **Öffnen**. Anschließend
können Sie die Dokumentvorlage
ändern und bearbeiten. Vergessen
Sie das Speichern nicht. Alle neuen
Dokumente auf Basis dieser Vorlage
werden das neue Aussehen annehmen.

Arbeit im Team – Kommentare

Teamwork wird überall großgeschrieben! Word geht mit diesem Trend und bietet zahlreiche Möglichkeiten der Zusammenarbeit.

Schritt 1

Um einen Text mit einem Kommentar zu versehen, aktivieren Sie die Registerkarte **Überprüfen**. Setzen Sie den Cursor vor das Textstückchen, das Sie kommentieren möchten, und klicken Sie auf das Symbol **Neuer Kommentar**.

Schritt 2

Am rechten Rand des Dokuments wird in der Ansicht **Seitenlayout** eine Art »Sprechblase« eingeblendet. In die Sprechblase schreiben Sie Ihren Kommentar, z. B. einen Änderungsvorschlag.

Schritt 3

Wenn Sie einen Kommentar wieder entfernen möchten, klicken Sie mit der rechten Maustaste in die entsprechende Sprechblase und wählen im Kontextmenü den Befehl **Kommentar löschen**. Auch auf der Registerkarte **Überprüfen** finden Sie das Symbol **Löschen**.

Nur Text in den Kommentaren
Um die Platzhalter der Bildchen in den Kommentaren zu entfernen, klicken Sie mit der rechten Maustaste in einen Kommentar und wählen den Eintrag **Bilder nach Kommentaren ausblenden**.

Schritt 4

Um alle Kommentare in einem Rutsch aus dem Dokument zu entfernen, klicken Sie auf den Pfeil am Symbol **Löschen** und auf **Alle Kommentare im Dokument löschen**.

Schritt 5

Sie können im Dokument auch von einem Kommentar zum nächsten springen. Dazu setzen Sie den Cursor in die erste Sprechblase und klicken auf das Symbol **Nächstes Element**.

Schritt 6

Kommentare können Sie sich auch der Reihe nach im Überarbeitungsbereich anzeigen lassen. Sie blenden diesen Bereich über das Menü der Schaltfläche **Überarbeitungsbereich** ein und schließen ihn wieder mit dem Schließkreuz.

Anzeige von Änderungen

Wie Änderungen im Dokument angezeigt werden, können Sie auf der Registerkarte **Überprüfen ▸ Markup anzeigen ▸ Sprechblasen** festlegen.

Kommentare kommentieren

Kommentare sollen oft nicht unkommentiert bleiben! Sie dürfen antworten und »Ihren Senf« dazugeben.

Schritt 1

Sorgen Sie zunächst dafür, dass Sie die Kommentare, die einem Dokument hinzugefügt wurden, auch sehen. Klicken Sie dazu auf der Registerkarte **Überprüfen** auf den Pfeil am Feld **Für Überarbeitung anzeigen**, und wählen Sie im Menü **Markup: alle**.

Schritt 2

Klicken Sie dann in die Sprechblase des Kommentars, den Sie kommentieren möchten, und drücken Sie die rechte Maustaste. Im Kontextmenü wählen Sie **Auf Kommentar antworten**.

Schritt 3

Haben Sie auf den Eintrag **Auf Kommentar antworten** geklickt, erscheint etwas eingerückt unter dem ursprünglichen Kommentar eine neue Zeile in der Sprechblase, in der Sie Ihren Kommentar eingeben können.

Schritt 4

Um schnell erkennen zu können, auf welche Kommentare Sie bereits geantwortet haben, können Sie Kommentare als »erledigt« darstellen. Dazu setzen Sie den Cursor in den entsprechenden Kommentar, rufen das Kontextmenü auf und wählen die Option **Kommentar als erledigt markieren**.

Schritt 5

Wird ein Kommentar als erledigt gekennzeichnet, wird der Text des Kommentars ausgegraut und nur noch blass dargestellt, ist aber noch zu lesen.

Schritt 6

Um sich einen »erledigten« Kommentar erneut anzeigen zu lassen, öffnen Sie das Kontextmenü und deaktivieren die Option **Kommentar als erledigt markieren**, klicken also in das Kästchen mit dem Häkchen, um es zu entfernen.

Die Hierarchie der Kommentare

Wenn Sie einen Kommentar als »erledigt« kennzeichnen, werden alle Antworten ebenfalls als »erledigt« markiert, also blass. Sie können aber einzelne Antworten wieder reaktivieren.

Kapitel 6
Drucken

Obwohl wir im Zeitalter der Digitalisierung leben, kommt man oft nicht umhin, Texte buchstäblich auf Papier zu bringen. In diesem Kapitel lernen Sie die Druckfunktion von Word 2013 kennen.

Die Druckvorschau

Über die Registerkarte **Datei** können Sie sich eine Vorschau ❶ anzeigen lassen, die dem späteren Ausdruck entspricht. Hier nehmen Sie zudem sämtliche Druckereinstellungen vor.

Praktische Hinweise

Ein paar praktische Ratschläge dürfen hier auch nicht fehlen: Woran sollten Sie vor dem Drucken denken ❷, wie können Sie Tinte sparen, und was machen Sie, wenn der Drucker nicht tut, was er soll?

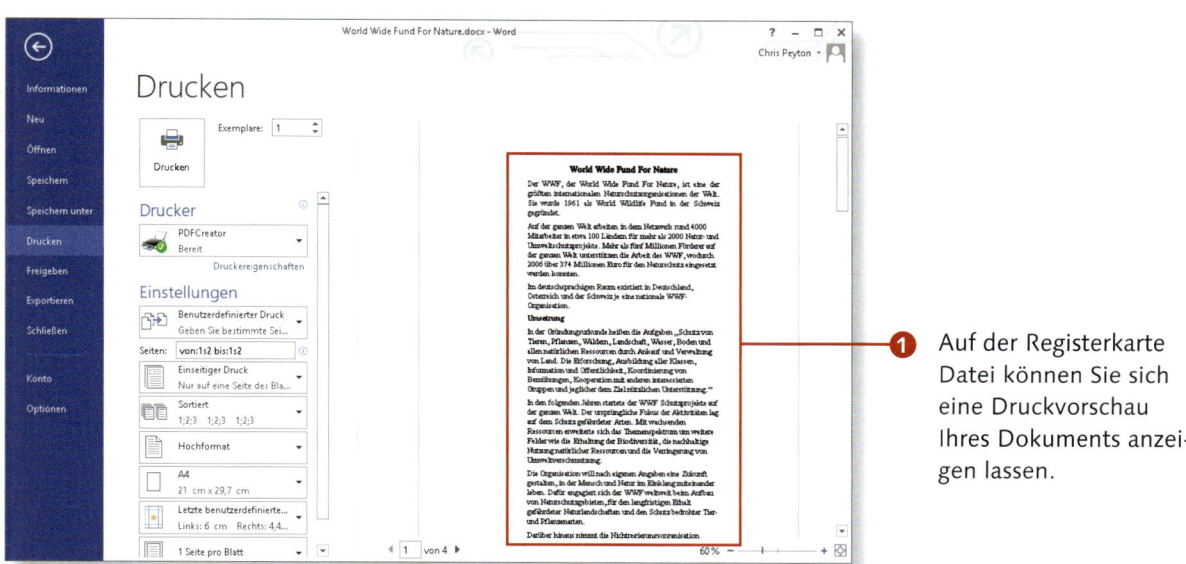

Auf der Registerkarte Datei können Sie sich eine Druckvorschau Ihres Dokuments anzeigen lassen.

Stolpersteine, die beim Ausdrucken von Dokumenten im Weg liegen, lassen sich oft mit den richtigen Tipps und Tricks schnell beseitigen.

Die Druckvorschau im Dialog »Drucken«

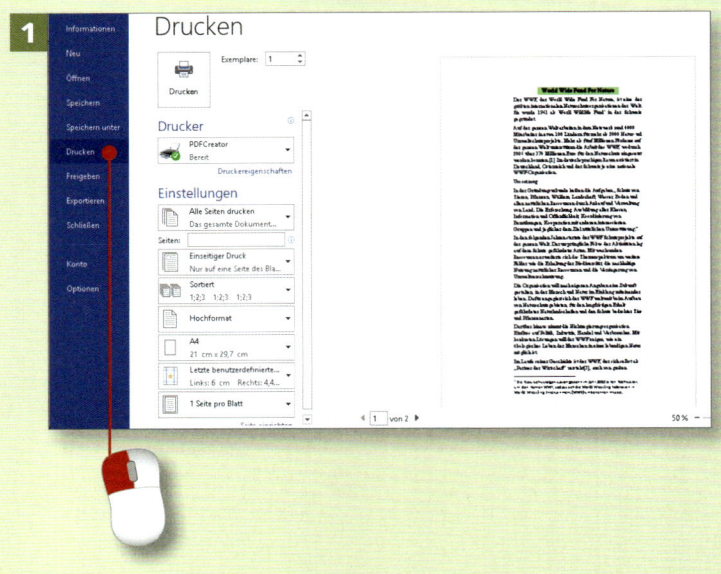

Auch Word 2013 bietet eine Druck-vorschau. Wie Sie die Vorschau finden und was Sie darüber einstellen können, zeigen wir Ihnen in diesem Abschnitt.

Schritt 1

Klicken Sie im Menü **Datei** auf **Drucken**. Die Druckvorschau wird automatisch im rechten Bereich an-gezeigt. Konnte man in älteren Ver-sionen von Word in der Druckvor-schau noch Änderungen vornehmen, bietet Word 2013 diese Möglichkeit nicht mehr.

Schritt 2

Mit dem Zoomregler unten rechts am Bildschirm vergrößern (oder verkleinern) Sie die Ansicht; mit den Pfeilen der vertikalen Bildlaufleiste ❶ können Sie durch das Dokument wandern.

Schritt 3

Zum Wandern durch das Doku-ment können Sie auch die Symbole **Vorherige Seite** bzw. **Nächste Seite** unten am Bildschirm nutzen. Klicken Sie einfach auf die entsprechenden Pfeile.

Schritt 4

Wenn Sie eine Seite auch in der Vorschau komplett auf einer Seite sehen wollen, klicken Sie auf das Symbol **Auf Seite zoomen**. Der Zoomfaktor wird dann automatisch so angepasst, dass die Seite möglichst groß angezeigt wird.

Schritt 5

Vermissen Sie die »klassische« Seitenansicht? Öffnen Sie das Menü der *Symbolleiste für den Schnellzugriff*, und wählen Sie **Weitere Befehle**. Anschließend stellen Sie in den **Word-Optionen** unter **Befehle auswählen** den Eintrag **Alle Befehle** ❶ ein. Suchen Sie in der Auflistung nach **Seitenansicht-Bearbeitungsmodus** ❷, und markieren Sie den Eintrag. Klicken Sie dann auf **Hinzufügen** ❸.

Schritt 6

Klicken Sie auf das eben hinzugefügte Symbol, um die Seitenansicht aufzurufen. Auf der Registerkarte **Seitenansicht** finden Sie etliche Befehle zum Umgang mit dieser Ansicht. Wenn Sie hier die Lupe deaktivieren, können Sie den Cursor in das Dokument setzen und es bearbeiten. Um die Seitenansicht zu schließen, drücken Sie ESC.

Optionen für den Ausdruck

Der Dialog »Drucken« bietet eine Reihe von Einstellungsmöglichkeiten. Die wichtigsten stellen wir Ihnen in diesem Abschnitt vor.

Schritt 1

Rufen Sie über **Datei ▸ Drucken** das Fenster zum Drucken auf. Prüfen Sie zunächst, ob Sie den richtigen Drucker ausgewählt haben. Klicken Sie gegebenenfalls auf den Pfeil im Bereich **Drucker**, um den Drucker zu wechseln.

Schritt 2

Sie können auch gleich mehrere Exemplare des Dokuments ausdrucken. Im Feld **Exemplare** stellen Sie ein, wie oft Sie das Dokument drucken möchten.

Schritt 3

Standardmäßig werden alle Seiten des geöffneten Dokuments ausgedruckt. Um dies zu ändern, klicken Sie im Bereich **Einstellungen** auf den Pfeil des ersten Feldes **Alle Seiten drucken**. Mit den Optionen der Auswahl können Sie festlegen, was gedruckt werden soll.

Schritt 4

Möchten Sie nur einen ganz bestimmten Bereich eines Dokuments drucken? Dann markieren Sie ihn, und wählen Sie in der Auswahlliste der **Einstellungen** die Option **Auswahl drucken**.

Schritt 5

In einem mehrseitigen Dokument können Sie bequem die aktuelle Seite ausdrucken, d. h. die Seite, in der der Cursor steht. Wählen Sie dazu im Menü des ersten Feldes der **Einstellungen** die Option **Aktuelle Seite drucken**.

Schritt 6

Wenn Sie viel mit AutoTexten (siehe Kasten) arbeiten und Gefahr laufen, den Überblick zu verlieren, hilft eine ausgedruckte Liste. Dazu wählen Sie im Menü des ersten Feldes der **Einstellungen** die Option **AutoText-Einträge** (Sie müssen im Menü ein wenig nach unten scrollen).

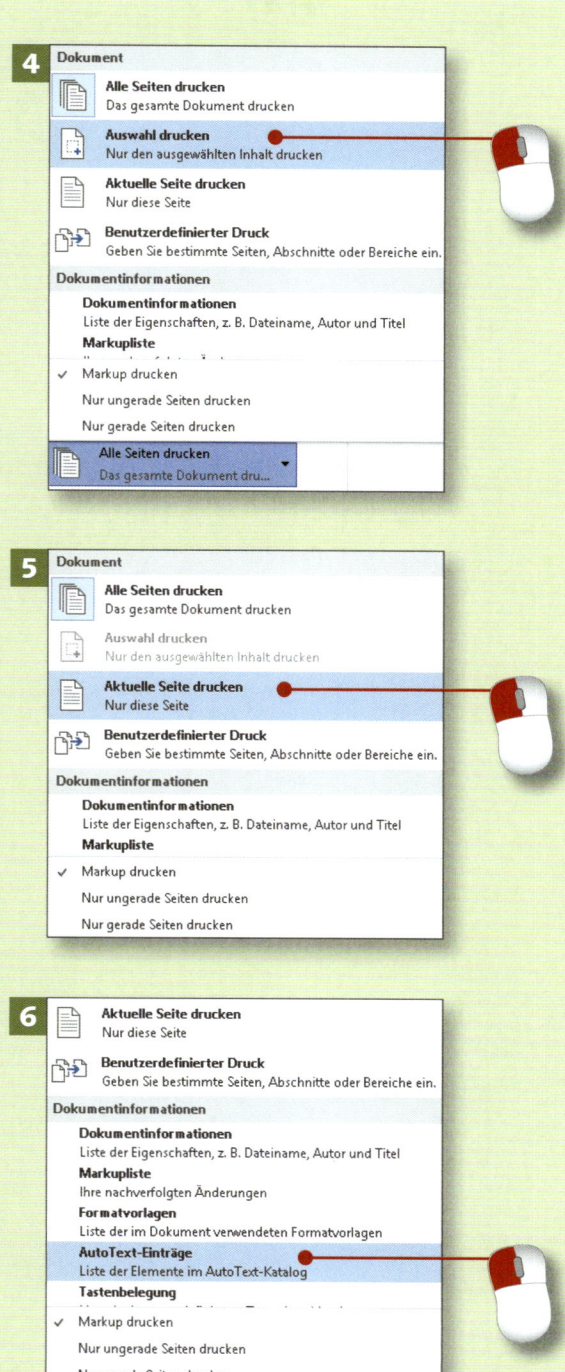

Optionen für den Ausdruck (Forts.)

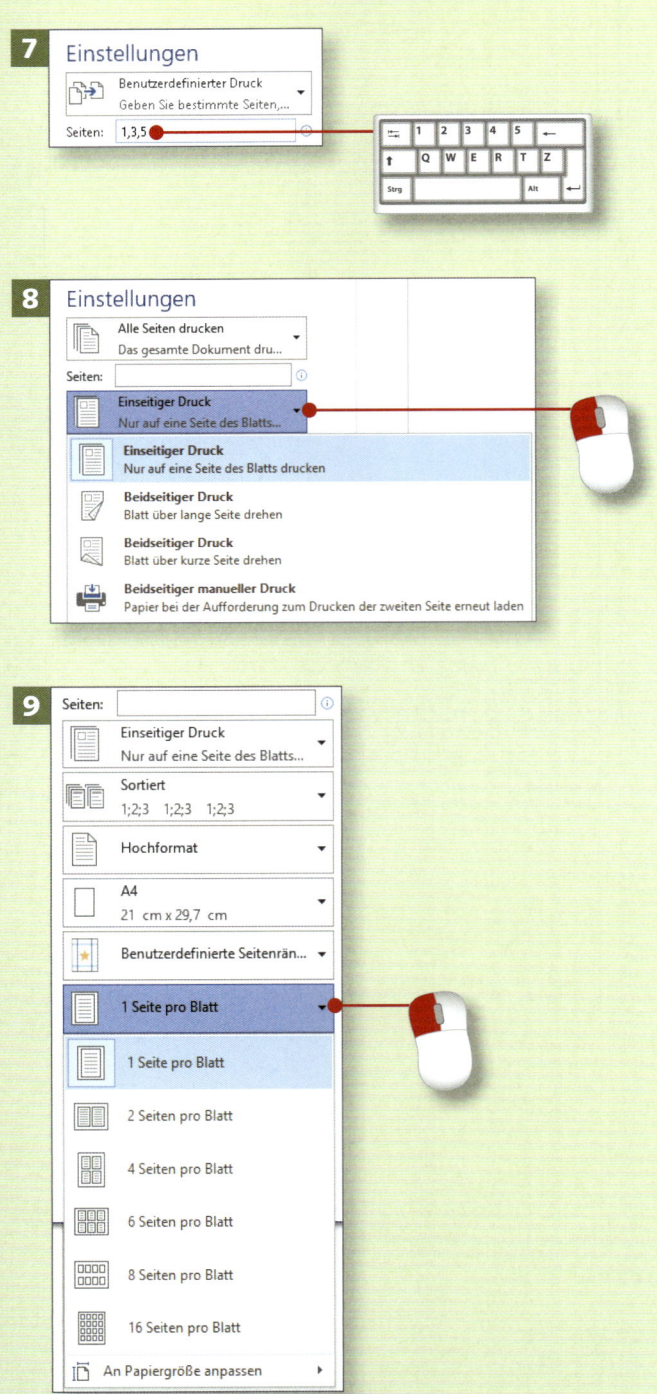

Schritt 7

Um bestimmte Seiten auszudrucken, nutzen Sie das Feld **Seiten**. Geben Sie hier die Seitenzahlen durch Komma getrennt ein, z. B. »1, 3, 5«. Auch die Eingabe »3-5« (die Seiten 3 bis 5) funktioniert (Näheres dazu erfahren Sie im Abschnitt »Einzelne Seiten drucken« ab Seite 134).

Schritt 8

Standardmäßig wird einseitig gedruckt. Sie können aber auch für einen beidseitigen Ausdruck sorgen. Klicken Sie dazu auf den Pfeil am Feld **Einseitiger Druck**, und wählen Sie die gewünschte Option.

Schritt 9

Pfiffig ist die Möglichkeit, auch mehrere Dokumentseiten auf einer einzigen Seite auszudrucken. Klicken Sie auf den Pfeil am Feld **1 Seite pro Blatt**, und legen Sie im Menü die Anzahl fest.

---

i

Beidseitiger Druck

Wenn Ihr Drucker nicht mit beidseitigem Druck umgehen kann, müssen Sie **Beidseitiger manueller Druck** wählen und das Papier manuell drehen.

Schritt 10

Sie können auch im Dialog **Drucken** noch die Seitenränder ändern. Klicken Sie dazu im Bereich **Einstellungen** auf den Pfeil am vorletzten Feld; Sie sehen hier die aktuelle Einstellung für die Seitenränder. Treffen Sie im Menü Ihre Auswahl.

Schritt 11

Über den Eintrag **Benutzerdefinierte Seitenränder** ❶ rufen Sie den Dialog **Seite einrichten** auf, wo Sie die Maße für die Ränder manuell eingeben. Diesen Dialog erhalten Sie auch per Klick auf den Link **Seite einrichten** ganz unten im Dialog **Drucken**.

Schritt 12

Wenn Sie mehrere Exemplare eines mehrseitigen Dokuments drucken, können Sie über das Menü **Sortiert** auswählen, in welcher Reihenfolge die Seiten aus dem Drucker kommen.

Machen Sie Ihrem Drucker Beine
Bei vielen Druckern beschleunigen Sie den Ausdruck mehrerer Exemplare, wenn Sie die Sortierung so wählen, dass erst alle Exemplare der Seite 1, dann alle Exemplare der Seite 2 etc. ausgedruckt werden.

Einzelne Seiten drucken

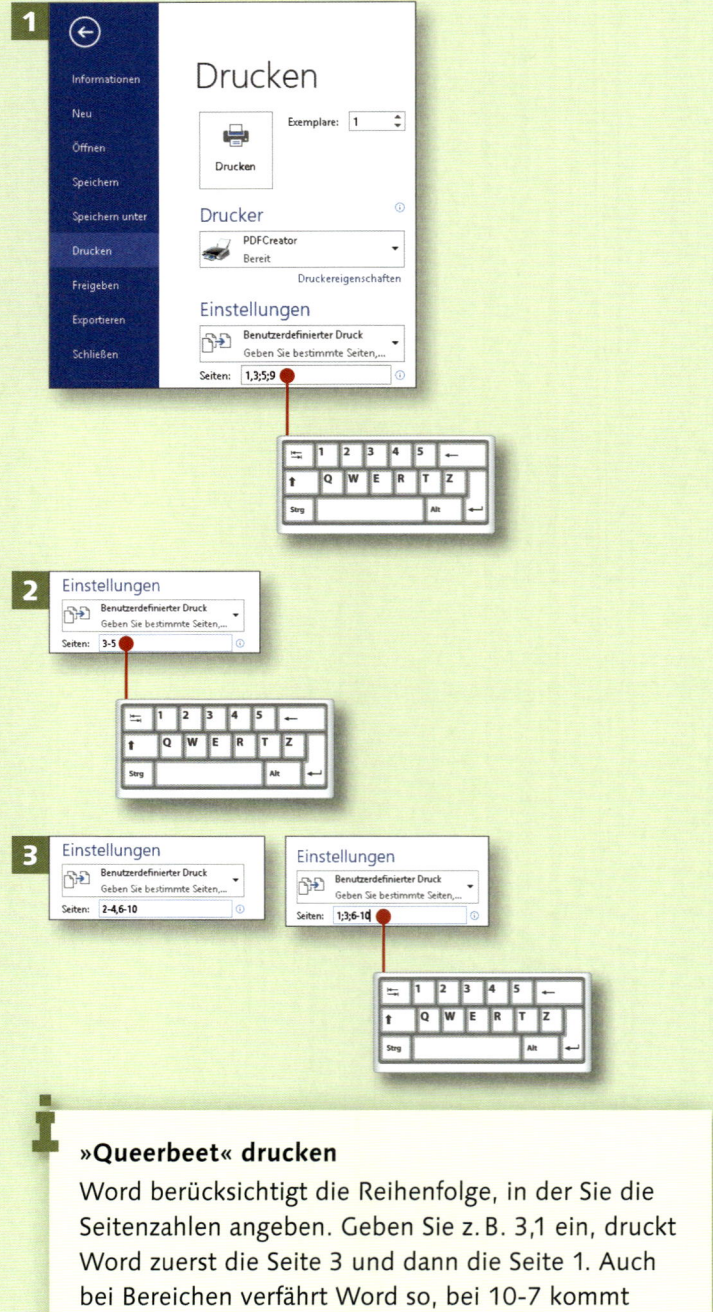

Es gibt viele Möglichkeiten, einzelne Seiten zu drucken. Sogar abschnittsweise können Sie differenzieren.

Schritt 1

Es kommt oft vor, dass Sie nur bestimmte Seiten eines Dokuments ausdrucken möchten. Öffnen Sie das Fenster **Drucken**, und geben Sie im Feld **Seiten** die Seitenzahlen durch Komma (oder Semikolon) getrennt ein.

Schritt 2

Wenn die Seiten, die Sie ausdrucken möchten, hintereinanderliegen, ist es schneller, diesen Bereich anzugeben. Schreiben Sie im Feld **Seiten** einfach **3-5**, im Klartext Seite 3 bis Seite 5.

Schritt 3

Solche Bereiche können Sie auch kombinieren. Trennen Sie die einzelnen Bereiche mit einem Komma oder Semikolon. Schreiben Sie z. B. **2-4, 6-10**. Auch die Kombination **1;3;6-10** funktioniert.

»Queerbeet« drucken

Word berücksichtigt die Reihenfolge, in der Sie die Seitenzahlen angeben. Geben Sie z. B. 3,1 ein, druckt Word zuerst die Seite 3 und dann die Seite 1. Auch bei Bereichen verfährt Word so, bei 10-7 kommt z. B. zuerst die Seite 10 aus dem Drucker.

Schritt 4

Sie haben ein Dokument in mehrere Abschnitte unterteilt und möchten nur Seiten bestimmter Abschnitte (die jeweils wieder mit Seite 1 beginnen) drucken? Geben Sie z. B. folgendes ein: **1s2**. Dies würde die Seite 1 des zweiten Abschnitts im Dokument ausdrucken.

Schritt 5

Sie können Word auch anweisen, einen ganzen Abschnitt zu drucken. Sie lassen dann einfach die Seitenzahl weg und schreiben **s2**. Damit drucken Sie den gesamten Abschnitt 2. Auch bei Abschnitten können Sie Minuszeichen, Komma und Semikolon einsetzen.

Schritt 6

Um zu überprüfen, welche Seiten/ Abschnitte Sie drucken möchten, werfen Sie einen Blick in die Statusleiste. Standardmäßig wird der Abschnitt hier nicht angezeigt. Klicken Sie die Statuszeile mit rechts an, und wählen Sie **Abschnitt**. Nun erscheint auch diese Angabe in der Statuszeile.

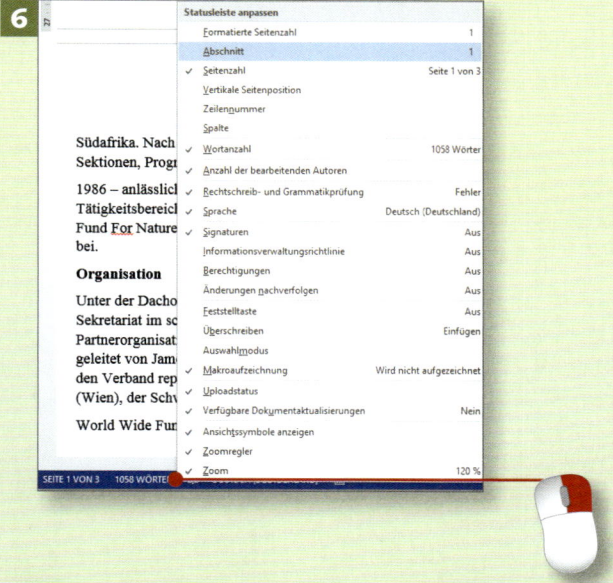

Welche Seiten druckt Word zuerst?

Wenn Sie beim Ausdruck Seitenzahlen angeben, orientiert sich Word an den eingefügten Seitenzahlen. Wenn Sie z. B. im zweiten Abschnitt beginnen, die Seiten bei 4 zu nummerieren, kann Word keine Seite 3 aus diesem Abschnitt drucken. **3s2** geht also nicht und gibt gar nichts aus.

135

Tipps und Tricks beim Drucken

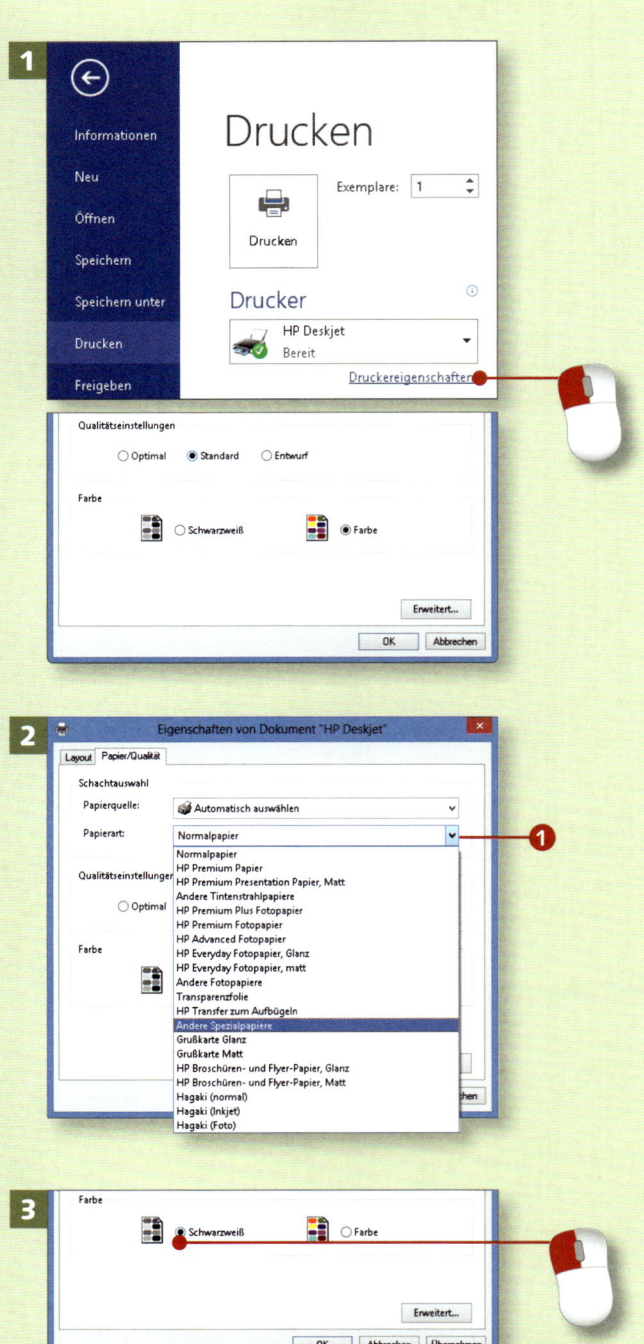

Beim Ausdrucken von Dokumenten gibt es manchmal Stolpersteine, die den Ausdruck vermiesen. Hier ein paar Tipps, damit Sie gute Ergebnisse erhalten.

Schritt 1

Die meisten Drucker bieten unterschiedliche Betriebsmodi für spezielle Ausdrucke und Papiere. Achten Sie darauf, den entsprechenden Modus zu wählen. Rufen Sie dazu die **Druckereigenschaften** auf, und wählen Sie die gewünschte Qualitätsstufe.

Schritt 2

Achten Sie auch auf den richtigen Papiertyp ❶. Insbesondere bei Tintenstrahldruckern ist das wichtig. Was nützt das teure Papier für ein optimales Druckergebnis, wenn Sie es Ihrem Drucker nicht anbieten?

Schritt 3

Wenn die Qualität des Ausdrucks nicht von Bedeutung ist und/oder Sie auf Farbe verzichten können, aktivieren Sie **Entwurf**, und/oder aktivieren Sie die Option **Schwarzweiß**. Das beschleunigt den Ausdruck und spart Tinte.

Schritt 4

Ärgern Sie sich darüber, dass das Nachfüllen der Tintenpatronen teurer ist als der Drucker selbst? Versuchen Sie, Tinte zu sparen. Dabei hilft die Auswahl der Schriftart: Nehmen Sie z. B. **Century Gothic** anstelle von **Arial**. Auch **Times New Roman** ist sparsam. Oder Sie installieren eine frei verfügbare Eco-Font-Schrift.

Schritt 5

Wenn der Ausdruck nicht optimal wirkt, hilft es bei Tintenstrahldruckern oft, die Druckpatronen zu reinigen ❷ bzw. neu zu justieren. Dazu nutzen Sie die »Utility-Verwaltung« des Druckers. Rufen Sie sie über die App Ihres Druckerherstellers oder über den Dialog mit den **Druckereigenschaften** auf.

Schritt 6

Wenn Ihr Drucker einmal komplett spinnt und z. B. nur noch wilde Steuerzeichen druckt, nehmen Sie ihn vom Stromnetz, damit intern gespeicherte Druckaufträge gelöscht werden. Löschen Sie dann mit einem Klick auf **Abbrechen** alle Aufträge in der Druckerwarteschleife.

Druckereigenschaften

Der Dialog für die Druckereigenschaften sieht bei jedem Drucker bzw. Hersteller anders aus. Auch die genauen Einstellungsmöglichkeiten unterscheiden sich, doch fast alle Hersteller bieten die genannten Grundfunktionen an.

Word-Dokumente extern drucken

Dokumente sehen im Ausdruck verschiedener Drucker oft unterschiedlich aus. Doch auch dafür gibt es Lösungen.

Schritt 1

Der einfachste Weg, um Word-Dokumente per E-Mail zu verschicken, ist, sie im PDF-Format zu speichern. So kann der Empfänger das Dokument ausdrucken (er kann es allerdings nur bearbeiten, wenn er über die neue Word-Version 2013 verfügt). Klicken Sie dazu auf **Datei ▸ Exportieren**, und wählen Sie **PDF/XPS-Dokument** als **Dateityp**.

Schritt 2

Die nächste Variante ist etwas aufwendiger. Installieren Sie den gleichen Druckertreiber wie der Empfänger, und wählen Sie diesen Drucker aus, bevor Sie mit der Formatierung beginnen.

Schritt 3

Um dafür einen Druckertreiber zu installieren, drücken Sie gleichzeitig die ⊞- und die X-Taste und wählen im Menü **Systemsteuerung**. Hier klicken Sie auf **Geräte und Drucker**. Im folgenden Dialog klicken Sie auf **Drucker hinzufügen**.

Schritt 4

Zunächst werden die vorhandenen Drucker gesucht, klicken Sie hier auf **Weiter**, da der Drucker bei Ihnen ja nicht angeschlossen ist. Geben Sie an, dass Sie einen lokalen Drucker hinzufügen möchten, und wählen Sie einen beliebigen Anschluss. Klicken Sie erneut auf **Weiter**.

Schritt 5

Wählen Sie das Modell des Druckers, um den richtigen Treiber zu installieren, oder klicken Sie – wenn Sie einen Treiber aus dem Internet gezogen haben – auf **Datenträger** ❶, und geben Sie an, wo der Treiber gespeichert ist.

Schritt 6

Geben Sie dem Drucker einen Namen ❷, und lassen Sie ihn nicht im Netzwerk ❸ freigeben. Nach der Installation erhalten Sie eine Erfolgsmeldung. Erklären Sie den Drucker nicht zum Standard ❹. Jetzt wird Ihr Dokument so aussehen, wie der Empfänger es ausdruckt.

Der Treiber

Ein (Geräte-)Treiber ist ein Computerprogramm, das die »Zusammenarbeit« Ihres Computers mit einem angeschlossenen Gerät, z. B. einem Drucker, ermöglicht und steuert.

Kapitel 7
Nummerierungen und Aufzählungen

Inhaltsverzeichnisse und Listen sind hilfreich für das Textverständnis, jedoch nur, wenn sie übersichtlich gegliedert sind. Welche Möglichkeiten Ihnen Word 2013 dazu bietet, erfahren Sie in diesem Kapitel.

Aufzählungszeichen

Sie können zwischen fortlaufenden Nummerierungen oder symbolhaften Aufzählungszeichen wählen ❶, die nicht mit Zahlen arbeiten. Natürlich gibt es auch die Möglichkeit, selbst Symbole einzufügen oder sie z. B. andersfarbig zu gestalten.

Schöne Listen

Für die Übersicht ist es sehr nützlich, Listen mit mehreren Ebenen ❷ zu erstellen, also z. B. 1.1, 1.1.1 etc. Diese lassen sich in Word 2013 automatisch einfügen. Wenn Sie Formatvorlagen wie **Überschrift 1**, **Überschrift 2** etc. genutzt haben, können Sie auch nachträglich leicht eine Nummerierung für alle Überschriften ergänzen.

```
1. → Den·Computer·kennenlernen¶
2. → Das·Betriebssystem·Windows·8¶
3. → Der·Startbildschirm¶
4. → Die·Systemsteuerung¶
•  → Programme·aufrufen¶
•  → Einführung·in·Word·2013¶
•  → Einführung·in·Excel·2013¶
•  → Einführung·in·PowerPoint¶
```

1 Sie können Listen mit fort-
laufender Nummerierung
oder symbolhaften Aufzäh-
lungszeichen anlegen.

```
1. → Den·Computer·kennenlernen¶
    1.1.→Das·Betriebssystem·Windows·8¶
        1.1.1.Der·Startbildschirm¶
    1.2.→Die·Systemsteuerung¶
    1.3.→Programme·aufrufen¶
2. → Die·Office-Programme·kennenlernen¶
    2.1.→Einführung·in·Word·2013¶
        2.1.1.Neue·Funktionen¶
    2.2.→Einführung·in·Excel·2013¶
    2.3.→Einführung·in·PowerPoint¶
```

2 Listen mit mehreren
Ebenen dienen der Über-
sicht und lassen sich in
Word 2013 automatisch
einfügen.

Eine einfache Nummerierung einfügen

Überschriften oder Listen durchzunummerieren gehört zur gängigen Strukturierung eines Textes. Damit dies reibungslos klappt, zeigen wir Ihnen in diesem Abschnitt die wichtigsten Schritte und erklären Ihnen, was Sie beachten sollten.

Schritt 1

Für eine einfache Nummerierung klicken Sie auf der Registerkarte **Start** auf das Symbol **Nummerierung** ❶. Es erscheint eine eingerückte 1. Dann schreiben Sie Ihren Text. Sobald Sie die ⏎-Taste drücken, wird die Nummerierung fortgesetzt.

Schritt 2

Sowohl die Zahl als auch der Text werden etwas eingerückt (0,63 cm). Sie können diese Einzüge verändern. Klicken Sie die Nummerierung mit rechts an, und wählen Sie **Listeneinzug anpassen**.

Schritt 3

Im Dialog **Listeneinrückungen anpassen** geben Sie die gewünschten Maße in die Felder **Nummernposition** und **Texteinzug** ein. Bestätigen Sie Ihre Eingabe, indem Sie auf die Schaltfläche **OK** klicken.

Einzüge im Lineal verändern

Sie können die Einzüge auch mithilfe der Markierungen im Lineal verändern. Verschieben Sie einfach die Symbole für den Einzug nach links bzw. rechts.

Schritt 4

Andere Nummerierungszeichen erhalten Sie, wenn Sie auf den Pfeil am Symbol **Nummerierung** klicken. Wählen Sie aus der **Nummerierungsbibliothek** per Mausklick die gewünschte Art der Nummerierung, z. B. eine Ziffer mit Klammer.

Schritt 5

Wenn die Auswahl nichts Passendes anbietet und Sie ein eigenes Format bzw. eine andere Formatierung erstellen möchten, öffnen Sie das Menü der Schaltfläche **Nummerierung** und klicken hier auf den Eintrag **Neues Zahlenformat definieren ❷**.

Schritt 6

Im gleichnamigen Dialog gibt es u. a. die Schaltfläche **Schriftart ❸**. Klicken Sie auf diese Schaltfläche, um den Dialog mit den üblichen Zeichenformatierungen aufzurufen. Hier können Sie z. B. eine Farbe für die Zahl einstellen.

> **Nummerierungszeichen in Word**
> Wenn Sie damit beginnen, eine Liste zu schreiben, und das Symbol **Nummerierung** aktivieren, nutzt Word das zuletzt verwendete Zeichen.

Die automatische Nummerierung ausschalten

Word nummeriert automatisch, sobald Sie »1.« schreiben und die Leertaste drücken. Das kann mitunter störend sein. Sie können es abstellen.

Schritt 1

Wenn Sie eine Zeile mit einer Ordinalzahl (1.) beginnen (oder z. B. mit a.), erkennt Word, sobald Sie daraufhin ein Leerzeichen eingeben, eine Nummerierung/Liste und stellt automatisch die entsprechende Formatierung für Nummerierungen ein.

Schritt 2

Diese automatische Nummerierung können Sie zurücknehmen. Klicken Sie dazu auf das Smarttag (die kleine Schaltfläche mit dem Blitz) **Auto-Korrektur-Optionen**, und wählen Sie in dem kleinen Menü den Eintrag **Rückgängig: Automatische Nummerierung**.

Schritt 3

Mithilfe des Smarttags können Sie die zuvor entfernte Nummerierung auch wieder »zurückholen«. Dazu klicken Sie auf **Wiederholen: Automatische Nummerierung**.

Schritt 4

Im Menü des Smarttags finden Sie zudem die Option, die automatische Nummerierung regelrecht auszuschalten. Klicken Sie dazu auf **Automatisches Erstellen von Nummerierungen deaktivieren**.

Schritt 5

Sie können die automatische Nummerierung auch in den **Word-Optionen** deaktivieren (falls das Smarttag nicht auftaucht). Klicken Sie auf **Datei ▸ Optionen ▸ Dokumentprüfung**. Hier finden Sie die Schaltfläche **AutoKorrektur-Optionen**. Klicken Sie darauf.

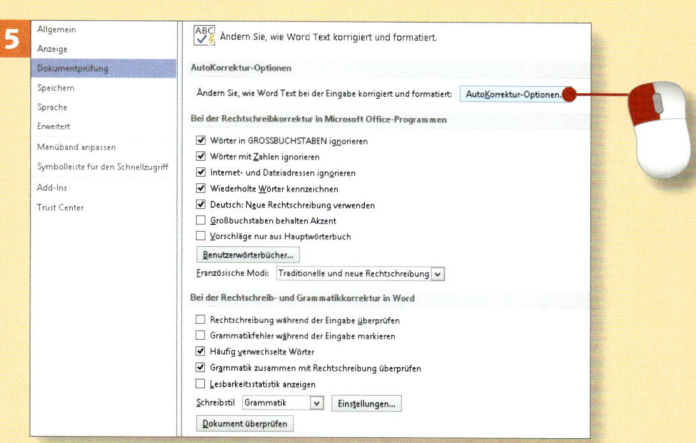

Schritt 6

Dies öffnet den Dialog **AutoKorrektur**. Wechseln Sie zur Registerkarte **AutoFormat während der Eingabe**. Hier deaktivieren Sie die Option **Automatische Nummerierung**. Bestätigen Sie die Einstellung mit **OK**.

AutoFormat-Optionen
Die Optionen der **AutoKorrektur** können Sie auch mithilfe des Smarttags aufrufen. Klicken Sie einfach auf den Eintrag **AutoFormat-Optionen steuern ❶**.

Nummerierungen fortsetzen

Word setzt Nummerierungen zwar automatisch fort, aber was ist, wenn Sie die Liste unterbrechen und Word beginnt, wieder von vorne zu zählen?

Schritt 1

Sie beenden eine Nummerierung, indem Sie einfach das Symbol **Nummerierung** erneut anklicken. Die Liste wird abgeschlossen, und Sie können jetzt wieder ganz normalen Text eingeben.

Schritt 2

Möchten Sie die begonnene Liste nach einem normalen Absatz fortsetzen? Setzen Sie den Cursor in eine neue Zeile, und klicken Sie auf das Symbol **Nummerierung**. Anschließend erhalten Sie eine Nummerierung, die wieder bei »1« beginnt.

Schritt 3

Um die vorangegangene Nummerierung fortzusetzen, wählen Sie in dem Menü des Smarttags den Eintrag **Nummerierung fortsetzen**.

Schritt 4

Wenn Ihnen das Smarttag abhanden gekommen ist, können Sie die Fortsetzung der Nummerierung auch über das Menü des Symbols **Nummerierung** bestimmen. Klicken Sie hier auf **Nummerierungswert festlegen**.

Schritt 5

Im Dialog **Nummerierungswert festlegen** aktivieren Sie die Option, indem Sie auf den Eintrag **Vorherige Liste fortsetzen** klicken. Sie können in diesem Dialog übrigens auch einen anderen Anfangswert für die Nummerierung festlegen.

Schritt 6

Auch über das Kontextmenü können Sie steuern, ob eine Nummerierung fortgesetzt werden soll oder nicht. Klicken Sie die Nummerierung mit der rechten Maustaste, und wählen Sie **Nummerierung fortsetzen**.

Word hört nicht auf jeden Klick
Mitunter ignoriert Word die Ansage, dass die Nummerierung fortgesetzt werden soll, wenn Sie – wie in Schritt 5 beschrieben – diese Option im Dialog wählen. Nutzen Sie dann das Kontextmenü.

Aufzählungszeichen einfügen und ändern

*Auch Aufzählungszeichen struktu-
rieren einen Text bzw. eine Liste.
Ähnlich wie Nummerierungen lassen
sie sich per Mausklick zuweisen.*

Schritt 1

Auf der Registerkarte **Start** finden
Sie das Symbol **Aufzählungszeichen**.
Wenn Sie auf dieses Symbol klicken,
wird Ihrem Text das zuletzt verwendete Aufzählungszeichen zugewiesen. Das nächste Zeichen erscheint,
sobald Sie die ⏎-Taste drücken.

Schritt 2

Um ein anderes Aufzählungszeichen
einzufügen, klicken Sie auf **Aufzählungszeichen**. Wählen Sie hier
per Mausklick ein Zeichen aus der
Aufzählungszeichenbibliothek, in
der die zuletzt genutzten Zeichen
gesammelt sind.

Schritt 3

Um aus einem noch größeren Angebot wählen zu können, klicken Sie
im Menü des Symbols **Aufzählungszeichen** auf **Neues Aufzählungszeichen definieren ❶**. Klicken Sie dann
auf die Schaltfläche **Symbol**. Dieser
Dialog bietet je nach eingestellter
Schriftart eine Fülle unterschied-
lichster Zeichen.

Schritt 4

Um die Aufzählungszeichen zu formatieren (größer, kleiner, farbig etc.), klicken Sie im Dialog **Neues Aufzählungszeichen definieren** auf **Schriftart ❷**. Nehmen Sie im Dialog die gewünschten Einstellungen vor, und bestätigen Sie sie mit **OK**.

Schritt 5

Sie können auch kleine Bilder als Aufzählungszeichen verwenden. Klicken Sie dazu im Dialog **Neues Aufzählungszeichen definieren** auf **Bild ❸**. Im nächsten Fenster bestimmen Sie, wo und wonach Sie suchen möchten. Anschließend wählen Sie ein Bild aus und klicken auf **Einfügen**.

Schritt 6

Natürlich können Sie Aufzählungszeichen auch wieder löschen. Markieren Sie dazu die Liste mit den Aufzählungszeichen, und klicken Sie erneut auf das Symbol **Aufzählungszeichen**.

Grafische Symbole

Auf der Suche nach besonderen Symbolen werden Sie vor allem in den Schriftarten **Wingdings** und **Webdings** fündig werden.

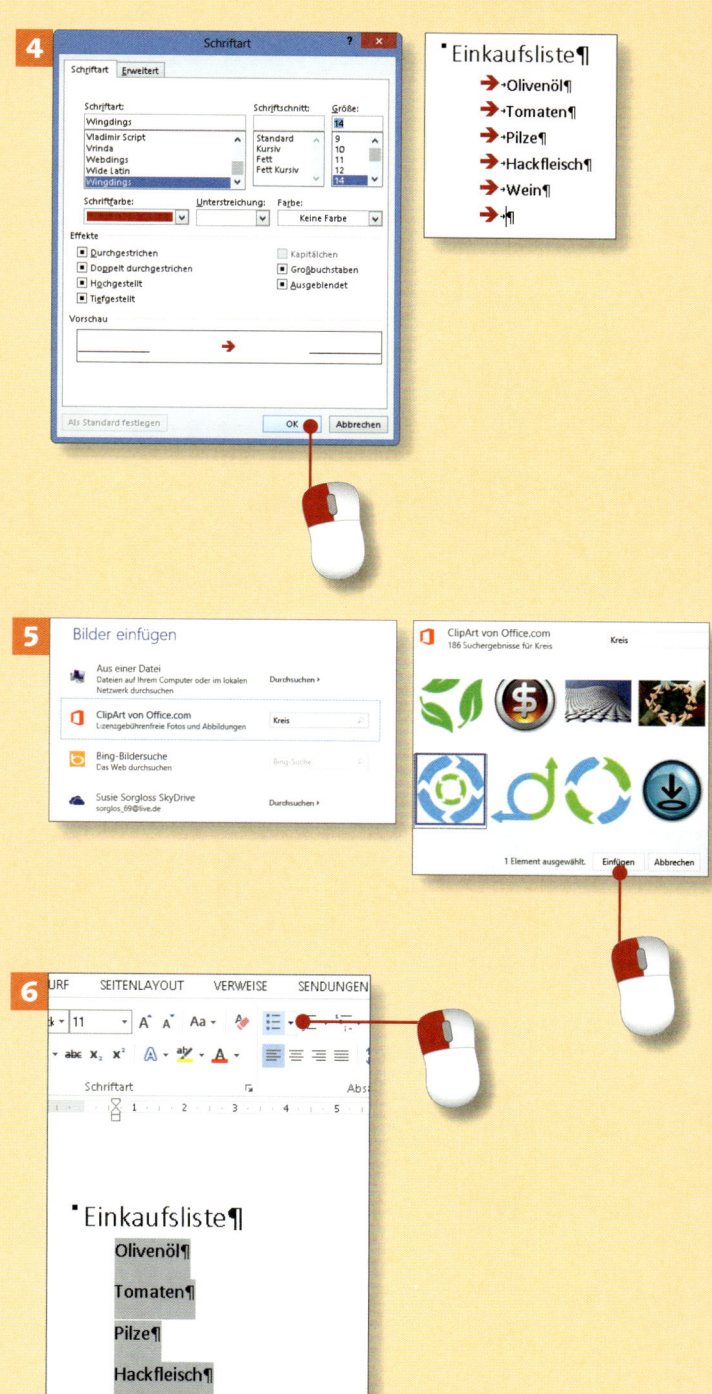

149

Listen mit mehreren Ebenen

Word bietet auch die Möglichkeit, Text und Gliederungen so zu strukturieren, wie es oft in wissenschaftlichen Texten erforderlich ist. Üblich ist die dezimale Gliederung nach dem Muster 1., 1.1, 1.2, 1.3 etc.

Schritt 1

Wenn Sie eine dezimale Gliederung verwenden möchten, klicken Sie auf der Registerkarte **Start** auf **Liste mit mehreren Ebenen**, und wählen Sie eine Option aus der **Listenbibliothek**.

Schritt 2

Geben Sie die Überschriften ein, und drücken Sie dazwischen immer ⏎. Zunächst stehen alle Punkte nummeriert untereinander. Im Menüband wird das Symbol **Nummerierung** hervorgehoben.

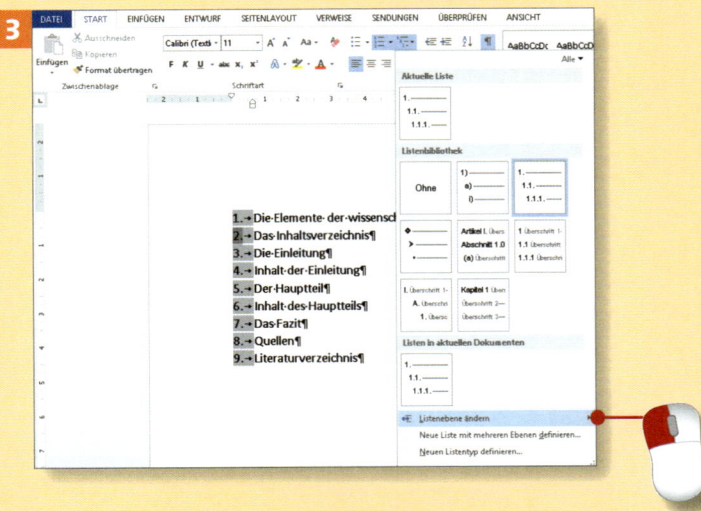

Schritt 3

Danach beginnen Sie, die Überschriften hierarchisch zu gliedern. Setzen Sie den Cursor in die Zeile mit der zweiten Überschrift, und klicken Sie im Menü des Symbols **Liste mit mehreren Ebenen** auf **Listenebene ändern**.

Schritt 4

Im zugehörigen Menü wählen Sie die Ebene **1.1**, um die Überschrift eine Ebene herunterzustufen. Falls die nächste Überschrift (wie im Beispiel) eine Überschrift der gleichen Hierarchiestufe ist, wiederholen Sie den Schritt. Die Überschrift wird mit der Nummer 1.2 versehen.

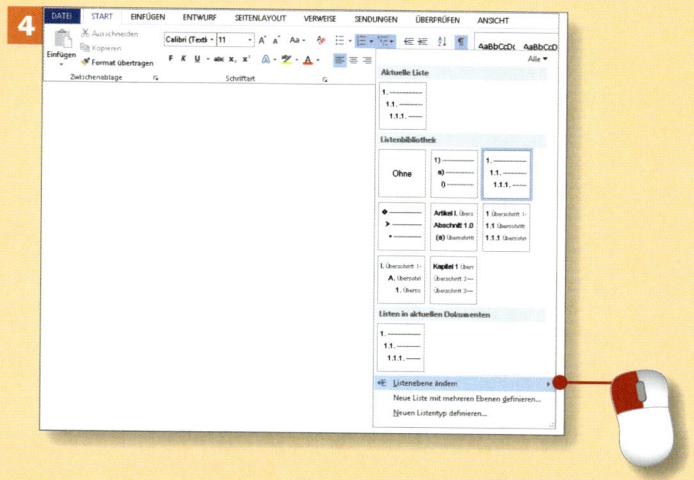

Schritt 5

Wenn die folgende Überschrift ein Unterpunkt von 1.2 ist, öffnen Sie das Menü erneut und wählen die nächste Ebene. Klicken Sie also auf **1.1.1**. Die Überschrift wird eingerückt und erhält die Nummer 1.2.1.

Schritt 6

Auf diese Weise strukturieren Sie die gesamte Gliederung hierarchisch. Die jeweilige Hierarchie können Sie auch mithilfe der Symbole **Einzug verkleinern** und **Einzug vergrößern** ❶ ändern.

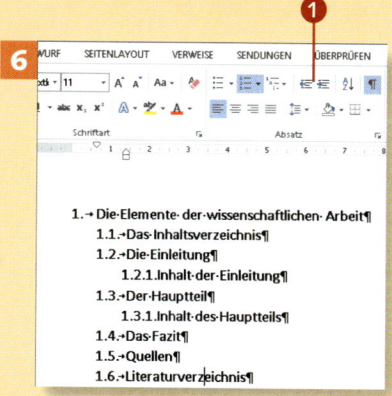

Neu strukturieren

Falls Sie sich bezüglich der gewählten Hierarchie nicht sicher sind, können Sie alles rückgängig machen. Markieren Sie den gesamten Text, und wählen Sie im Menü **Listenebene ändern** den Eintrag **1.** aus.

Listen formatieren

Wenn Ihnen die Angebote in der Listenbibliothek nicht ausreichen, können Sie Ihre Listen an Ihre Anforderungen anpassen. Die neu formatierten Listen werden im Bereich »Listen im aktuellen Dokument« im Listen-Menü angezeigt.

Schritt 1

Sie können auch das Layout Ihrer Gliederung bearbeiten bzw. formatieren. Einige Möglichkeiten dazu bietet das Menü des Symbols **Liste mit mehreren Ebenen** auf der Registerkarte **Start**. Setzen Sie den Cursor einfach irgendwo in den Text, und treffen Sie im Bereich **Listenbibliothek** Ihre Auswahl.

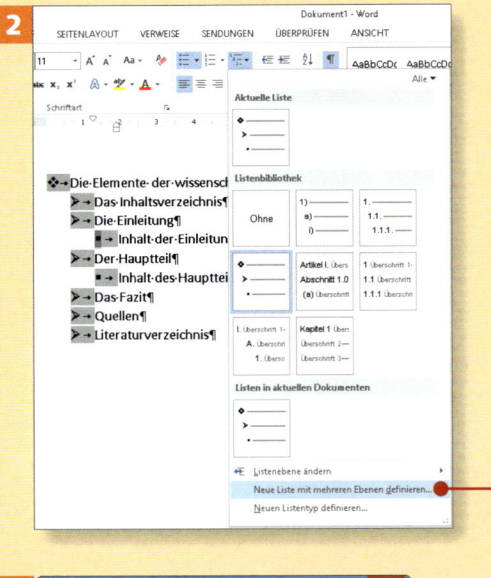

Schritt 2

Um das Aussehen einzelner Zeilen oder Ebenen zu ändern, setzen Sie den Cursor in die betreffende Zeile und wählen im Menü **Liste mit mehreren Ebenen** den Eintrag **Neue Liste mit mehreren Ebenen definieren**.

Schritt 3

Im gleichnamigen Dialog klicken Sie auf **Schriftart**, wenn Sie die Formatierung der Zahlen dieser Ebene bearbeiten möchten (Farbe, Schriftgröße, Schriftart etc.).

Schritt 4

Im Dialog **Schriftart** nehmen Sie die gewünschten Einstellungen vor. Sie können also z. B. die Schrift selbst, ihre Größe oder ihre Farbe ändern. Die Einstellungen wirken sich auf alle Texte der aktuellen Ebene aus.

Schritt 5

Die Einzüge der jeweiligen Listenebene können Sie ebenfalls ändern. Im Dialog **Neue Liste mit mehreren Ebenen definieren** legen Sie im Bereich **Position** fest, an welcher Stelle die Nummerierung (**Ausrichtung**) und wo der nachfolgende Text (**Texteinzug bei**) beginnt. Beide Werte werden vom Seitenrand aus gemessen.

Schritt 6

Um die Formatierung für mehrere Ebenen vorzunehmen, müssen Sie den Dialog nicht jedes Mal schließen, um den Cursor neu zu positionieren. Sie können die zu formatierende Ebene oben links im Dialog mit der Zahlenliste ❶ auswählen. In der Vorschau rechts wird die ausgewählte Ebene hervorgehoben.

Überschriften durchzählen

Wenn Sie die Listenfunktion für die Nummerierung von Überschriften einsetzen möchten, können Sie auf vorgefertigte Formate zurückgreifen oder eine bestehende Liste anpassen.

Schritt 1

Wenn Sie Ihren Text geschrieben und die Überschriften mit den Formatvorlagen **Überschrift 1**, **Überschrift 2** etc. formatiert haben, reichen wenige Mausklicks, um die Nummerierung für alle Überschriften zu übernehmen. Die Abbildung zeigt das Dokument in der Gliederungsansicht.

Schritt 2

Verlassen Sie die Gliederungsansicht, und klicken Sie auf der Registerkarte **Start** auf das Symbol **Liste mit mehreren Ebenen**. In der Listenbibliothek wählen Sie eine Variante, in der die Bezeichnung **Überschrift** auftaucht.

Schritt 3

Alle Überschriften, deren Formatvorlagen in die Listendefinition aufgenommen sind, werden jetzt mit der Nummerierung versehen.

Schritt 4

Wenn Sie jetzt eine neue Überschrift schreiben und ihr die entsprechende Formatvorlage zuweisen, z. B. **Überschrift 2**, wird automatisch die Nummerierung der gewählten Liste angewandt.

Schritt 5

Um eine eigene Formatliste zu erstellen, klicken Sie auf den Pfeil neben **Liste mit mehreren Ebenen** und wählen aus dem Menü **Neue Liste mit mehreren Ebenen definieren ❶**. Erweitern Sie den Dialog per Klick auf **Erweitern**.

Schritt 6

Wählen Sie links oben im Dialog zunächst eine Ebene aus. Im Feld **Verbinden mit Formatvorlage ❷** legen Sie fest, welche Formatvorlage nummeriert werden soll. Dann geben Sie die Nummerierung vor ❸. Wiederholen Sie das für alle Ebenen Ihrer Liste. Ab der zweiten Ebene müssen Sie mithilfe der Felder **Formatierung für Zahl eingeben ❹** und **Ebenennummer einschließen aus ❺** die Nummern der übergeordneten Ebenen aufnehmen.

Kapitel 8
Tabellen erstellen und bearbeiten

Auch wenn in Word die Arbeit mit Tabellen nicht vorrangig ist, bietet das Programm natürlich diese Möglichkeit. Wie Sie Tabellen in Ihr Dokument einfügen und anschaulich gestalten, zeigen wir Ihnen in diesem Kapitel.

Erstellen oder übernehmen?
Es könnte kaum leichter sein, eine Tabelle einzufügen ❶, denn es geschieht über zwei einfache Mausklicks. Sie können auch Excel-Tabellen mit Word verknüpfen oder aus Text eine Tabelle machen.

In Form bringen
Damit Sie Ihre Tabellen bearbeiten können, zeigen wir Ihnen, wie Sie Zeilen und Spalten ergänzen und löschen. Die Registerkarte **Tabellentools** ❷ bietet zahlreiche Gestaltungsoptionen, und auf der Registerkarte **Entwurf** gibt es spezielle Tabellenformatvorlagen für eilige Fälle.

Eine Tabelle in Word **1** 2013 einzufügen ist ganz einfach. Nur zwei Mausklicks und die Tabelle steht.

Das Aussehen der Tabelle können Sie **2** vielfältig gestalten. Dazu finden Sie auf der Registerkarte **Tabellentools** zahlreiche Gestaltungsoptionen.

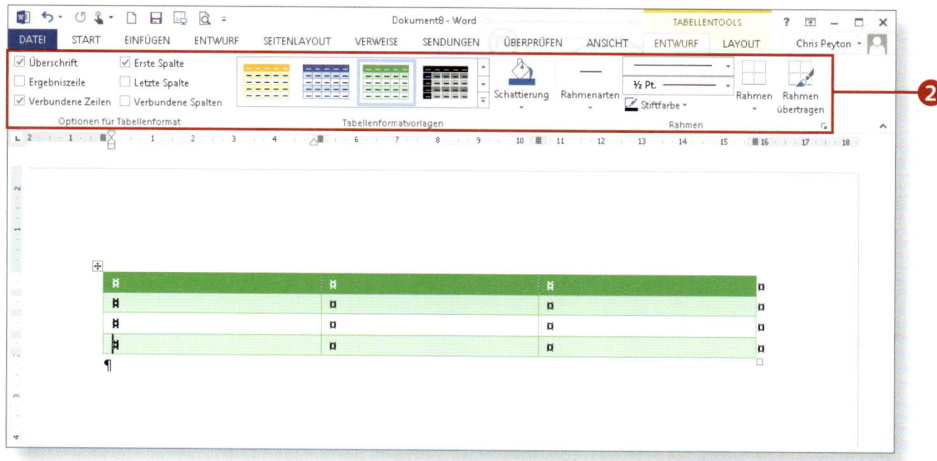

Eine Tabelle per Klick erzeugen

Sollen Texteinträge geordnet untereinander und nebeneinander in Spalten und Zeilen stehen, sind Tabellen dafür das geeignete Mittel. Sie lassen sich blitzschnell einfügen!

Schritt 1

Klicken Sie auf der Registerkarte **Einfügen** auf das Symbol **Tabelle**. Fahren Sie im Menü über die Anzahl der Spalten und Zeilen, die Sie einfügen möchten (die Kästchen werden rot umrandet), und klicken Sie darauf.

Schritt 2

Sie können also sofort losschreiben. Mit der ⇆ - oder der → -Taste springen Sie bequem in die nächste Zelle, Sie können aber auch die Maus benutzen oder – bei einem Touchbildschirm – einfach die Zelle antippen.

Schritt 3

Um die Spaltenbreite zu verändern, führen Sie den Mauszeiger an die vertikale Linie zwischen zwei Spalten. Der Mauszeiger verwandelt sich in einen Strich mit zwei Pfeilen. Ziehen Sie die Linie nach links oder rechts. Genauso verändern Sie die Zeilenhöhe, nur dass Sie an der horizontalen Linie ziehen.

ℹ

Die Tabelleneigenschaften aufrufen

Den Dialog **Tabelleneigenschaften** können Sie auf verschiedenen Wegen aufrufen. Zum Beispiel finden Sie auch im Kontextmenü der Tabelle den Eintrag **Tabelleneigenschaften**.

Schritt 4

Sie können auch eine exakte Spaltenbreite und Zeilenhöhe eingeben. Auf der Registerkarte **Layout** der **Tabellentools** sehen Sie die Felder **Tabellenspaltenbreite** und **Tabellenzeilenhöhe**. Hier können Sie die Maße für die Zeile oder Spalte eingeben, in der der Cursor steht.

Schritt 5

In der Standardeinstellung werden Tabellen mit fester Spaltenbreite eingefügt, und längerer Text wird umbrochen. Man kann die Spaltenbreite aber bis zu einem gewissen Grad auch an den Text anpassen. Dazu klicken Sie auf der Registerkarte **Tabellentools/Layout** auf **AutoAnpassen**. Wählen Sie **Inhalt automatisch anpassen**.

Schritt 6

Spaltenbreite, Zeilenhöhe, die Ausrichtung der Tabelle und des Textes in einer Tabelle lassen sich auch in einem Rutsch im Dialog **Tabelleneigenschaften** festlegen. Klicken Sie auf der Registerkarte **Tabellentools/Layout** auf das Symbol **Eigenschaften**.

Zeilen und Spalten einfügen/löschen

Sie haben eine Tabelle eingefügt und stellen fest, dass doch mehr Spalten und/oder Zeilen erforderlich sind? Das ist kein Grund, eine neue Tabelle einzufügen – ergänzen Sie einfach die vorhandene.

Schritt 1

Es ist ganz leicht, die Tabelle durch weitere Zeilen zu verlängern. Setzen Sie den Cursor in die letzte Zelle der Tabelle, und drücken Sie die Tabulatortaste. Wie Sie sehen, erhalten Sie dadurch eine weitere Tabellenzeile.

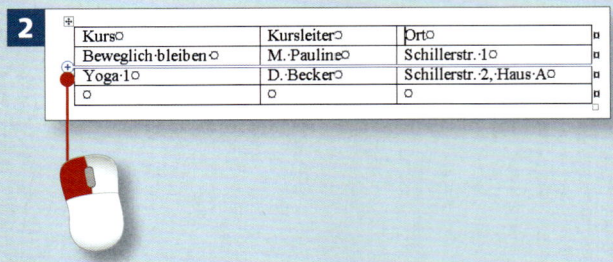

Schritt 2

Brauchen Sie eine weitere Zeile in der Tabelle, zeigen Sie mit der Maus auf den linken Rand der Zeile, unter der Sie eine Zeile einfügen möchten. Es erscheint eine Linie mit einem Pluszeichen. Klicken Sie auf dieses, wird eine Zeile eingefügt.

Schritt 3

Fehlt eine Spalte, setzen Sie den Cursor in die Spalte, neben der Sie eine Spalte einfügen möchten. Klicken Sie dann auf der Registerkarte **Layout** der **Tabellentools** z. B. auf **Links einfügen**. Sie können auch die Linie mit dem Pluszeichen verwenden: Zeigen Sie mit der Maus an den oberen Rand einer vertikalen Linie.

Zeilen einfügen

Sie können natürlich auch Zeilen oberhalb und unterhalb der Tabelle einfügen. Setzen Sie den Cursor in die Zeile, über oder unter der Sie eine Zeile einfügen möchten, und klicken auf der Registerkarte **Layout** z. B. auf **Darüber einfügen**.

Schritt 4

Es ist auch möglich, eine Zelle in weitere Spalten (oder auch Zeilen) aufzuteilen. Setzen Sie den Cursor in die entsprechende Zelle, und klicken Sie auf der Registerkarte **Layout** auf **Zellen teilen**. Im Dialog geben Sie an, in wie viele Spalten (oder Zeilen) die Zelle unterteilt werden soll.

Schritt 5

Sie können Zeilen oder Spalten auch wieder loswerden. Platzieren Sie den Cursor entsprechend, und klicken Sie auf der Registerkarte **Layout** auf **Löschen**. Entscheiden Sie im Menü, was Sie löschen möchten, z. B. **Zeilen löschen**. Damit wird die Zeile gelöscht, in der der Cursor steht.

Schritt 6

Es gibt auch einen Radierer, mit dem Sie löschen können, z. B. einzelne Linien zwischen den Zellen. Klicken Sie auf der Registerkarte **Layout** auf **Radierer**, und klicken Sie damit auf eine Linie.

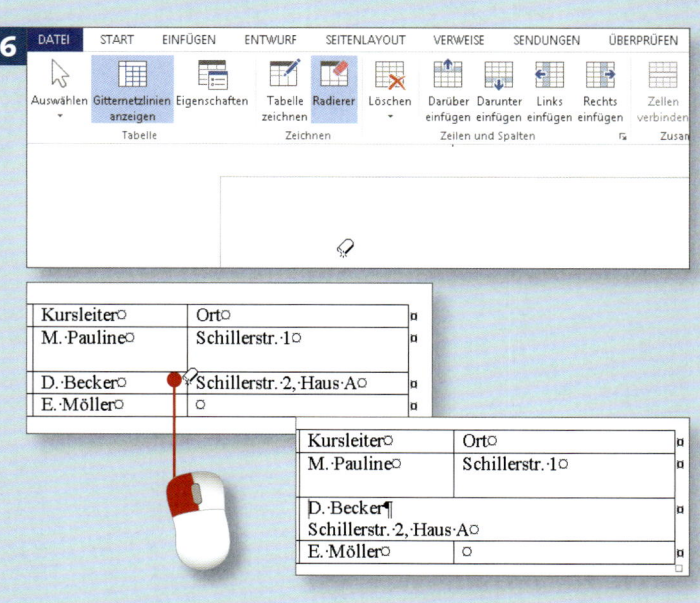

Tabellen in Tabellen

Sie können auch eine neue Tabelle in eine Zelle einfügen. Gehen Sie dabei genauso vor wie beim Einfügen von Tabellen (**Einfügen ▶ Tabelle**).

Die Tabelle formatieren

Tabellen lassen sich optisch auf vielerlei Art und Weise gestalten. Aus einer schlichten Tabelle kann mit wenigen Handgriffen ein eindrucksvolles Werk werden.

Schritt 1

Um die Breite der Spalten nicht »Pi mal Daumen« mit der Maus, sondern exakt festzulegen, arbeiten Sie am bequemsten im Dialog **Tabelleneigenschaften**. Klicken Sie auf der Registerkarte **Layout** auf den Pfeil an der Gruppe **Zellengröße**, um den Dialog **Tabelleneigenschaften** zu öffnen.

Schritt 2

Auf der Registerkarte **Spalten** haken Sie die Option **Bevorzugte Breite** an und geben im Feld daneben das gewünschte Maß ein. Dann klicken Sie auf die Schaltfläche **Nächste Spalte** und geben das Maß für diese Spalte ein etc.

Schritt 3

Wenn Sie eine Spalte verbreitern möchten und dazu mit gedrückter Maustaste an der vertikalen Linie ziehen, wird die gesamte Spalte verbreitert. Um die Breite einer einzigen Zelle zu vergrößern, müssen Sie die Zelle zunächst markieren. Dann ziehen Sie an der Linie.

Text in Tabellen formatieren

Den Text in Tabellen können Sie natürlich »ganz normal« formatieren. Sie markieren den Text und nutzen die üblichen Befehle zum Formatieren.

Schritt 4

Farbige Hintergründe für einzelne Zellen weisen Sie zu, indem Sie auf der Registerkarte **Entwurf** das Menü **Schattierung** öffnen und hier eine Farbe wählen. Sollen ganze Spalten oder Zeilen eingefärbt werden, müssen Sie sie vorher markieren.

Schritt 5

Die eingefügte Tabelle hat Rahmenlinien innen und außen. Sie können diese Rahmenlinien komplett oder teilweise entfernen. Alle Rahmenlinien werden unsichtbar, wenn Sie die Tabelle markieren und auf der Registerkarte **Entwurf** auf **Rahmen ▸ Kein Rahmen** klicken.

Schritt 6

Einzelne Linien wie hier setzen Sie folgendermaßen: Markieren Sie die oberste Zeile; klicken Sie dann auf der Registerkarte **Entwurf** auf **Rahmen ▸ Rahmenlinie unten** (also unterhalb der Markierung). Markieren Sie dann die erste Spalte, und wählen Sie **Rahmenlinie rechts ❶**.

i

Spalten/Zeilen markieren

Zum Markieren können Sie die üblichen Methoden anwenden. Eine Spalte markieren Sie auch bequem, indem Sie mit der Maus auf den oberen Rand der Spalte zeigen (es erscheint ein kleiner schwarzer Pfeil); um eine Zeile zu markieren, zeigen Sie mit der Maus auf den linken Rand neben der Zeile.

Die Tabelle formatieren (Forts.)

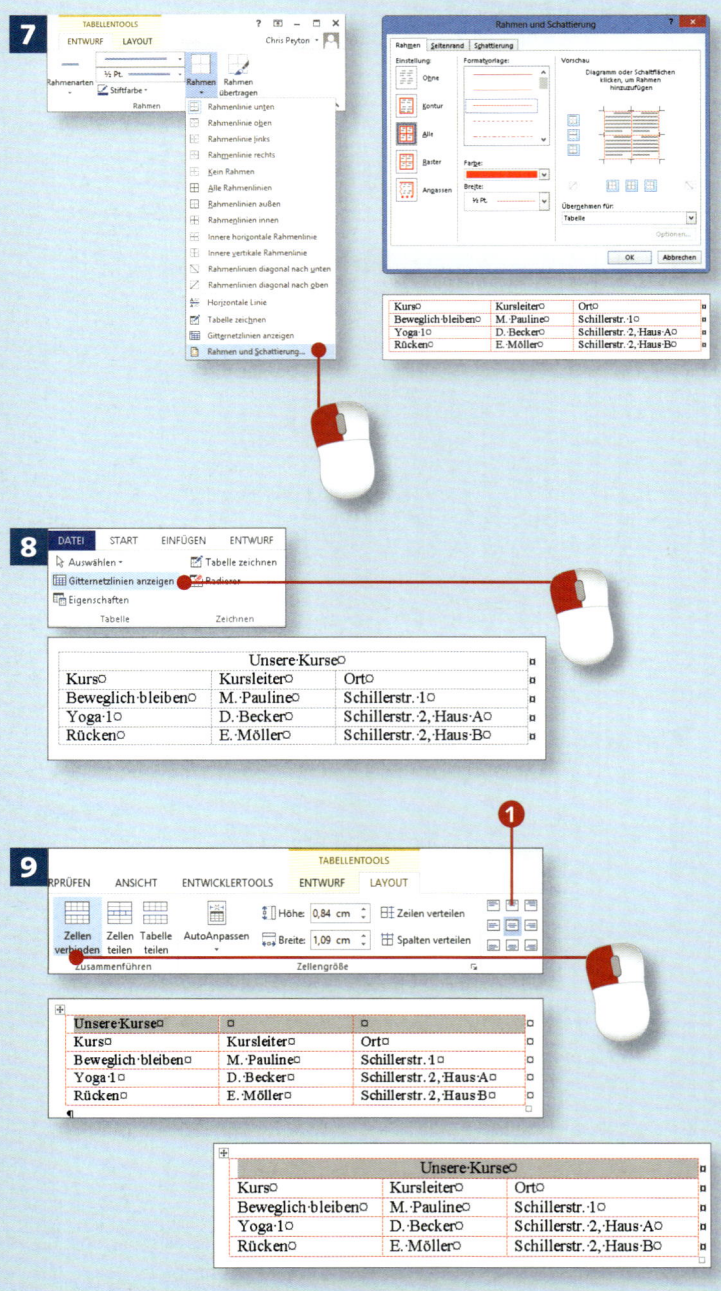

Schritt 7

Für farbige Rahmenlinien oder andere Stricharten öffnen Sie über **Rahmen ▸ Rahmen und Schattierung** den gleichnamigen Dialog. Hier können Sie eine Formatvorlage für die Linienart wählen, eine andere Farbe und die Breite der Linie(n). Denken Sie daran, die Spalten/Zeilen zuvor zu markieren.

Schritt 8

Auch wenn Sie für eine Tabelle alle Rahmenlinien ausgeschaltet haben (Schritt 2), ist es oft angenehmer, in der Tabelle weiterhin mit sichtbaren Linien zu arbeiten. Aktivieren Sie auf der Registerkarte **Layout** die Option **Gitternetzlinien anzeigen**. Beachten Sie, dass solche Gitternetzlinien nur auf dem Bildschirm vorhanden sind.

Schritt 9

In der ersten Zeile soll eine zentrierte Überschrift stehen? Markieren Sie die Zeile, und klicken Sie auf der Registerkarte **Layout** auf **Zellen verbinden**. Nun können Sie den Text der Überschrift zentrieren. Klicken Sie auf die Schaltfläche **Mittig ausrichten** ❶.

Schritt 10

Zwischen den Rahmenlinien der Zellen gibt es standardmäßig keinen Abstand. Möchten Sie einen Abstand einstellen, klicken Sie auf der Registerkarte **Layout** auf **Zellenbegrenzungen**.

Schritt 11

Im Dialog **Tabellenoptionen** aktivieren Sie zunächst **Abstand zwischen Zellen zulassen**. Im Feld daneben geben Sie dann einen Wert für den Abstand ein, z. B. »0,1 cm«.

Schritt 12

Der Text in Zellen lässt sich unterschiedlich horizontal/vertikal ausrichten. Die entsprechenden Schaltflächen finden Sie auf der Registerkarte **Layout** in der Gruppe **Ausrichtung**. Standardmäßig ist **Oben links ausrichten** eingestellt. Wählen Sie z. B. **Mittig ausrichten**. Damit rutscht der Text horizontal und vertikal in die Mitte der Zelle.

i

Zellenbegrenzungen

Mit den Feldern **Standardzellenbegrenzungen** ❷ im Dialog **Tabellenoptionen** legen Sie fest, wie groß der Abstand zwischen dem Text und der Zelllinie ist.

Formatvorlagen für Tabellen nutzen

Mit speziellen Tabellenformatvorlagen können Sie Tabellen quasi per Mausklick gestalten. Wählen Sie einfach ein schickes Layout aus.

Schritt 1

Am wenigsten Arbeit ist es, die Tabelle mithilfe einer Vorlage zu formatieren. Setzen Sie den Cursor irgendwo in die Tabelle, und aktivieren Sie die Registerkarte **Entwurf**.

Schritt 2

Klicken Sie hier auf den Pfeil an der Auswahl der Tabellenformatvorlagen und fahren Sie über die Vorschauen. Klicken Sie auf das gewünschte Format.

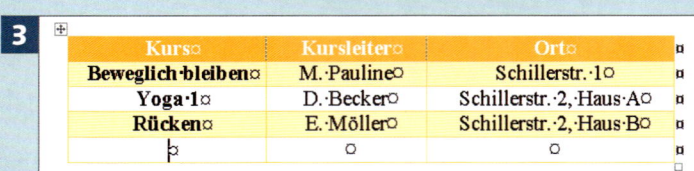

Schritt 3

Die Tabelle nimmt das Aussehen der Formatvorlage an. Auch wenn Sie z. B. mit der Tabulatortaste eine Zeile hinzufügen, wird die Formatierung fortgesetzt, und das einheitliche Layout der Tabelle bleibt erhalten.

Eigene Vorlagen für Tabellen

Sie können sich auch eigene Formatvorlagen für Tabellen erstellen. Wählen Sie im Menü der Tabellenvorlagen **Neue Tabellenformatvorlage** ❶. Im nächsten Dialog geben Sie der Vorlage einen Namen und nehmen alle Einstellungen für die Elemente der Tabelle vor. Nachdem Sie alle Eingaben mit **OK** bestätigt haben, finden Sie Ihre Vorlage im Menü der Tabellenformatvorlagen unter der Überschrift **Benutzerdefiniert**.

Schritt 4

Wenn Sie mit dem gewählten Tabellenformat nicht hundertprozentig zufrieden sind, können Sie es partiell bearbeiten. Öffnen Sie das Menü der Tabellenformatvorlagen, und klicken Sie hier auf **Tabellenformatvorlage ändern**.

Schritt 5

Im Dialog **Formatvorlage ändern** können Sie andere Einstellungen für einzelne Elemente der Vorlage vornehmen. Klicken Sie z. B. auf den Pfeil am Feld für die **Rahmenfarbe**, und wählen Sie eine andere Farbe. Diese Änderung wirkt sich auf die äußere und die inneren Linien der Tabelle aus.

Schritt 6

Um die Formatierung einer Tabelle mit einer Vorlage wieder zurückzunehmen, klicken Sie auf der Registerkarte **Entwurf** im Menü der Tabellenformatvorlagen auf den vorletzten Eintrag **Löschen**.

Text in Tabellen umwandeln

Text lässt sich auch nachträglich in eine Tabellenform bringen. Das geht problemlos, wenn Sie nur ein paar Regeln beachten.

Schritt 1

Text, der nachträglich in eine Tabelle umgewandelt werden soll, muss mit bestimmten Trennzeichen geschrieben werden. Die Umwandlung funktioniert gut, wenn Sie die (zukünftigen) Spalteneinträge durch Tabstopps trennen. Schreiben Sie also z. B. »Name ⇥ Nachname«.

Schritt 2

Markieren Sie den mit Tabstopps geschriebenen Text. Klicken Sie dann auf der Registerkarte **Einfügen** auf **Tabelle** und im Menü auf den Eintrag **Text in Tabelle umwandeln**.

Schritt 3

Im nächsten Dialog sollte die passende Spalten- und Zeilenanzahl bereits eingetragen sein, da Word die festgelegten Trennzeichen erkennt. Klicken Sie also einfach auf **OK**.

Schritt 4

Ihr Text wird umgehend in eine normale Tabelle verwandelt. Wahrscheinlich müssen Sie die Breite der Spalten noch anpassen, da diese meist zu großzügig ausfällt.

Schritt 5

Sie können den Text auch durch ein anderes Zeichen trennen, z. B. durch ein Komma (am besten ohne Leerstelle nach dem Komma). Dies müssen Sie aber im Dialog **Text in Tabelle umwandeln** angeben, falls Word das Trennzeichen in Ihrem Text nicht automatisch erkannt hat.

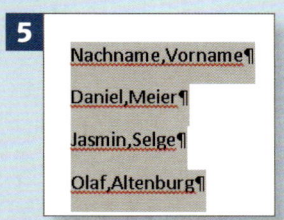

Schritt 6

Um das Komma als Trennzeichen einzusetzen, verfahren Sie so, wie in Schritt 2 beschrieben. Aktivieren Sie im Dialog **Text in Tabelle umwandeln** die Option **Andere**, und geben Sie ein Komma in das Kästchen daneben ein.

✚ Von Hand korrigieren

Sollte der Text, den Sie in eine Tabelle umwandeln möchten, nicht sauber mit Trennzeichen versehen sein (sollte z. B. ein Trennzeichen in der Überschrift fehlen), müssen Sie die Spaltenzahl von Hand eingeben.

Tabellen in Text umwandeln

Tabellen sind wandlungsfähig – Sie können aus einer Tabelle auch mit wenigen Klicks normalen Text machen.

Schritt 1

Sie brauchen eine Tabelle als normalen Text? Setzen Sie den Cursor in die Tabelle (die Tabelle sehen Sie in Schritt 3). Aktivieren Sie die Registerkarte **Layout** der **Tabellentools**, und klicken Sie auf das Symbol **In Text konvertieren**.

Schritt 2

Im nächsten Dialog belassen Sie es am besten bei **Tabstopps** oder wählen ein anderes von Ihnen gewünschtes Trennzeichen aus und klicken auf **OK**. Daraufhin verschwindet die Tabelle, und der Text steht mit dem Trennzeichen solo da.

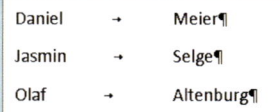

Schritt 3

Nach dem Klick auf **OK** wird aus der hier verwendeten Tabelle mit den Namen eine einfache Liste, in der Vornamen und Nachnamen durch Tabstopps getrennt sind. Jede Tabellenzeile wird eine Zeile im Text.

> **❗ Tabstopps innerhalb Tabellenzellen**
>
> Wenn Sie innerhalb einer Tabellenzelle einen Tabstopp setzen möchten, müssen Sie die ⌴Strg⌴-Taste gedrückt halten und dann die Tabulatortaste drücken.

Schritt 4

Wenn in der Tabelle eine Zelle in zwei Spalten unterteilt war, ergibt das Umwandeln in Text an dieser Stelle ein zusätzliches Trennzeichen (in dem gezeigten Beispiel wird ein zusätzlicher Tabstopp erzeugt).

Schritt 5

Wenn in der Tabelle eine Zelle in zwei Zeilen unterteilt wurde, erhalten Sie nach dem Umwandeln eine Liste mit einer zusätzlichen Zeile.

Schritt 6

Achten Sie darauf, dass das verwendete Trennzeichen nicht in der Tabelle vorkommt (im Beispiel das Semikolon). Ansonsten können Sie später nicht mehr zuordnen, welche Inhalte in welcher Spalte gestanden haben ❶. Für leere Tabellenzeilen erhalten Sie eine leere Textzeile, gefüllt mit den Trennzeichen.

! Tabellen importieren

Da das Umwandeln in Text oft verwendet wird, um Informationen, die in Word-Tabellen vorliegen, in Datenbanken zu importieren, ist es wichtig, die in den Schritten 4, 5 und 6 gezeigten Besonderheiten zu vermeiden.

171

Tabellen aus Excel übernehmen

Als Programm zur Tabellenkalkulation bietet Excel sich zwar für die Arbeit mit Tabellen an, doch mitunter möchte man diese Tabellen in ein Word-Dokument einfügen. Das ist auf verschiedenen Wegen möglich.

Schritt 1

Markieren Sie in Excel die Daten, die Sie in Ihr Word-Dokument einfügen möchten, und klicken Sie auf der Registerkarte **Start** auf das Symbol **Kopieren**.

Schritt 2

Wechseln Sie in Ihr Word-Dokument, und setzen Sie den Cursor an die Position, an der die Tabellendaten eingefügt werden sollen. Klicken Sie dann auf der Registerkarte **Start** auf den Pfeil am Symbol **Einfügen**.

Schritt 3

Im Untermenü entscheiden Sie, wie die Daten eingefügt werden sollen. Prinzipiell müssen Sie festlegen, ob die Daten verknüpft werden oder nicht, wie sie formatiert sein sollen und ob die Daten als Grafik oder als reiner Text eingefügt werden.

Schritt 4

Wenn Sie den Cursor in Word direkt unter eine bestehende Tabelle mit gleicher Struktur setzen, können Sie diese Word-Tabelle einfach um die Excel-Daten ergänzen, indem Sie auf das mittlere Symbol klicken.

Schritt 5

Wenn Sie die Excel-Daten als Grafik in Ihr Word-Dokument einfügen möchten, markieren Sie den Zellbereich und klicken dann im Auswahlmenü des Symbols **Kopieren** auf **Als Bild kopieren**.

Schritt 6

Anschließend können Sie festlegen, wie die Grafik erstellt werden soll. Wenn Sie z.B. **Wie ausgedruckt** wählen, werden die Gitternetzlinien, die in Excel angezeigt werden, in der Grafik ausgeblendet. Fügen Sie die Grafik dann ganz normal in Word ein.

---

i

Smarttags am Text

Nachdem Sie die Daten eingefügt haben, erscheint am Text ein *Smarttag*. In dessen Menü können Sie die Art und Weise des Einfügens nachträglich ändern.

Profitipps für Tabellen

Tabellen sind eine tolles Instrument, um Texteinträge sorgfältig untereinanderzusetzen. Der Umgang mit Tabellen ist sogar noch einfacher, wenn Sie ein paar Kniffe kennen.

Schritt 1

Ganze Tabellen oder einzelne Spalten und Zeilen lassen sich sehr einfach markieren. Klicken Sie auf der Registerkarte **Layout** der **Tabellentools** auf **Auswählen**. Im Menü finden klicken Sie z. B. auf **Spalte auswählen**, um die Spalte zu markieren, in der der Cursor steht.

Schritt 2

Bei einer Tabelle, die sich über mehrere Seiten erstreckt, ist es praktisch, wenn sich die Spaltenüberschriften auf jeder Seite wiederholen. Klicken Sie in die Zeile mit der Überschrift und dann auf der Registerkarte **Layout** auf die Funktion **Überschriften wiederholen**.

Schritt 3

Um eine Tabelle in zwei Teile zu teilen, klicken Sie auf die Zeile, die als erste Zeile in der zweiten Tabelle angezeigt werden soll. Dann klicken Sie auf der Registerkarte **Layout** der **Tabellentools** auf **Tabelle teilen**.

Schritt 4

Neben der horizontalen und vertikalen Textausrichtung in Zellen gibt es auch die Möglichkeit, die Textrichtung selbst zu bestimmen. Auf der Registerkarte **Layout** in der Gruppe **Ausrichtung** klicken Sie notfalls mehrfach auf das Symbol **Textrichtung**.

Schritt 5

Auch bei einer vertikalen Textrichtung gibt es verschiedene Ausrichtungen, mit denen Sie festlegen, wo der Text in der Zelle steht. Die entsprechenden Schaltflächen finden Sie in der Gruppe **Ausrichtung** auf der Registerkarte **Layout**.

Schritt 6

Wenn die Einträge der Tabelle alphabetisch geordnet werden sollen, können Sie das Word überlassen. Markieren Sie die Spalte mit den Einträgen, die sortiert werden sollen. Klicken Sie dann auf der Registerkarte **Layout** auf **Sortieren** ❶ und – sofern Sie die Einstellungen übernehmen wollen – im Dialog auf **OK**.

Zellhöhe wieder verringern

Wenn Sie eine vertikale Textrichtung gewählt haben, wird die Zelle naturgemäß sehr groß. Diese Größe bleibt erhalten, auch wenn Sie den Text wieder horizontal setzen. Anstatt die Größe der Zelle(n) manuell anzupassen, öffnen Sie über das Kontextmenü (oder über den Pfeil an der Gruppe **Zellengröße**) die **Tabelleneigenschaften** und deaktivieren auf der Registerkarte **Zeile** die Option **Höhe definieren**.

Profitipps für Tabellen (Forts.)

Schritt 7

Für einfache Berechnungen müssen Sie nicht extra Excel bemühen. Auch in Word geht das, schreiben Sie z. B. eine einfache Rechnung mithilfe einer Word-Tabelle. Setzen Sie den Cursor in die Zelle, in der das Ergebnis berechnet werden soll.

Schritt 8

Klicken Sie auf der Registerkarte **Layout** auf die Schaltfläche **Formel**, die Sie ganz weit rechts finden, um den Dialog zum Zusammenstellen der Formel zu öffnen.

Schritt 9

Im Dialog **Formel** steht vermutlich die Formel **=sum()**, wobei in der Klammer je nach Cursorposition die Position der Zahlen, mit denen gerechnet werden soll, angegeben wird: **left**, **right**, **above** oder **below**. Wenn die Formel stimmt, belassen Sie es dabei, ansonsten müssen Sie sie anpassen.

Word spricht auch Deutsch!

In den Formeln für Berechnungen müssen Sie sich nicht an die englischen Begriffe halten. Die Position der Zahlen können Sie mit »links«, »rechts«, »über« und »unter« angeben.

Schritt 10

Um z. B. eine Multiplikation durchführen zu lassen, löschen Sie **sum** (das Gleichheitszeichen muss stehenbleiben) und wählen in der Auswahlliste des Feldes **Funktion einfügen** den Eintrag **Product**. In Klammern schreiben Sie die Position der Zahlen z. B. **left** (oder **links**).

Schritt 11

Wählen Sie dann über die Auswahlliste ein Zahlenformat, z. B. **#.##0,00**, und klicken Sie auf **OK**. Voilà, das Ergebnis wird präsentiert. Die graue Unterlegung besagt, dass es sich um ein Feld handelt, dessen Inhalt anpassbar ist.

Preis¤	Menge¤	Betrag¤	¤
44¤	3¤	132,00¤	¤
12¤	8¤	¤	¤
8¤	15¤	¤	¤

Schritt 12

Mit diesem Trick erhalten Sie optisch gesehen zwei Tabellen nebeneinander: Fügen Sie eine zweispaltige Tabelle ein. Markieren Sie die Tabelle, und klicken Sie auf der Registerkarte **Entwurf** auf die Schaltfläche **Rahmen ▸ Kein Rahmen**. Dann fügen Sie in die linke Zelle und in die rechte Zelle eine neue Tabelle ein. Im Beispiel haben wir zwei zweispaltige Tabellen eingefügt.

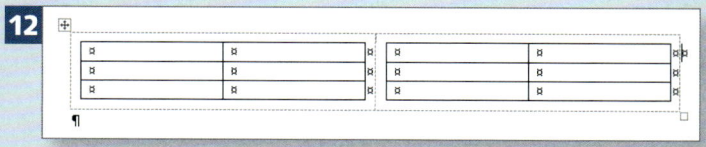

Zahlenformate

Die »0« zeigt an, dass an dieser Stelle immer eine Ziffer erscheint; wenn die zu formatierende Zahl keine Ziffer an dieser Stelle hat, wird eine »0« gesetzt. Die Raute steht für beliebige Ziffern, die auch weggelassen werden dürfen. Wenn Sie eine Zahl mit zwei Nachkommastellen haben möchten, wählen Sie immer ein Format mit ,00.

Kapitel 9
Grafiken, Diagramme und Videos einfügen

Verschönern Sie Ihre Word-Dokumente mit grafischen Elementen. Dies hat nicht nur eine ästhetische Wirkung; mithilfe von Diagrammen können Sie Ihre Aussagen untermauern, und sogar Excel-Daten sind in Word verwendbar.

Grafiken einfügen
Fügen Sie einfach Bilder, Fotos, Formen oder Onlinegrafiken ein ❶. Unter *ClipArt von Office.com* finden Sie Tausende von Bildern zu jedem erdenklichen Thema.

Grafiken bearbeiten
Haben Sie ein Grafikelement eingefügt, können Sie es über die Registerkarte **Bildtools** ❷ bearbeiten. Schneiden Sie es zu, fügen Sie z. B. einen Rahmen ein, oder färben Sie es um.

Diagramme
Word 2013 selbst bietet eine Diagrammfunktion ❸, bei der Sie aus diversen Vorlagen wählen können. Genauso leicht binden Sie aber auch ein bestehendes Excel-Diagramm ein, wenn Sie möchten.

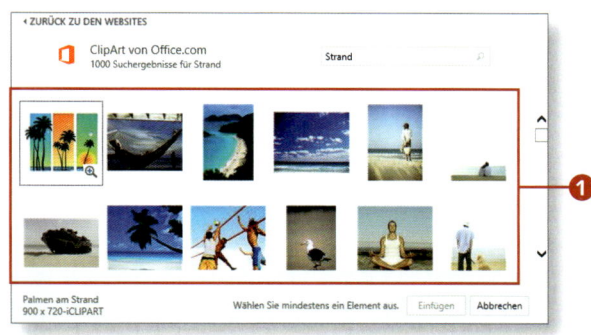

① In Word 2013 können Sie Bilder, Fotos, Formen und Onlinegrafiken in Ihre Dokumente einfügen und sogar Videos einbinden!

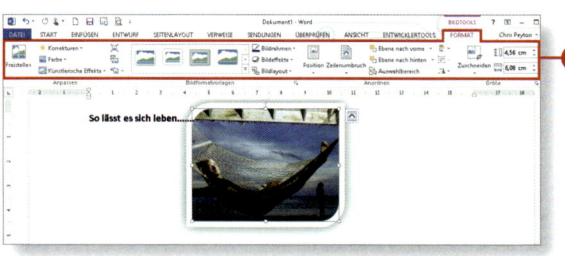

② Über die Registerkarte **Bildtools** können Sie eingefügte Grafikelemente vielfältig bearbeiten.

③ Die Diagrammfunktion bringt zahlreiche Vorlagen mit, auch Diagramme aus Excel können in Word-Dokumenten genutzt werden.

Bilder einfügen

Sie sind in Word nicht darauf beschränkt, mit Texten zu arbeiten. Das Programm kann auch bestens mit Bildern umgehen. Die Resultate sind oft verblüffend.

Schritt 1

Um ein Bild in Ihr Dokument einzufügen, klicken Sie auf der Registerkarte **Einfügen** auf das Symbol **Bilder ❶**. Im Dialog **Grafik einfügen** wandern Sie zu dem Ordner, in dem das Bild liegt, markieren es und klicken auf den Pfeil neben **Einfügen**.

Schritt 2

Die Option **Einfügen** bettet das Bild in das Dokument ein. Weil es dann Teil des Dokuments ist, wächst jedoch die Größe der Gesamtdatei. Mit dem Befehl **Mit Datei verknüpfen** vermeiden Sie diesen Effekt.

Schritt 3

Falls Sie beim Einfügen viele Bilder durchsuchen möchten/müssen, können Sie die Suche auf einen bestimmten Dateityp einschränken. Klicken Sie im Dialog **Grafik einfügen** auf den Pfeil am Feld rechts unten, in dem Sie vermutlich **Alle Grafiken** lesen. Wählen Sie in der Liste das gewünschte Format aus.

Schritt 4

Beim Verknüpfen eines Bildes mit der Datei (siehe Schritt 2) wird nicht das Bild in der Datei gespeichert, sondern nur ein Verweis auf die Bilddatei. Folglich blicken Sie auf einen leeren Kasten mit einer Fehlermeldung, wenn Sie das Bild z. B. auf Ihrer Festplatte löschen und dann das Dokument erneut öffnen.

Schritt 5

Haben Sie das verknüpfte Bild lediglich verschoben, können Sie es sich wieder anzeigen lassen, indem Sie die Quelle anpassen. Markieren Sie in diesem Fall den leeren Kasten, und klicken Sie auf **Datei**. Im Backstage-Bereich belassen Sie es bei der Markierung **Informationen**. Ganz rechts unten klicken Sie auf den Eintrag **Verknüpfungen mit Dateien bearbeiten**.

Schritt 6

Die Schaltfläche öffnet den Dialog **Links**. Markieren Sie hier die vermisste Bilddatei, und klicken Sie auf **Quelle ändern**. Dies öffnet den gleichnamigen Dialog. Hier suchen Sie nach dem Bild, markieren es und klicken auf **Öffnen**.

Bilder einfügen (Forts.)

Schritt 7

Sobald Sie ein Bild eingefügt haben und es markiert ist, werden die **Bild-tools** mit der Registerkarte **Format** eingeblendet. Sie finden hier zahl-reiche Funktionen zum Umgang mit eingefügten Bildern/Grafiken.

Schritt 8

Der Textumbruch legt fest, wie sich das Bild zum Text verhält. Klicken Sie auf die Schaltfläche **Layoutoptionen**, die rechts am Bild auftaucht, wenn es markiert ist. Sie sehen, dass die Option **Mit Text in Zeile** markiert ist. Dies ist die Einstellung, mit der standardmäßig Bilder eingefügt werden.

Schritt 9

Sie können die standardmäßige Ein-stellung **Mit Text in Zeile** ändern, wenn eine andere Umbruchart bes-ser zu Ihren meisten Vorhaben passt. Rufen Sie über **Datei ▶ Option** die **Word-Optionen** auf, und wählen Sie die Kategorie **Erweitert**.

i

Textumbruch »Mit Text in Zeile«
Mit der Einstellung **Mit Text in Zei-le** kann ein Bild ausgerichtet wer-den wie Text, es kann aber nicht völlig frei verschoben werden.

Schritt 10

Scrollen Sie in dem Fenster ein wenig nach unten bis zur Überschrift **Ausschneiden, Kopieren und Einfügen**. Öffnen Sie die Auswahl des Feldes **Bilder einfügen als**, und markieren Sie hier die gewünschte Einfügeart, z. B. **Passend**.

Schritt 11

Zur Komprimierung des eingefügten Bildes wird die Auflösung 220 ppi verwendet. Diese Einstellung können Sie ändern. Öffnen Sie über **Datei ▸ Optionen ▸ Erweitert** den entsprechenden Dialog. Rechts wandern Sie zum Bereich **Bildgröße und -qualität ❶**.

Schritt 12

Legen Sie dort zunächst im obersten Feld ❷ (dort wird der Dateiname angezeigt) fest, ob die Einstellung nur für das aktuelle Dokument oder **Für alle neuen Dokumente** gelten soll. Die Dateigröße lässt sich mit einer verringerten Auflösung steuern. Wählen Sie z. B. **96 ppi**.

Komprimierung deaktivieren

Ist die Bildqualität besonders wichtig, können Sie die Komprimierung komplett deaktivieren. Setzen Sie im Bereich **Bildgröße und -qualität** ein Häkchen vor **Bilder nicht in Datei komprimieren**.

Grafikelemente positionieren

Bilder sitzen nach dem Einfügen oft nicht an der richtigen Stelle. Sie lassen sich aber nachträglich an den passenden Ort verschieben.

Schritt 1

Wie Sie ein Bild positionieren können, hängt vom Textumbruch ab. Die Standardeinstellung ist **Mit Text in Zeile**. Damit lässt sich ein Bild wie ein Textzeichen zentrieren oder rechtsbündig ausrichten und innerhalb des Textes verschieben.

Schritt 2

Um das Bild mit der Maus an eine beliebige Stelle im Dokument ziehen zu können, muss der Textumbruch geändert werden. Klicken Sie auf die Schaltfläche **Layoutoptionen**, die rechts neben dem Bild erscheint, sobald Sie es anklicken. Wählen Sie im Menü z. B. **Passend**.

Schritt 3

Mit der Einstellung **Passend** (oder jeder anderen außer **Mit Text in Zeile**) können Sie ein Bild mit der Maus frei positionieren. Zeigen Sie mit dem Mauszeiger auf das Bild, und ziehen Sie es mit gedrückter Maustaste – oder mit dem Finger – an die gewünschte Stelle.

i Bilder verankert am Absatz

Die Bilder, die mit dem Text verschoben werden, sind an einen Absatz gekoppelt. Verschiebt sich der Absatz, wird auch das Bild verschoben. Welcher Absatz dies ist, erkennen Sie an einem Anker am linken Rand des Absatzes.

Schritt 4

Der Textumbruch bestimmt, wie Text um ein Bild »fließt«. Probieren Sie die verschiedenen Einstellungen aus. Sie können ein Bild z. B. auch hinter den Text setzen. Dazu stellen Sie die Umbruchart (Schritt 2) **Hinter den Text** ein.

Schritt 5

Um ein Bild exakt zu positionieren, klicken Sie auf der Registerkarte **Format** der **Bildtools** auf **Position ▸ Weitere Layoutoptionen**. Auf der Registerkarte **Position** des Dialogfensters **Layout** können Sie in den Feldern **Absolute Position** (und **rechts von** bzw. **unterhalb**) die Position des Bildes genau bestimmen.

Schritt 6

Im Standard wird ein Bild mit dem Absatz verschoben. Soll es fest an Ort und Stelle bleiben, muss es fixiert werden. Dazu klicken Sie auf die Schaltfläche **Layoutoptionen** und wählen im Menü **Position auf der Seite fixieren**.

Bilder verankern

Normalerweise wird der Anker des Bildes beim Verschieben automatisch an den nächstgelegenen Absatz gesetzt. Um dies zu verhindern und die Position eines Bildes an einem festen Absatz auszurichten, setzen Sie den Anker an den gewünschten Absatz und aktivieren die Option **Verankern** auf der Registerkarte **Position** des Dialogs **Layout** (siehe Schritt 5).

Ausrichtungslinien nutzen

Word 2013 bietet ein neues Instrument zum Positionieren von Bildern, die Ausrichtungslinien.

Schritt 1

Wenn Sie an einem Bild ziehen, um es zu positionieren, werden an bestimmten Stellen grüne Ausrichtungslinien eingeblendet.

Schritt 2

Hilfreich sind diese Hilfslinien z. B., wenn Sie ein Bild an den oberen Rand eines Absatzes setzen möchten. Ziehen Sie das Bild dorthin; die Linie erscheint, sobald es richtig positioniert ist.

Schritt 3

Mithilfe der Ausrichtungslinien können Sie ein Bild auch bequem am oberen Rand eines Absatzes und am rechten Seitenrand positionieren. Ziehen Sie das Bild in die entsprechende Ecke, bis oberhalb und rechts die Hilfslinien erscheinen ❶.

Schritt 4

Auch wenn ein Bild genau mittig auf der Seite dargestellt werden soll, können Sie sich an der Ausrichtungslinie orientieren. Sobald die vertikale grüne Linie ❷ auftaucht, sitzt das Bild richtig – in der Mitte gemessen vom linken Seitenrand.

Schritt 5

Praktisch sind die Ausrichtungslinien vor allem auch, wenn Sie zwei oder mehrere Bilder sauber nebeneinander – z. B. in gleicher Höhe – ausrichten möchten. An der Linie können Sie gut erkennen, an welcher Position die Bilder sauber ausgerichtet sind.

Schritt 6

Die Ausrichtungslinien werden nur – anders als in PowerPoint – eingeblendet und verschwinden, sobald Sie die Maustaste loslassen. Wenn Sie das Bild wieder anklicken, erscheinen die Linien wieder, sofern es nicht verschoben wurde.

Die Position der Bilder überprüfen

Sie können überprüfen, an welche Position Word ein Bild mithilfe der Ausrichtungslinien gesetzt hat. Markieren Sie das Bild, dessen Position Sie überprüfen möchten. Öffnen Sie dann auf der Registerkarte **Format** über **Position ▸ Weitere Layoutoptionen** den Dialog **Layout**, und schauen Sie sich die Werte auf der Registerkarte **Position** an.

Bilder zuschneiden und bearbeiten

Nach dem Einfügen haben Bilder selten auf Anhieb die passende Größe. Kein Problem, Sie können sie nach Herzenslust in ihrer Größe verändern. Die Möglichkeiten der Bildbearbeitung sind überraschend vielfältig. Sehen Sie selbst!

Schritt 1

Klicken Sie das eingefügte Bild an. Führen Sie den Mauszeiger auf einen der acht Ziehpunkte (am besten auf einen der Eckpunkte, um die Proportionen beizubehalten), und ziehen Sie mit gedrückter Maustaste nach innen oder außen. Das geht auch mit dem Finger.

Schritt 2

Statt »Pi mal Daumen« mit der Maus können Sie die Bildmaße auch exakt angeben. Beachten Sie auf der Registerkarte **Format** der **Bildtools** die Felder **Formenhöhe** und **Formenbreite**. Hier können Sie die Maße verändern, indem Sie auf die Pfeile klicken oder eine Größe eingeben.

Schritt 3

Natürlich können Sie die Größe auch im Dialog bestimmen. Klicken Sie das Bild mit rechts an, und wählen Sie im erscheinenden Kontextmenü den Eintrag **Größe und Position**.

Schritt 4

Im Dialogfenster **Layout** geben Sie unter **Größe** in den Feldern **Höhe** und **Breite** die gewünschten Maße ein. Wenn Sie die Option **Seitenverhältnis sperren** aktiviert lassen, verändert sich die Größe der Höhe und Breite passend zueinander.

Schritt 5

Ein Bild lässt sich auch auf einen Ausschnitt zuschneiden. Markieren Sie das Bild, und klicken Sie auf der Registerkarte **Format** der **Bildtools** auf den Pfeil am Symbol **Zuschneiden** und im Menü auf **Zuschneiden**.

Schritt 6

Sie erhalten acht *Zuschneidemarken*. Ziehen Sie eine dieser Marken nach innen, und klicken Sie nach dem Zuschneiden zur Bestätigung irgendwo außerhalb des Bildes. Um den Ausschnitt zu bearbeiten, klicken Sie das Symbol **Zuschneiden** erneut an. Mithilfe der Schneidemarken lässt sich die Größe dann wieder verändern.

Auf Formen zuschneiden

Sie können Bilder auch auf Formen zuschneiden. Wählen Sie **Zuschneiden ▸ Auf Form zuschneiden**, und klicken Sie im Untermenü auf die gewünschte Form.

189

Bilder zuschneiden und bearbeiten (Forts.)

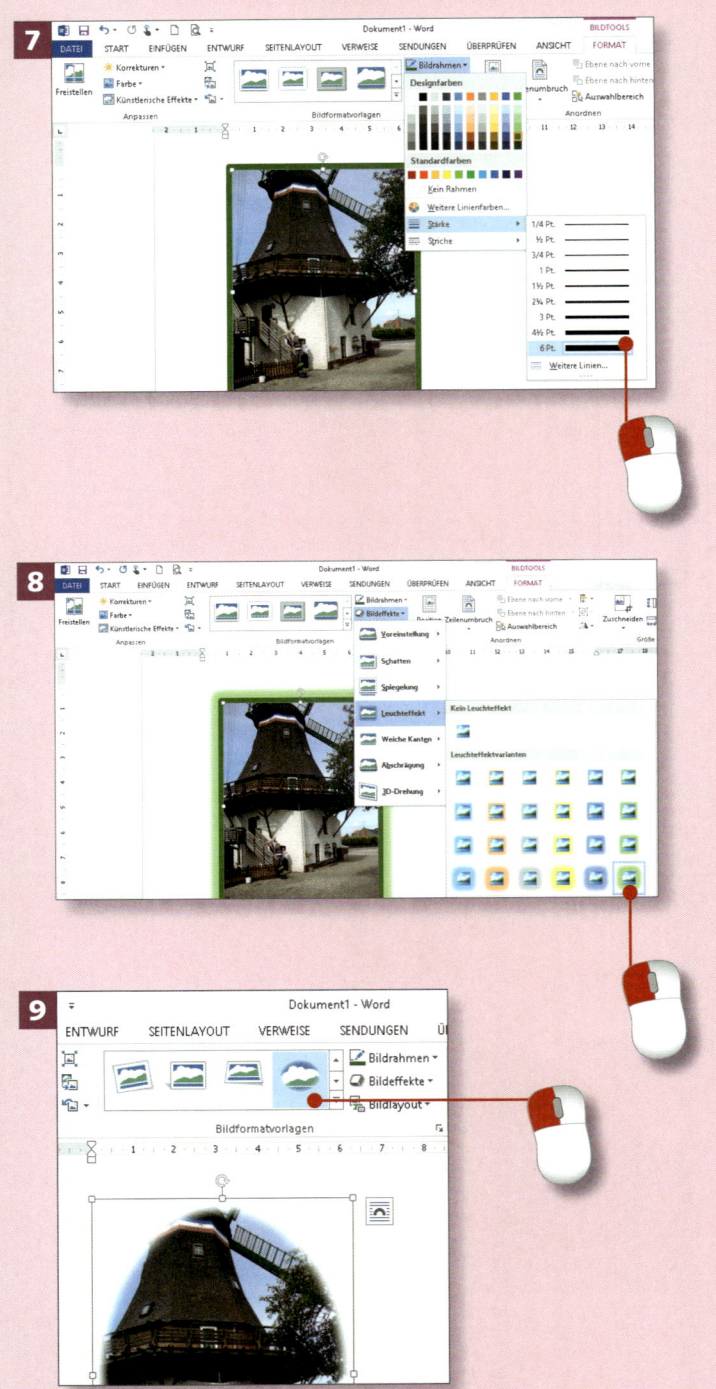

Schritt 7

Manche Bilder machen sich mit einem Rahmen gut. Markieren Sie das Bild per Mausklick, und klicken Sie auf der Registerkarte **Format** der **Bildtools** auf **Bilderrahmen**. Wählen Sie hier eine Farbe und aus der Auswahlliste des Eintrags **Stärke** die Dicke des Rahmens.

Schritt 8

Weitere Bildeffekte, die sich größtenteils auch auf die Umrandung des Bildes beziehen, erzeugen Sie mithilfe der Optionen des Symbols **Bildeffekte** auf der Registerkarte **Format** der **Bildtools**. Lassen Sie den Rahmen z. B. leuchten.

Schritt 9

Auf der Registerkarte **Format** finden Sie auch die **Bildformatvorlagen**. Mit ihnen können Sie Bildern auf die Schnelle ein anderes Aussehen verpassen. Wandern Sie einfach durch die Angebote, um sich die Effekte anzuschauen. Wie wäre es z. B. mit **Oval mit weichen Kanten**?

Schritt 10

Helligkeit, Kontrast und Schärfe eines Bildes lassen sich ebenfalls korrigieren. Klicken Sie auf der Registerkarte **Format** auf **Korrekturen**. Im Menü können Sie durch die verschiedenen Optionen wandern. Sie sehen den Effekt, sobald Sie mit der Maus auf eine Option zeigen.

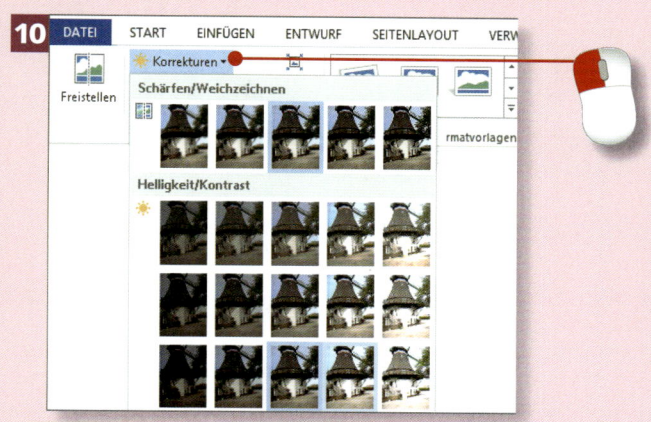

Schritt 11

Klicken Sie auf die Schaltfläche **Künstlerische Effekte** auf der Registerkarte **Format**, um die Möglichkeiten der Verfremdung (**Glas**, **Mosaik** etc.) zu entdecken.

Schritt 12

Zum Freistellen klicken Sie auf der Registerkarte **Bildtools/Format** auf **Freistellen**. Word ermittelt anhand ähnlicher Farben den Umfang des Bereichs und blendet ihn ein oder aus. Mit dem Plus- oder Minuszeichen können Sie die Bereiche nacharbeiten, die Word nicht richtig erkannt hat.

Bilder freistellen

Wenn Word die Bereiche, die Sie ein- oder ausblenden möchten, partout nicht erkennt, können Sie auch mit gedrückter Maustaste an der Kontur entlangwandern.

Onlinegrafiken einfügen

Die ClipArts, kleine Bildchen, Illustrationen und Fotos, die über Jahre mit Word bzw. Office mitgeliefert wurden, gibt es in Word 2013 nicht mehr. An ihre Stelle sind Onlinegrafiken getreten.

Schritt 1

Um Ihrem Dokument Onlinegrafiken hinzuzufügen, wechseln Sie auf die Registerkarte **Einfügen** und klicken auf die Schaltfläche **Onlinegrafiken**.

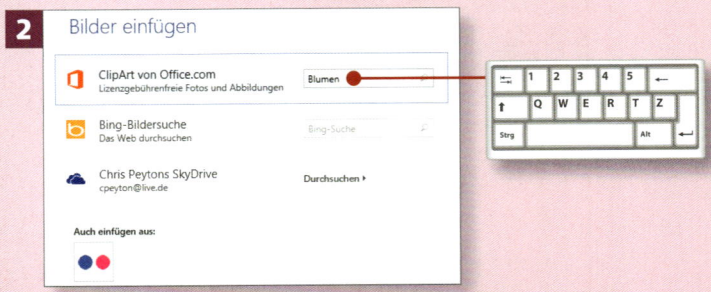

Schritt 2

Markieren Sie im Dialog **Bilder einfügen** den Eintrag **ClipArt von Office.com**, und geben Sie in das Suchfeld einen Suchbegriff – z. B. »Blumen« – ein. Klicken Sie dann auf die Lupe rechts im Feld, um sich die ClipArts/Bilder zu diesem Thema anzeigen zu lassen.

Schritt 3

Wandern Sie durch das Angebot, markieren Sie das gewünschte Bild, und klicken Sie auf **Einfügen**. Daraufhin wird das Bild in Ihrem Word-Dokument präsentiert.

Schritt 4

Wenn Ihnen die Minivorschau nicht reicht und Sie sich das Bild genauer anschauen möchten, bevor Sie es einfügen, klicken Sie auf das kleine Lupen-Symbol rechts unten am Bild.

Schritt 5

Mit einem allgemeinen Suchbegriff (wie z. B. »Blumen«) erhalten Sie oft Hunderte oder gar Tausende von Treffern. Daher ist es oft sinnvoll, den Suchbegriff einzuschränken bzw. präziser zu fassen, anstelle von »Blumen« z. B. »rote Blumen«.

Schritt 6

Wenn Sie bei den ClipArts von Office.com nicht fündig werden, können Sie auch auf die Bing-Bildersuche zurückgreifen. Aber Vorsicht, in der Standardansicht präsentiert Bing Bilder mit der Creative-Commons-Lizenz, aber im Zweifelsfall müssen Sie für jedes Bild die Nutzungsrechte abklären.

Onlinegrafiken speichern

Für das Einfügen von Onlinegrafiken müssen Sie naturgemäß mit dem Internet verbunden sein. Nach dem Einfügen sind die Bilder im Dokument gespeichert. Über das Kontextmenü mit dem Befehl **Als Grafik speichern** können Sie ein Bild dann auch separat auf Ihrem Rechner speichern.

Formen hinzufügen

Mit dem Einfügen von Bildern und Grafiken sind Sie noch nicht am Ende der grafischen Gestaltungsmöglichkeiten. Mit der Formenpalette können Sie besonders kreativ sein.

Schritt 1

Klicken Sie auf der Registerkarte **Einfügen** auf **Formen**. Um eine der Formen aus dem Menü auf das Blatt zu zaubern, klicken Sie sie an ❶, führen den Mauszeiger an die passende Stelle auf dem Blatt und ziehen die Form mit gedrückter Maustaste auf.

Schritt 2

Sie sehen eine bläulich gefüllte Form. Die Füllfarbe können Sie natürlich ändern. Markieren Sie die Form, und klicken Sie auf der Registerkarte **Format** der **Zeichentools** auf **Fülleffekt**. In der Palette wählen Sie die gewünschte Farbe oder **Keine Füllung**.

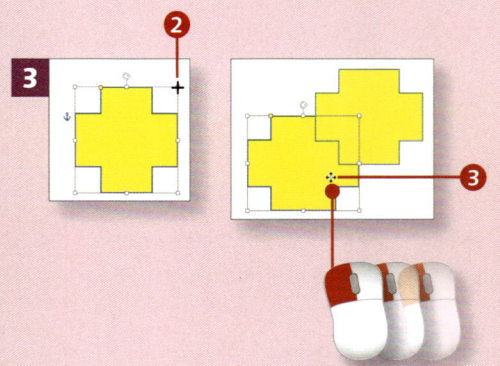

Schritt 3

Die Größe verändern Sie durch Ziehen an den Ziehpunkten ❷. Zum Verschieben setzen Sie den Mauszeiger an den Rand der Form. Sie sehen einen Vierfachpfeil ❸. Nun können Sie die Form an die gewünschte Position ziehen.

Schritt 4

Soll die Form eine sichtbare Umrandung haben, klicken Sie auf der Registerkarte **Format** auf **Formkontur**. Im Menü bestimmen Sie die Farbe, die Stärke und die Art der Kontur (**Striche**). In der Abbildung sehen Sie **Runde Punkte**, **Stärke 3 Pt**.

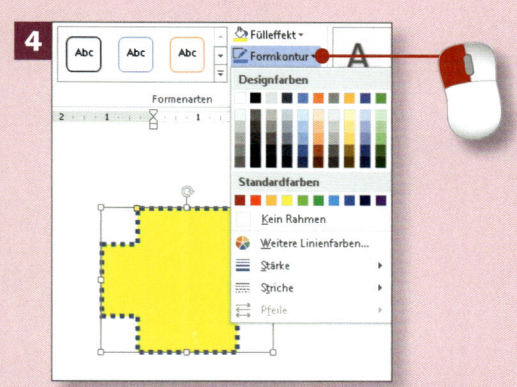

Schritt 5

Formeffekte wie **Schatten**, **Spiegelung** oder **Leuchten** weisen Sie zu, indem Sie auf der Registerkarte **Format** auf **Formeffekte** klicken. Die Form in der Abbildung wurde um eine Spiegelung ergänzt.

Schritt 6

Eine Menge Möglichkeiten erhalten Sie im Aufgabenbereich **Form formatieren** ➍, den Sie öffnen, indem Sie auf der Registerkarte **Format** auf den Pfeil ➎ an der Gruppe **Formenarten** klicken. Klicken Sie hier z. B. auf das Symbol **Effekte** und dann auf den Effekt, den Sie »feintunen« möchten.

Text hinzufügen

Soll in einer Form auch ein Text stehen, klicken Sie im Kontextmenü der Form auf **Text hinzufügen**.

Formatierte Schriftzüge – WordArt

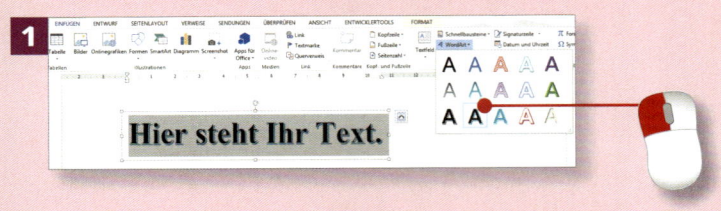

Mit WordArt wird aus einer Textzeile ein dekorativer, professionell anmutender Schriftzug, geeignet für Werbezettel, Slogans oder Plakattexte.

Schritt 1

Klicken Sie auf der Registerkarte **Einfügen** auf **WordArt**, und wählen Sie im Menü ein Design. Nun wird eine Grafik in Ihr Dokument eingefügt, in der zu lesen ist: »Hier steht Ihr Text«. Überschreiben Sie diesen Text.

Schritt 2

Das Design können Sie weiter verändern. Um den Text mit einer anderen Volltonfarbe oder einem Farbverlauf zu füllen, klicken Sie auf den Pfeil am Symbol **Textfüllung**. Im Menü wählen Sie die gewünschte Farbe oder klicken auf **Farbverlauf** und wählen eine Option.

Schritt 3

Die Kontur des Schriftzugs ändern Sie, indem Sie auf der Registerkarte **Format** auf den Pfeil am Symbol **Textkontur** klicken. Hier wählen Sie eine Farbe, die **Stärke** der Kontur und die Strichart (**Striche**).

> **i**
>
> **WordArt positionieren**
> WordArt-Objekte positionieren Sie genauso wie Zeichnungen oder Bilder.

Schritt 4

Um einen Grafikeffekt auf den Text bzw. die WordArt anzuwenden, klicken Sie auf der Registerkarte **Format** auf **Texteffekte**. Im Menü bzw. den jeweiligen Untermenüs finden Sie eine Vielzahl von Effekten, z. B. **Schatten**, **Leuchten** und **Abschrägung**.

Schritt 5

Um dem Schriftzug selbst eine andere Form zu geben, klicken Sie auf der Registerkarte **Format** auf **Texteffekte ▸ Transformieren**. Im Untermenü finden Sie viele unterschiedliche Formen (**Kreis**, **Bogen**, **Wellen** etc.).

Schritt 6

Für einen farbigen Hintergrund klicken Sie auf der Registerkarte **Format** auf **Fülleffekt**. Hier wählen Sie eine Farbe, einen Farbverlauf oder eine Struktur. Einen interessanten Effekt weisen Sie mit **Fülleffekt ▸ Bild ❶** zu. Im Dialog wählen Sie ein Bild, das dann den Hintergrund bildet.

Transformation bearbeiten

Haben Sie der WordArt eine Transformation zugewiesen, erhält sie meistens zusätzliche Ziehpunkte, mit denen Sie die Stärke der Transformation bearbeiten können.

Mehrere Grafiken kombinieren

Bilder, ClipArts und Formen lassen sich problemlos nebeneinander- oder übereinanderlegen. Soll daraus eine einzige Grafik werden, kann man alle Objekte gruppieren.

Schritt 1

Am besten gruppieren Sie Objekte erst, wenn Sie mit der Bearbeitung der einzelnen Elemente fertig sind. Wichtig ist die Objekt-Reihenfolge, die Sie selbst festlegen können.

Schritt 2

Zum Anordnen markieren Sie das jeweilige Objekt und klicken auf der Registerkarte **Format** auf die Pfeile an den Symbolen **Eine Ebene nach vorne** (bzw. in anderen Fällen **Eine Ebene nach hinten)**. Wählen Sie eine Option aus dem jeweiligen Menü.

Schritt 3

Ist alles wunschgemäß angeordnet, markieren Sie alle Objekte, indem Sie das erste Objekt anklicken, die Strg -Taste gedrückt halten und so nach und nach die übrigen Objekte anklicken. Achten Sie bei dieser Aktion darauf, dass als Textumbruch nicht **Mit Text in Zeile** eingestellt ist.

Uneindeutige Optionen

Die Optionen zur Ebene sind leider nicht immer eindeutig: Um z. B. eine Form hinter eine ClipArt zu legen, müssen Sie **Hinter den Text bringen** nutzen.

Schritt 4

Wenn alle Objekte markiert sind, klicken Sie mit der rechten Maustaste darauf. Aus dem Kontextmenü wählen Sie **Gruppieren ▸ Gruppieren**. Nun umgibt die Objekte nur noch ein Markierungsrahmen.

Schritt 5

Sie können die gruppierten Objekte nun en bloc mit der Maus verschieben und in ihrer Größe verändern. Leider werden die Proportionen nicht immer beibehalten, selbst wenn Sie die Größe von den Ecken aus verändern.

Schritt 6

Gruppierte Objekte lassen sich auch wieder in ihre Einzelteile auflösen. Klicken Sie das Objekt mit rechts an, und wählen Sie im Kontextmenü **Gruppieren ▸ Gruppierung aufheben**.

Reihenfolge der Elemente

Die Reihenfolge der Elemente anzupassen ist mitunter etwas knifflig. Stellt sich der beabsichtigte Effekt nicht ein, versuchen Sie zunächst, ein Objekt ganz nach vorn zu legen (**Vor den Text legen**) und dann Ebene um Ebene nach hinten zu verschieben.

Organigramme einfügen

Mithilfe von Organigrammen lassen sich Hierarchien, Strukturen und Prozesse bestens grafisch darstellen. Word bietet eine große Auswahl an Vorlagen.

Schritt 1

Klicken Sie auf der Registerkarte **Einfügen** auf **SmartArt**. Im Menü wählen Sie eine Kategorie aus oder belassen es bei **Alle**. Im Bereich **Liste** entscheiden Sie sich per Klick für eine passende Vorlage (abhängig davon, was Sie darstellen möchten).

Schritt 2

Nachdem Sie eine Vorlage einge-fügt haben, beginnen Sie damit, die Felder des Organigramms mit Ihrem Text zu füllen. Überschreiben Sie einfach den Standardtext.

Schritt 3

Das Aussehen des Organigramms verändern Sie mit den Optionen auf der Registerkarte **Format** der **Smart-Art-Tools**. Hier können Sie die Optik des Textes (**Textfüllung**, **Textkontur** etc.) und seine Formen (**Fülleffekt**, **Formkontur** etc.) bearbeiten.

Schritt 4

Auf der Registerkarte **Entwurf** der **SmartArt-Tools** verändern Sie die gesamte Struktur und können das Organigramm ergänzen. Um eine neue Form einzufügen, markieren Sie die (letzte) Form und klicken auf den Pfeil des Symbols **Form hinzufügen**. Hier wählen Sie eine Option.

Schritt 5

Sie können Ihren Text jetzt direkt in die Form schreiben. Um im rechten Bereich Platz für die Untereinträge zu schaffen, markieren Sie die eingefügte Form und klicken auf das Symbol **Aufzählungszeichen hinzufügen**.

Schritt 6

Um die Hierarchie oder Anordnung zu verändern, markieren Sie die jeweilige Form und wählen auf der Registerkarte **Entwurf** entweder **Höher stufen**, **Tiefer stufen**, **Von rechts nach links**, **Nach oben** oder **Nach unten** ❶.

Textbereich

Den Textbereich blenden Sie mit dem gleichnamigen Symbol auf der Registerkarte **Entwurf** ein.

Diagramme erstellen und formatieren

Diagramme sind die klassische Methode, um Zahlenmaterial grafisch darzustellen. Um mit Word ein Diagramm zu erstellen, arbeiten Sie eng mit Excel zusammen.

Schritt 1

Klicken Sie auf der Registerkarte **Einfügen** auf **Diagramm**. Im Dialog wählen Sie eine passende Vorlage aus und klicken auf **OK**. Ein Diagramm wird eingefügt, und ein kleines Excel-Fenster mit einigen Mustereinträgen öffnet sich.

Schritt 2

Überschreiben Sie die Einträge mit Ihren Zahlen und Bezeichnungen. Die Veränderungen werden automatisch in das Diagramm übernommen. Wenn Sie alles eingegeben haben, können Sie das Excel-Fenster schließen oder minimieren.

Schritt 3

Zur Bearbeitung des Diagramms stehen Ihnen zwei Registerkarten zur Verfügung. Wenn Sie die Daten der Tabelle modifizieren möchten, aktivieren Sie die Registerkarte **Entwurf** der **Diagrammtools** und klicken dann auf **Daten bearbeiten**. Das Excel-Fenster mit der Tabelle wird eingeblendet.

Schritt 4

Praktisch ist auch das Menü der Schaltfläche **Schnelllayout** auf der Registerkarte **Entwurf**. Hier finden Sie eine Auswahl an Layouts, die sich auf die Elemente des Diagramms beziehen. Sie können z. B. ein Layout mit Legende, Diagrammtitel oder weiteren vertikalen Linien wählen.

Schritt 5

Das Menü der **Diagrammformatvorlagen** auf der Registerkarte **Entwurf** bietet eine Auswahl an Vorlagen für die optische Gestaltung des Diagramms.

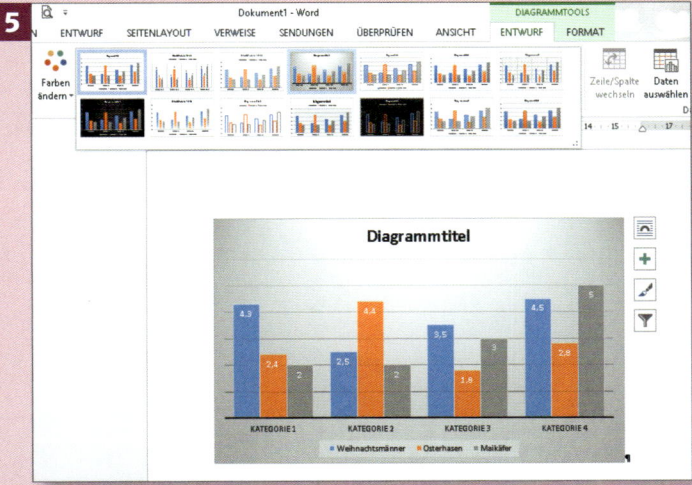

Schritt 6

Über das Menü des Pluszeichens neben dem Diagramm ❶ können Sie einzelne Diagrammelemente (Diagrammtitel, Achsentitel, Datenbeschriftungen oder Gitternetzlinien) hinzufügen oder entfernen. Setzen Sie ein Häkchen in die entsprechenden Optionskästchen, oder entfernen Sie sie. Für die einzelnen Elemente erhalten Sie Untermenüs, wenn Sie auf den Pfeil an dem Eintrag klicken.

Diagramme erstellen und formatieren (Forts.)

Schritt 7

Um den Diagrammtitel zu ändern, klicken Sie das Textfeld an. Wenn Sie die Markierungsumrandung sehen, klicken Sie erneut, um den Cursor in den Text zu setzen. Anschließend können Sie den Text ändern.

Schritt 8

Um die Schriftart des Titels zu ändern, markieren Sie das Feld durch einfaches Anklicken und wechseln dann auf die Registerkarte **Start**, wo Sie die klassischen Formatierungen für Text einstellen können.

Schritt 9

Wenn Sie z. B. die Farbe einer Datenreihe ändern möchten, wählen Sie auf der Registerkarte **Diagrammtools/Format** im Feld **Diagrammbereich** die gewünschte Reihe aus (hier *Osterhasen* ❶). Anschließend zeigt Word diese Elemente mit Markierungsrahmen ❷ an.

Die Diagrammtools
Die Registerkarten der **Diagrammtools** werden nur dann eingeblendet, wenn Sie das Diagramm markiert haben.

Schritt 10

Klicken Sie dann das Symbol **Auswahl formatieren** an. Im Aufgabenbereich **Datenreihen formatieren** können Sie zahlreiche Formatierungen vornehmen. Klicken Sie z. B. auf das Symbol **Füllung und Linie** und anschließend auf **Füllung**, und aktivieren Sie **Einfarbige Füllung**. Anschließend können Sie sich über die Schaltfläche **Farbe** eine Füllfarbe aussuchen.

Schritt 11

Wenn Sie nur einen Datenpunkt einer Datenreihe formatieren möchten, verfahren Sie folgendermaßen: Markieren Sie zunächst die gesamte Reihe (siehe Schritt 9), und klicken Sie dann nur den gewünschten Datenpunkt an. Nun ist nur dieser Datenpunkt markiert ❸.

Schritt 12

Nun können Sie, wie in Schritt 10 beschrieben, den ausgewählten Datenpunkt formatieren, ihm z. B. eine leuchtend rote **Farbe** zuweisen.

Excel-Diagramme einfügen

In der Regel wird in Excel in Tabellen gerechnet, und auch entsprechende Diagramme werden dort erzeugt. Ein solches Diagramm können Sie auf mehrere Arten in ein Word-Dokument einfügen.

Schritt 1

Öffnen Sie eine Excel-Datei mit einem Diagramm. Klicken Sie das Diagramm an, um es zu markieren, und klicken Sie dann auf der Registerkarte **Start** auf **Kopieren**.

Schritt 2

Wechseln Sie zu Word, und öffnen Sie die Datei, in die Sie das Diagramm einfügen möchten. Aktivieren Sie die Registerkarte **Start**, und klicken Sie auf den Pfeil am Symbol **Einfügen**, um die verschiedenen Optionen zum Einfügen zu sehen.

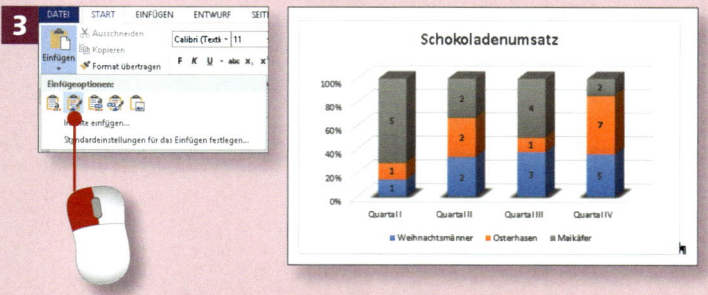

Schritt 3

Wir stellen Ihnen die wichtigsten Optionen vor. Mit **Ursprüngliche Formatierung beibehalten und Arbeitsmappe einbetten** sieht das Diagramm aus wie in Excel. Wenn Sie Daten in der Excel-Arbeitsmappe ändern, bleibt das Diagramm in Word aber unverändert.

Schritt 4

Bei **Zieldesign verwenden und Arbeitsmappe einbetten** nimmt das Diagramm die Farbgebung Ihres Word-Dokuments an. Änderungen an Daten in der Excel-Arbeitsmappe werden aber auch bei dieser Option nicht übernommen.

Schritt 5

Mit **Ursprüngliche Formatierung beibehalten und Daten verknüpfen** sieht das Diagramm aus wie in Excel, aber auch die Daten werden angepasst, wenn Sie sie in der Arbeitsmappe ändern. Dies geschieht beim Öffnen des Word-Dokuments; um die Anpassung zu erzwingen, markieren Sie das Diagramm und drücken F9 .

Schritt 6

Sie können das Diagramm auch als Grafik einfügen. Wählen Sie dazu die Einfügeoption **Grafik**. Dann können Sie die einzelnen Diagrammelemente jedoch nicht mehr nachbearbeiten, und die Daten werden natürlich auch nicht aktualisiert.

Verknüpfen

Achten Sie beim Verknüpfen von Informationen darauf, dass die Ursprungsdatei weiterhin gefunden werden kann, damit Aktualisierungen funktionieren.

Videos in ein Word-Dokument einfügen

Anstelle eines Links zu einem Video im Internet können Sie mit Word 2013 auch das Video mit einer Vorschau in ein Word-Dokument einbetten, das Sie dann direkt im Dokument starten.

Schritt 1

Wechseln Sie auf die Registerkarte **Einfügen**, und klicken Sie auf die Schaltfläche **Onlinevideo**.

Schritt 2

Daraufhin erhalten Sie ein Fenster und können hier mit der Suchmaschine *Bing* nach einem Video suchen. Geben Sie einen Suchbegriff in das Suchfeld ein, und klicken Sie anschließend auf das Symbol mit der Lupe (**Suchen**).

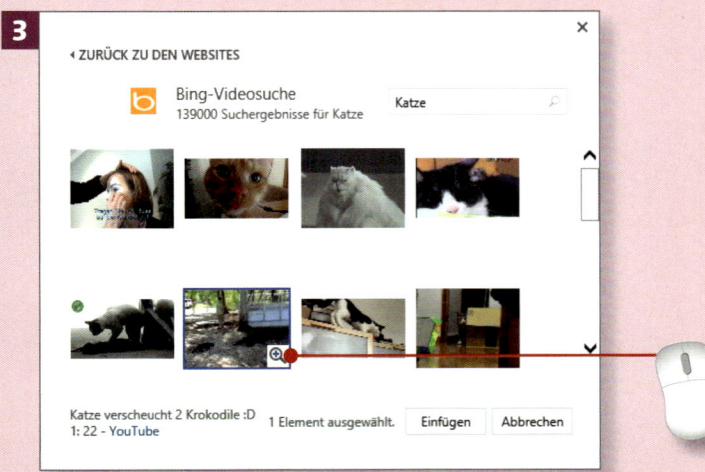

Schritt 3

Daraufhin erhalten Sie eine – je nach Suchbegriff – unterschiedlich lange Liste gefundener Videos. Wenn Sie mit der Maus auf ein Bild zeigen, wird eine Lupe eingeblendet.

Schritt 4

Klicken Sie auf das Lupen-Symbol, um eine Vorschau des Videos zu erhalten. Mitunter müssen Sie noch auf einen Start-Button klicken, um das Filmchen zu starten.

Schritt 5

Zum Einfügen markieren Sie das von Ihnen ausgesuchte Video und klicken dann auf die Schaltfläche **Einfügen**. Ein Doppelklick auf das Video bindet dieses ebenfalls in Ihrem Word-Dokument ein.

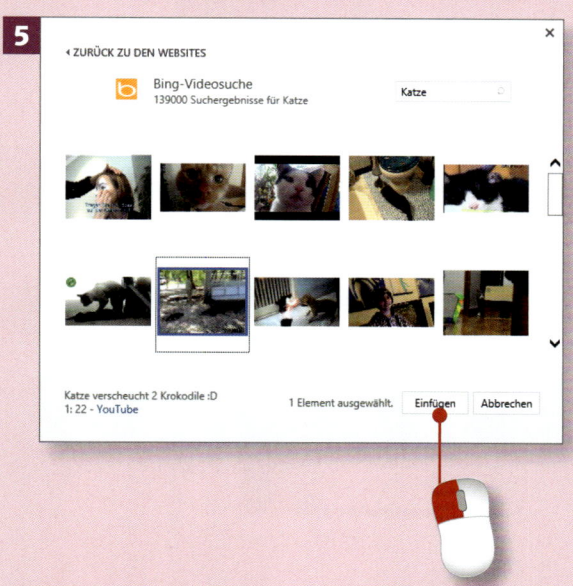

Schritt 6

Schon ist das Video in Ihrem Word-Dokument. Mit dem Pfeil in der Mitte des Vorschaubildes starten Sie das Video.

Internetverbindung erforderlich

Um Videofilme aus Youtube in Ihr Dokument einzubinden, ist eine Internetverbindung nötig. Auch wenn Sie das Video im Dokument abspielen wollen, benötigen Sie eine bestehende Internetverbindung.

Videos in ein Word-Dokument einfügen (Forts.)

Schritt 7

Wenn Sie auf das Video klicken, öffnet sich das Abspielprogramm und legt sich über Ihr Word-Dokument. Dies dürfte häufig der Flash-Player sein, da viele Videos im Internet in diesem Format vorliegen. Mit einem Klick auf das Play-Symbol starten Sie das Video. Drücken Sie die `Esc`-Taste, um den Film zu beenden und den Player zu schließen.

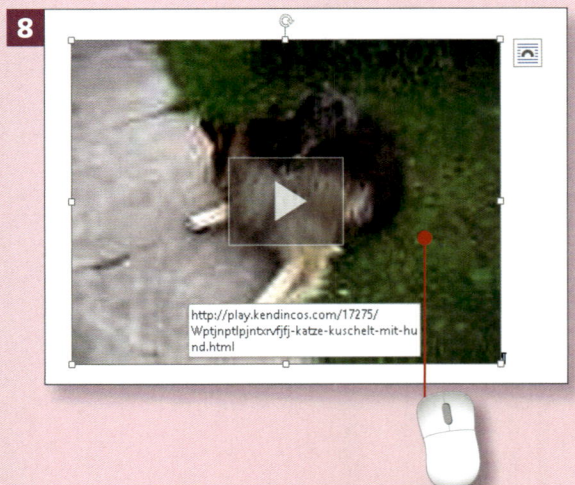

Schritt 8

Wenn Sie mit der Maus auf dem Video verharren, wird die URL (die Internetadresse) des eingebetteten Videos eingeblendet. Das Video wird übrigens nicht im Dokument gespeichert, gespeichert werden lediglich ein Bild und ein Verweis. Ohne Internetverbindung kann der Film also nicht mehr abgespielt werden.

Schritt 9

Wenn Sie auf der Internetseite von *YouTube* ein Video gefunden haben, das Sie in ein Word-Dokument einbetten möchten, klicken Sie mit rechts auf das Video und im Kontextmenü auf **Einbettungscode kopieren**.

Schritt 10

Wechseln Sie dann wieder in Ihr Word-Dokument. Klicken Sie auf der Registerkarte **Einfügen** auf die Schaltfläche **Onlinevideo**, und fügen Sie den soeben kopierten Code mit $\boxed{\text{Strg}}$ + $\boxed{\text{V}}$ in das Feld **Aus einem Videoeinbettungscode** ein.

Schritt 11

Damit das Video in Ihrem Dokument landet, klicken Sie auf die kleine Schaltfläche **Einfügen** rechts in dem Feld, in das Sie den Einbettungscode eingefügt haben.

Schritt 12

Nach dieser Aktion befindet sich das Video in Ihrem Word-Dokument, und Sie können es starten, wie in Schritt 7 beschrieben.

Abspielen anhalten

Um in Word die Wiedergabe eines Videofilms anzuhalten, klicken Sie einfach wieder auf das Video. Die Wiedergabe des Films wird daraufhin gestoppt.

Kapitel 10
Verzeichnisse, Verweise und Co.

Ein Inhaltsverzeichnis, Verweise, Quellenangaben und ein Literaturverzeichnis gehören in jede seriöse wissenschaftliche Arbeit. Wie Word 2013 Sie bei diesen Aufgaben unterstützt, erfahren Sie in diesem Kapitel.

Inhaltsverzeichnis

Sofern Sie für die Überschriften in Ihrem Dokument Formatvorlagen ❶ verwendet haben, können Sie die Aufgabe, ein Inhaltsverzeichnis zu erstellen, mühelos an Word delegieren. Das geht fast per Mausklick.

Verweise und Indexe

Mit den Funktionen **Querverweis** und **Index festlegen/einfügen** bietet Word 2013 tolle Möglichkeiten, auf andere Abschnitte im Text zu verweisen und einen Index zu erstellen ❷.

Literaturverzeichnis

Anstatt ein Literaturverzeichnis ❸ manuell zu tippen, können Sie es von Word erstellen lassen. Allerdings kommen Sie nicht darum herum, die Quellenangaben zuvor sorgfältig einzutragen.

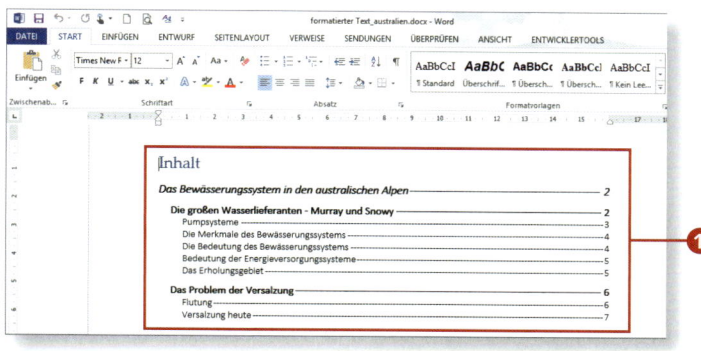

① Haben Sie für Ihre Überschriften im Dokument Formatvorlagen verwendet, können Sie mit Word 2013 ein automatisches Inhaltsverzeichnis anlegen.

Mit Word 2013 können Sie ganz einfach auf Abschnitte im Text verweisen und einen Index erstellen.

②

③ Auch für das Anlegen eines Literaturverzeichnisses hält Word komfortable Möglichkeiten bereit.

Ein Inhaltsverzeichnis erstellen

Lange Berichte, Fachbücher, Abschlussarbeiten etc. benötigen ein Inhaltsverzeichnis. Sie müssen es aber nicht manuell tippen. Word steht Ihnen mit einer speziellen Funktion zur Seite.

Schritt 1

Damit Word ein Inhaltsverzeichnis erstellen kann, müssen die Überschriften im Dokument mit Formatvorlagen formatiert sein (mehr dazu in Kapitel 5 im Abschnitt »Mit Formatvorlagen arbeiten«). Wenn das noch nicht der Fall ist, müssen Sie es nachholen. Weisen Sie allen Überschriften je nach Ebene die Formatvorlage **Überschrift 1**, **Überschrift 2** etc. zu.

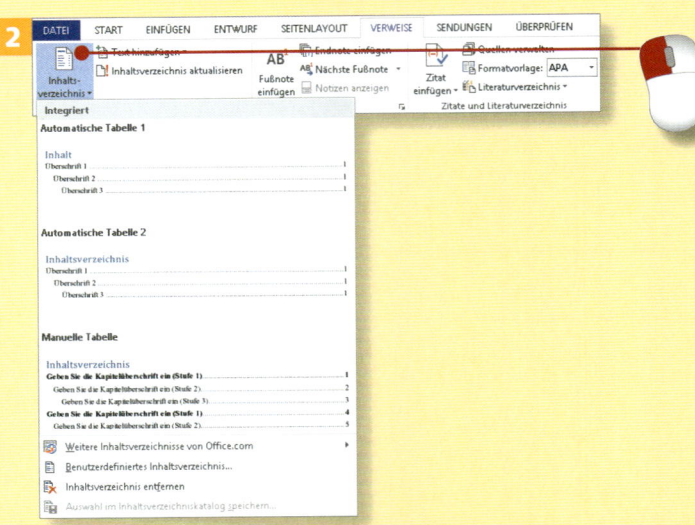

Schritt 2

Wenn das getan ist, setzen Sie den Cursor an den Anfang des Dokuments, also vor die erste Überschrift. Dann wechseln Sie auf die Registerkarte **Verweise**. Hier klicken Sie auf die Schaltfläche **Inhaltsverzeichnis**.

Schritt 3

Word bietet verschiede Formate an. Für ein schlichtes Inhaltsverzeichnis mit eingerückten Ebenen klicken Sie im Menü einfach auf **Automatische Tabelle 1**.

Schritt 4

Im Nu präsentiert Word das Inhaltsverzeichnis. Da es auf einer separa-
ten Seite stehen soll, fügen Sie mit
`Strg` + `↵` einen Seitenumbruch
zwischen dem Inhaltsverzeichnis und
dem Text ein.

Schritt 5

Die graue Unterlegung bedeutet,
dass es sich bei dem Inhaltsverzeichnis um ein Feld handelt, also um ein
Element, das aktualisiert werden
kann. Das können Sie auch erkennen, wenn Sie das Verzeichnis mit
rechts anklicken; im Kontextmenü
finden Sie Befehle zum Umgang mit
Feldern (z. B. **Felder aktualisieren**
oder **Feld bearbeiten**).

Schritt 6

Automatische Inhaltsverzeichnisse
sind nicht nur praktisch, weil sie
Tipparbeit ersparen. Sie dienen auch
der Navigation. Wenn Sie mit der
Maus auf eine Überschrift zeigen,
sehen Sie das für Links typische
Händchen (beachten Sie hier den
Hinweiskasten am Ende der Seite).
Mit einem Klick springen Sie direkt
zu der Überschrift im Dokument.

Einem Link folgen

Ob Sie einem Hyperlink mit einem einfachen Klick
folgen oder zusätzlich die `Strg`-Taste gedrückt
halten müssen, legen Sie in den **Word-Optionen** in
der Kategorie **Erweitert** im Bereich **Bearbeitungs-
optionen** fest.

Ein Inhaltsverzeichnis erstellen (Forts.)

Schritt 7

Die Überschriften in einem Inhalts-verzeichnis müssen genau den Über-schriften im Dokument entsprechen. Wenn Sie während des Schreibens Überschriften geändert haben, bietet Word 2013 die Schaltfläche **Inhalts-verzeichnis aktualisieren** oberhalb des Verzeichnisses an. (Klicken Sie das Inhaltsverzeichnis an, falls Sie die Schaltfläche nicht sehen. Aber Vor-sicht, nicht auf einen Link klicken).

Schritt 8

Daraufhin erhalten Sie einen kleinen Dialog, in dem Sie gefragt werden, ob Sie nur die Seitenzahlen oder das gesamte Verzeichnis aktualisieren möchten. Wählen Sie die untere Option, und klicken Sie auf **OK**. Das Inhaltsverzeichnis wird nun angepasst ❶.

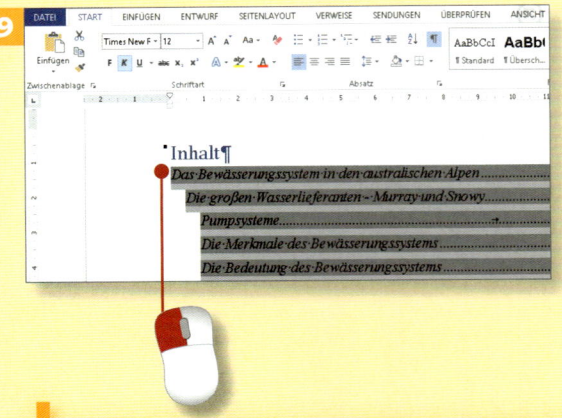

Schritt 9

Um das Inhaltsverzeichnis manuell zu formatieren, ihm z. B. eine an-dere Schriftart oder einen anderen Schriftschnitt zuzuweisen, müssen Sie es markieren. Setzen Sie den Cursor vor die erste Überschrift, aber achten Sie darauf, dass kein Händ-chen auftaucht. Dann formatieren sie es wie gewohnt mit den Befehlen auf der Registerkarte **Start**.

> **Formatierungen gehen verloren**
> Beachten Sie, dass manuelle Formatierungen verloren gehen, wenn Sie das Inhaltsverzeichnis danach noch einmal aktualisieren. Sofern Sie ein Inhaltsverzeich-nis formatieren möchten, sollten Sie dies also ganz zuletzt machen.

Schritt 10

Anstelle des bisher gezeigten einfachen Inhaltsverzeichnisses können Sie auch ein benutzerdefiniertes Inhaltsverzeichnis erstellen lassen. Dazu klicken Sie auf **Inhaltsverzeichnis ▸ Benutzerdefiniertes Inhaltsverzeichnis**. Dies öffnet den Dialog **Inhaltsverzeichnis**.

Schritt 11

In diesem Dialog können Sie diverse Einstellungen vornehmen. Klicken Sie z. B. auf den Pfeil am Feld **Formate** ❷, um sich ein schickes Format für das Verzeichnis auszusuchen. Sie können die Art der **Füllzeichen** ❸ zwischen den Überschriften und den Seitenzahlen bestimmen und festlegen, wie viele Überschriftenebenen ❹ das Inhaltsverzeichnis enthalten soll. Ihre Einstellungen bestätigen Sie mit **OK**.

Schritt 12

Sofern Sie bereits ein Inhaltsverzeichnis eingefügt hatten, erhalten Sie dann einen Dialog, in dem Sie gefragt werden, ob das vorhandene Verzeichnis ersetzt werden soll. Sagen Sie hier **Ja**, warum haben Sie sich sonst die Mühe gemacht?

Zum Nachschlagen: Dokumente mit Index

In einem Index können Sie gezielt nach Themen in einem Buch suchen und dann genau die richtige Seite aufschlagen. Das ist sehr praktisch.

Schritt 1

Am bequemsten machen Sie es sich, wenn Sie mit Begriffen, die im Dokument vorkommen, Indexeinträge erstellen. Markieren Sie einen Begriff, den Sie in den Index aufnehmen wollen, und klicken Sie auf der Registerkarte **Verweise** auf die Schaltfläche **Eintrag festlegen**.

Schritt 2

Im Dialog **Indexeintrag festlegen** ist der Begriff im Feld **Haupteintrag** bereits eingetragen. Wenn Sie ihn so übernehmen möchten (Sie können auch den Cursor in das Feld setzen und Änderungen vornehmen), klicken Sie einfach auf **Festlegen**.

Schritt 3

Damit ist der Begriff gekennzeichnet, und Word weiß, dass er in den Index aufgenommen werden soll. In Ihrem Dokument sehen Sie hinter dem Begriff den Indexeintrag in geschweiften Klammern. Das **XE** ❶ steht für ein Feld des Typs **Indexeintrag**.

Indexeinträge im Text sichtbar?

Die Indexeinträge im Text sehen Sie, wenn Sie die Formatierungszeichen mit der Option **Alle anzeigen** aktiviert haben. Differenziert stellen Sie die Anzeige der Formatierungszeichen in den **Word-Optionen** in der Kategorie **Anzeige** ein. Für Indexeinträge muss **Ausgeblendeter Text** aktiviert sein.

Schritt 4

Sie können einen Indexeintrag auch im Text bearbeiten. Dazu setzen Sie den Cursor einfach in die geschweifte Klammer vor bzw. nach den Anführungszeichen und korrigieren oder ergänzen den Eintrag auf dem üblichen Weg.

Schritt 5

Oftmals verwendet man für einen Index Haupt- und Untereinträge (wie z.B. auch in dem Buch, das Sie in den Händen halten, z.B. »Grafik« als Haupteintrag, und dann Untereinträge wie »anordnen«, »gruppieren« etc.). Sie gehen vor, wie bisher beschrieben, und geben den Untereintrag im Dialog **Indexeintrag festlegen** im Feld **Untereintrag** ein.

Schritt 6

Um aus den Indexeinträgen den Index erstellen zu lassen, setzen Sie den Cursor an das Ende des Dokuments und klicken auf der Registerkarte **Verweise** auf das Symbol **Index einfügen**. Daraufhin wird der Dialog **Index** geöffnet. Hier klicken Sie einfach auf **OK**.

Auf Textstellen verweisen – Querverweise

In längeren Dokumenten gibt es oft Verweise auf andere Elemente im Text, z. B. auf andere Abschnitte oder Fußnoten. Wenn Sie für solche Querverweise Word-Funktionen nutzen, stellen Sie sicher, dass der Verweis immer stimmt, auch wenn Sie Änderungen vorgenommen haben.

Schritt 1

Einen Querverweis einzufügen ist recht einfach. Setzen Sie den Cursor an die Stelle, an der er eingefügt werden soll – oft nach einem Text wie »Sehen Sie hierzu den Abschnitt …«.

Schritt 2

Wechseln Sie auf die Registerkarte **Verweise**, und klicken Sie auf die Schaltfläche **Querverweis**. Dies öffnet den gleichnamigen Dialog.

Schritt 3

Im Dialog **Querverweis** bestimmen Sie zunächst, auf welchen Verweistyp der Querverweis hinweisen soll. Klicken Sie auf den Pfeil am Feld **Verweistyp**. Markieren Sie im Menü **Überschrift**, wenn Sie auf ein Kapitel/einen Abschnitt hinweisen möchten. Daraufhin tauchen die im Dokument vorhandenen Überschriften im unteren Bereich auf.

! Überschriften mit Formatvorlagen

Die Überschriften der Kapitel, auf die Sie mit einem Querverweis verweisen, müssen mit Formatvorlagen wie **Überschrift 2**, **Überschrift 3** etc. formatiert sein, manuell formatierte Überschriften tauchen in der Liste nicht auf.

Schritt 4

Mit **Verweisen auf** legen Sie fest, was im Querverweis auftauchen wird, ob **Überschriftentext**, **Seitenzahl** etc. Standardmäßig ist die Option **Als Hyperlink einfügen** ❶ aktiviert. Damit wird der Querverweis als Link eingefügt: Wenn Sie auf den Querverweis klicken, springen Sie zu der entsprechenden Stelle im Dokument.

Schritt 5

Wenn Sie alle Einstellungen vorgenommen haben, klicken Sie auf **Einfügen**. Der Dialog bleibt geöffnet, klicken Sie also auch auf **Schließen**. Im Text sehen Sie dann den eben eingefügten Verweis auf eine der Überschriften im Text. Sofern Sie die Option **Als Hyperlink einfügen** aktiviert gelassen haben, können Sie dem Link folgen.

Schritt 6

Der Vorteil dieser Querverweise ist, dass sie sich bei Änderungen aktualisieren lassen. Um die Aktualisierung manuell anzustoßen, markieren Sie den eingefügten Querverweis und wählen ihn mit der rechten Maustaste an. Im Kontextmenü klicken Sie den Befehl **Felder aktualisieren**. Alternativ drücken Sie einfach die Taste [F9].

Literaturverzeichnisse nach den Regeln der Kunst

Ein Literaturverzeichnis gehört in jede wissenschaftliche Arbeit. Word 2013 hilft Ihnen dabei, ein solches Verzeichnis zu erstellen.

Schritt 1

Um ein Literaturverzeichnis zu erstellen, brauchen Sie entsprechende Quellenangaben. Setzen Sie den Cursor an die Stelle im Dokument, an der die Quelle erscheinen soll, und klicken Sie auf der Registerkarte **Verweise** auf den Pfeil an der Schaltfläche **Zitat einfügen**. Im Menü wählen Sie **Neue Quelle hinzufügen**.

Schritt 2

Im Dialog **Quelle erstellen** geben Sie die Daten zu dem Literaturzitat ein, klicken Sie abschließend auf **OK**. Sie sehen nun, dass die Quelle automatisch im Text eingefügt wurde.

Schritt 3

Die einmal erstellte Quelle können Sie nun so oft wie nötig in das Dokument einfügen. Platzieren Sie den Cursor an die jeweilige Stelle, und klicken Sie auf die Schaltfläche **Zitat einfügen**. Im Menü wählen Sie die benötigte Quellenangabe aus.

Schritt 4

Um weitere Quellenangaben zu erstellen, verfahren Sie genauso; klicken Sie im Menü der Schaltfläche **Zitat einfügen** erneut auf **Neue Quelle hinzufügen**. Wenn Sie für die Angaben mehr Felder benötigen, aktivieren Sie die Option **Alle Literaturverzeichnisfelder anzeigen**.

Schritt 5

Achten Sie auch auf das Feld **Quellentyp**. Im Menü dieses Feldes können Sie andere Quellen festlegen, sodass Sie die entsprechenden Felder für die Angaben erhalten, die Sie eingeben müssen.

Schritt 6

Die Quellen lassen sich nachträglich bearbeiten. Markieren Sie die Quellenangabe im Text, und klicken Sie auf den Pfeil rechts am Feld. Aus dem Menü wählen Sie **Quelle bearbeiten**. Dies öffnet den Dialog **Quelle bearbeiten**, der im Prinzip dem Dialog **Quelle erstellen** entspricht. Nehmen Sie hier nun Ihre Änderungen/Ergänzungen vor.

Literaturverzeichnisse nach den Regeln der Kunst (Forts.)

Schritt 7

Nachdem Sie auf **OK** geklickt haben, erhalten Sie einen Dialog mit der Nachfrage, ob Sie die Quelle in der Masterliste (der Liste, in der all Ihre Quellen gesammelt werden) und im aktuellen Dokument aktualisieren möchten. Klicken Sie auf **Ja**.

Schritt 8

Um zu bestimmen, wie die Quellenangabe im Dokument aussehen soll, und um der Angabe z. B. eine Seitenzahl hinzuzufügen, markieren Sie das Feld, klicken auf den Pfeil und wählen im Menü **Zitat bearbeiten**.

Schritt 9

Sie erhalten dann einen kleinen Dialog, in dem Sie einzelne Elemente hinzufügen oder unterdrücken können. Tragen Sie die Seitenzahl ein. Im Text sehen Sie dann, dass in der Quelle auch die Seitenzahl angezeigt wird.

General Motors, meldeten Konkurs an und entließen Mitarbeiter. schuldung vieler Staaten stieg krisenbedingt stark an. In der Folge übergehend die Staatspleite. (Bischoff, 2009, S. 13)¶

Schritt 10

Die Quellen, die Sie in Ihrer Arbeit verwendet haben, gehören in das Literaturverzeichnis. Setzen Sie den Cursor in einen neuen Absatz am Ende Ihres Dokuments, und klicken Sie auf der Registerkarte **Verweise** auf die Schaltfläche **Literaturver-zeichnis**. Im Menü wählen Sie den Eintrag **Literaturverzeichnis**.

Schritt 11

Word erstellt das Verzeichnis anhand der von Ihnen gemachten Angaben für die Quellen. Ähnlich wie beim Inhaltsverzeichnis (siehe Seite 214) gibt es auch hier oberhalb des Verzeichnisses die Schaltfläche **Zitate und Literaturverzeichnis aktualisieren**.

Schritt 12

Sie können die erstellten Quellen in neue Dokumente übertragen. Dazu nutzen Sie den **Quellen-Manager**, den Sie auf der Registerkarte **Ver-weise** mit der Schaltfläche **Quel-len verwalten** öffnen. Öffnen Sie gegebenenfalls über **Durchsuchen** die Quellliste, und kopieren Sie die benötigten Quellenangaben dann vom linken Bereich in den Bereich **Aktuelle Liste**.

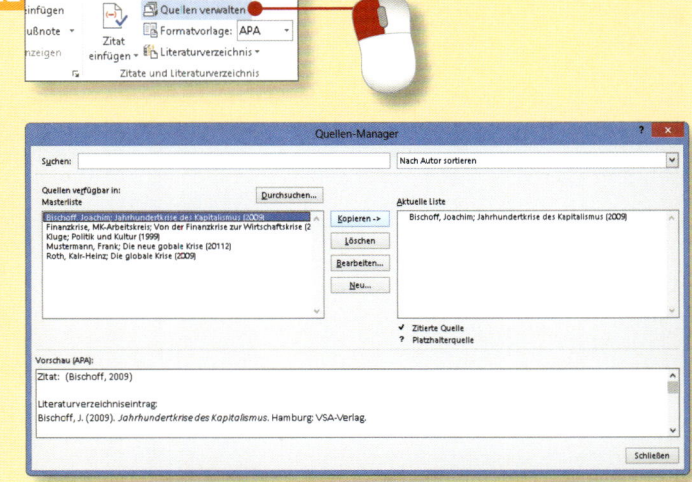

Kapitel 11
Die große Vorlagensammlung

In diesem Kapitel haben wir einige praktische Anwendungsfälle zusammengestellt, die Sie in Word umsetzen können. Sicherlich ist auch für Sie ein nützliches Beispiel dabei.

Zum Mitmachen
Alle Beispiele werden Schritt für Schritt vorgestellt, sodass Sie jeden Klick und jeden Arbeitsschritt nachvollziehen können. Dabei steht es Ihnen selbstverständlich frei, eigene Ideen umzusetzen und die Vorlage nach Ihrem Geschmack umzugestalten.

Auch zum Herunterladen
Diese zehn Vorlagen lassen sich als Grundlage verwenden und individuell anpassen. Die fertigen Dateien stehen auf unserer Website unter *http://www.vierfarben.de/3290* zum Download bereit, sodass Sie sofort loslegen können. Wenn Sie möchten, können Sie diese Beispiele aber natürlich auch von Grund auf selbst anfertigen.

Serienbriefe

Wenn Sie den gleichen Brief an viele Empfänger schicken wollen, verwenden Sie die Seriendruckfunktion. Die variablen Elemente wie Namen und Adressen werden aus einer Datenquelle gezogen und mit dem Dokument verbunden.

Schritt 1

Sie starten ein Dokument, das ein Serienbrief werden soll, auf der Registerkarte **Sendungen**. Klicken Sie auf **Seriendruck starten ▸ Briefe**.

Schritt 2

In das leere Dokument schreiben Sie den Text für den Serienbrief, allerdings nur den Text, der für alle Empfänger gilt, also keine variablen Elemente wie Namen oder Adressen. Speichern Sie das Dokument unter einem aussagekräftigen Namen.

Schritt 3

Als Nächstes klicken Sie auf das Symbol **Empfänger auswählen**. Im Menü wählen Sie **Neue Liste eingeben**, da Sie noch nicht auf eine vorhandene Datenquelle zurückgreifen können.

Vorhandene Datenquelle nutzen

Gibt es bereits eine Empfängerliste, wählen Sie an dieser Stelle die Option **Vorhandene Liste verwenden**. Im Dialog **Datenquelle auswählen** öffnen Sie dann die gewünschte Datei mit den Daten.

Schritt 4

Im Dialog **Neue Adressliste** geben Sie nun die Daten des ersten Datensatzes (also die Informationen für den ersten Adressaten des Briefes) in die dafür vorgesehenen Felder ein. Sie müssen nicht alle Felder füllen. Die Anrede tragen Sie in das Feld **Titel** ein, den Straßennamen am besten im Feld **Adresszeile 1**.

Schritt 5

Um den nächsten Datensatz einzugeben, klicken Sie auf **Neuer Eintrag**. Achten Sie darauf, dass Sie die gleichen Felder nutzen, also den Straßennamen wieder in das Feld **Adresszeile 1** eingeben. Erst wenn Sie alle Datensätze eingegeben haben, klicken Sie auf **OK**.

Schritt 6

Daraufhin wird der Dialog **Adressliste speichern** geöffnet, und zwar automatisch im Ordner **Meine Datenquellen**. Geben Sie der Adressliste einen Namen, und klicken Sie auf **Speichern**.

Empfängerliste bearbeiten
Um die Empfängerliste zu bearbeiten, klicken Sie auf das Symbol **Empfängerliste bearbeiten**.

Serienbriefe (Forts.)

Frau¶
Renate·Rolf¶
Wagnergasse·3¶
24209·Bordesholm¶

Frau¶
Susie·Sorglos¶
Sonnenalle·1¶
12456·Berlin¶

Schritt 7

Nach dieser Aktion können Sie das Dokument um die Felder der Empfängerliste ergänzen. Diese dienen als Platzhalter und werden später durch die entsprechenden konkreten Daten ersetzt.

Schritt 8

Platzieren Sie den Cursor in der Zeile des Dokuments, an der das Adressfeld beginnen soll, also oben links. Die Felder der Empfängerliste nennt man *Seriendruckfelder*. Klicken Sie auf den Pfeil am Symbol **Seriendruckfeld einfügen**.

Schritt 9

Sie sehen die Liste der Felder, die Sie eben beim Erstellen der Empfängerliste ausgefüllt haben. Klicken Sie auf **Titel**, um das Feld für die Anrede im Adressfeld einzufügen. Im Text erscheint nun das Seriendruckfeld **«Titel»**.

Schritt 10

Bauen Sie auf diese Art nach und nach das Adressfeld auf. Fügen Sie nur die Felder ein, in die Sie beim Erstellen der Empfängerliste Daten eingegeben haben, also **Titel**, **Vorname**, **Nachname**, **Adresszeile 1** (für die Straße) etc.

Schritt 11

Um einen ersten Eindruck vom Serienbrief zu erhalten, können Sie die eingegebenen Adressdaten anstelle der Seriendruckfelder einblenden. Klicken Sie dazu auf **Vorschau Ergebnisse**. Mit den danebenliegenden Schaltflächen ❶ können Sie durch die Datensätze navigieren.

Schritt 12

Wenn Sie alle Seriendruckfelder eingefügt haben, ist das Adressfeld für den Serienbrief vorbereitet.

Einfügen der Seriendruckfelder

Sie können alle Felder hintereinander einfügen und sie dann durch Leerzeichen bzw. die ⏎-Taste trennen, oder Sie drücken nach dem Einfügen eines Feldes jeweils die ⏎-Taste, klicken erneut auf **Seriendruckfeld einfügen** und wählen das nächste Feld.

Serienbriefe (Forts.)

Schritt 13

Jetzt geht es um die Anredezeile, die ebenfalls individuell sein soll. Setzen Sie den Cursor mit einer Freizeile über den Text, also dorthin, wo nach den Regeln des Briefeschreibens die Anrede steht. Klicken Sie auf den Pfeil am Symbol **Regeln**.

Schritt 14

Die Anrede soll mithilfe einer Bedingung vorbereitet werden. Daher wählen Sie die Option **Wenn... Dann... Sonst...** aus dem Menü.

Schritt 15

Im Dialog **Bedingungsfeld einfügen: WENN** definieren Sie die Bedingung. Belassen Sie es im Feld **Feldname** bei **Titel**. Im Feld **Vergleich** wählen Sie den Vergleichsoperator **Gleich**, und im Feld **Vergleich mit** tragen Sie »Frau« ein.

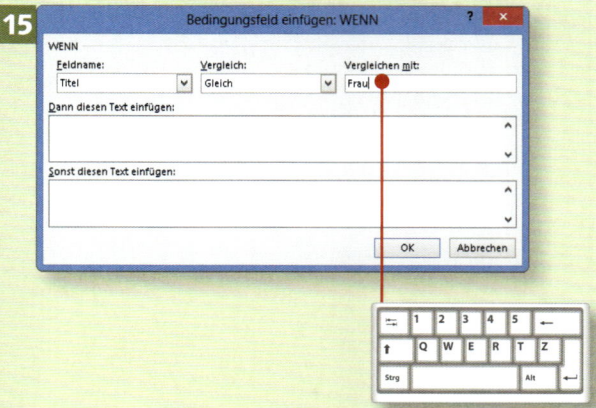

!

„Herr" oder Frau als „Anrede"
Die hier verwendete Bedingung funktioniert natürlich nur, wenn Sie im Feld **Titel** der Empfängerliste nur die Anreden »Herr« und »Frau« eingegeben haben.

Schritt 16

Die Bedingung lautet im Klartext: Wenn im Feld **Titel** das Wort »Frau« zu finden ist, soll die Anrede lauten: … . Wie die Anrede genau lautet, geben Sie im Bereich **Dann diesen Text einfügen** an. Tragen Sie hier also »Sehr geehrte Frau« ein.

Schritt 17

In den Bereich **Sonst diesen Text einfügen** schreiben Sie die Anrede, die auftauchen soll, wenn die Bedingung *Titel = Frau* nicht erfüllt ist, also »Sehr geehrter Herr«. Klicken Sie dann auf **OK**. Der Text des Feldes wird im Dokument angezeigt. Um das Bedingungsfeld einmal zu sehen, setzen Sie den Cursor in das Feld, klicken es mit rechts an und wählen im Menü **Feldfunktionen ein/aus**.

Schritt 18

Da in der Anredezeile erneut der Name des Empfängers auftauchen soll, brauchen Sie nach dem bisherigen Text für die Anrede nochmals das Seriendruckfeld **Nachname**. Klicken Sie also auf **Seriendruckfeld einfügen ▸ Nachname**. Setzen Sie dann hier auch gleich das benötigte Komma.

Serienbriefe (Forts.)

Schritt 19

Das Dokument ist nun für den Seriendruck vorbereitet. Um zu prüfen, ob die Serienbriefe nach der Verbindung mit der Datenquelle korrekt aussehen werden, lassen Sie sich die Briefe in der Vorschau erneut anzeigen (**Vorschau Ergebnisse**). In der Vorschau werden die »fertigen« Briefe angezeigt. Mit der Schaltfläche **Nächster Datensatz 1** wandern Sie durch die Briefe.

Schritt 20

Wenn Sie einzelne Empfänger kurzfristig aus der Adressliste streichen möchten, klicken Sie auf das Symbol **Empfängerliste bearbeiten** und entfernen im folgenden Dialog das Häkchen vor dem entsprechenden Namen.

Schritt 21

Wenn in der Vorschau alles nach Wunsch aussieht, können Sie den Seriendruck nun abschließen. Die Datenquelle wird mit dem Dokument verbunden. Klicken Sie auf den Pfeil am Symbol **Fertig stellen und zusammenführen**.

Schritt 22

Das Menü bietet drei Optionen. Wenn Sie keine weiteren Korrekturen vornehmen möchten, können Sie die Serienbriefe direkt an den Drucker schicken. Wählen Sie **Dokumente drucken** und im Dialogfeld dann **Alle ❶**, und klicken Sie dann auf **OK**. Anschließend öffnet sich der Drucken-Dialog.

Schritt 23

Sollen die Briefe nochmals am Bildschirm angezeigt werden, klicken Sie auf **Einzelne Dokumente bearbeiten** und dann auf **Alle ❷** und anschließend auf **OK**. Nun wird jeder Brief in einem eigenen Abschnitt präsentiert. Notfalls können Sie hier einzelne Briefe korrigieren, bevor Sie sie zum Drucker schicken.

Schritt 24

Grundsätzliche Veränderungen am Text müssen Sie stets im Hauptdokument vornehmen. Danach stellen Sie die Verbindung erneut her, klicken also nochmals auf **Fertig stellen und zusammenführen** und auf eine der Optionen.

Der Geschäftsbrief

Damit Geschäftsbriefe professionell wirken und Sie sie problemlos in Fensterbriefhüllen verschicken können, orientieren Sie sich bei der Gestaltung an den Empfehlungen der DIN 676 (Form A oder B; hier A).

Schritt 1

Stellen Sie zuerst die Seitenränder ein. Klicken Sie auf der Registerkarte **Seitenlayout** auf den Pfeil an der Gruppe **Seite einrichten**. Stellen Sie die Seitenränder ❶ ein: Für den oberen Rand 2,7 cm und als linken Rand 2,41 cm, rechts und unten 2 cm. Klicken Sie dann auf **OK**.

Schritt 2

Zum Brief gehören zwei Falzmarken. Diese sollen diskret ganz am linken Rand erscheinen. Dazu nutzen Sie einfach eine kleine Linie. Aktivieren Sie die Registerkarte **Einfügen**, und klicken Sie auf **Formen**. Im zugehörigen Menü wählen Sie **Linie**.

Schritt 3

Ziehen Sie mit gedrückter linker Maustaste eine kurze horizontale Linie auf das Blatt. Klicken Sie danach auf die Schaltfläche **Layoutoptionen** rechts an der Linie und wählen im Menü **Weitere anzeigen**.

Eine gerade Linie erzeugen

Sie erhalten eine gerade horizontale Linie, wenn Sie beim Aufziehen die ⬆-Taste gedrückt halten.

Schritt 4

Im Dialog **Layout** geben Sie auf der Registerkarte **Position** im Bereich **Horizontal** im Feld **Absolute Position** »0,1« ein, im Feld **rechts von** wählen Sie **Seite**. Im Bereich **Vertikal** geben Sie als **Absolute Position** »8,7« ein und wählen im Feld **unterhalb** die Option **Seite**. Aktivieren Sie die Option **Verankern** ❷, und bestätigen Sie mit **OK**.

Schritt 5

Kopieren Sie die Linie, und fügen Sie sie erneut ein. Öffnen Sie für die neue Linie nun noch einmal den Dialog **Layout** mit der Registerkarte **Position** (siehe Schritt 3). Geben Sie jetzt im Bereich **Vertikal** im Feld **Absolute Position** »19,2« ein (alles andere machen Sie wie bei der ersten Falzmarke).

Schritt 6

Die Vorlage soll auch eine *Bezugszeichenzeile* erhalten (»Ihr Zeichen« etc.). Die Leitwörter für diese Zeile sollen 8,4 cm entfernt vom Blattrand stehen. Den oberen Seitenrand berücksichtigend, beginnen Sie, die Leitwörter bei ca. 5,7 cm des vertikalen Lineals zu schreiben. Als Schriftgrad stellen Sie 9 ein.

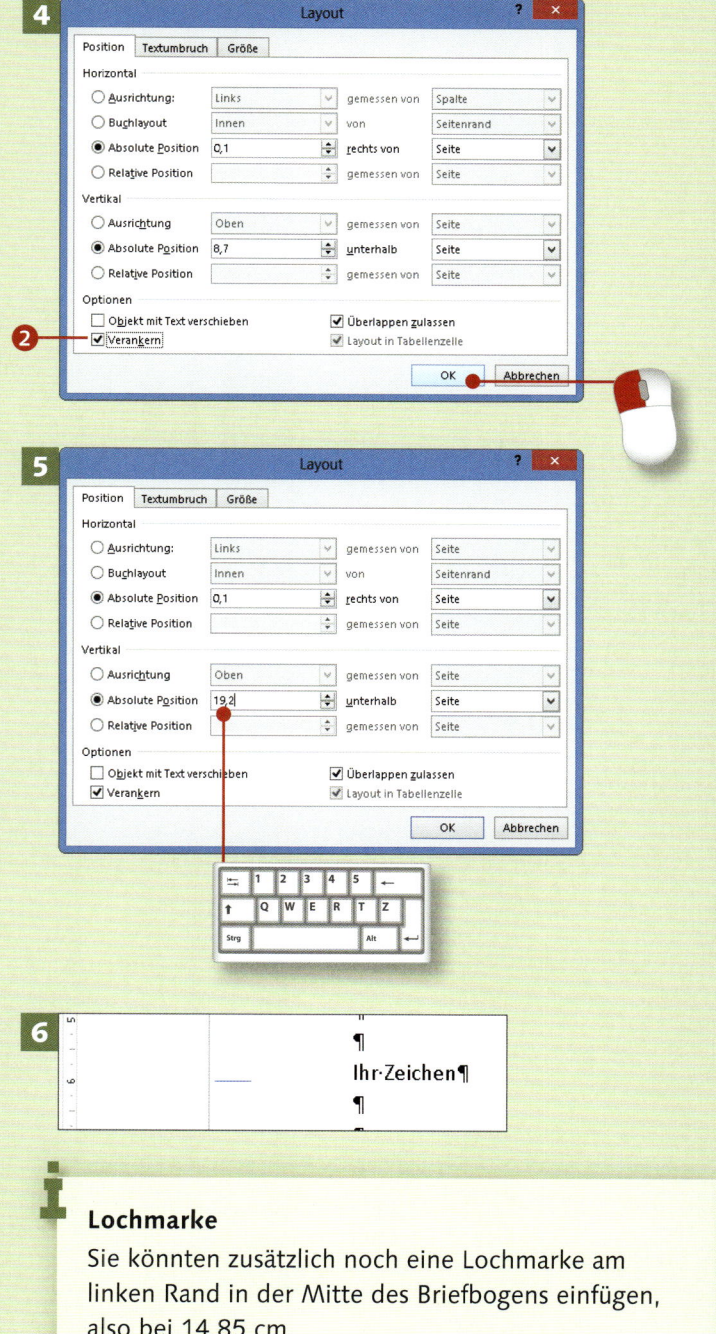

Lochmarke

Sie könnten zusätzlich noch eine Lochmarke am linken Rand in der Mitte des Briefbogens einfügen, also bei 14,85 cm.

Der Geschäftsbrief (Forts.)

Schritt 7

Das erste Leitwort »Ihr Zeichen« steht linksbündig. Nun arbeiten Sie mit Tabstopps. Bei präzisen Tabstopppositionen können Sie nicht einfach in das Lineal klicken. Sie brauchen den Dialog **Tabstopps**, den Sie im Dialog **Absatz** öffnen. Klicken Sie hier auf die Schaltfläche **Tabstopps**, um den gleichnamigen Dialog zu öffnen.

Schritt 8

Tippen Sie »5,08 cm« in das Feld **Tabstoppposition**, und klicken Sie auf **Festlegen** (Vorsicht, nicht auf **OK**). Verfahren Sie für die nächsten Tabstopps ebenso: Legen Sie »10,16 cm« (für das Leitwort »Telefon, Name«) fest und dann »15,24 cm« für das Datum. Klicken Sie dann auf **OK**.

Schritt 9

Im Lineal sehen Sie die Tabstopps (kleine L-Zeichen). Drücken Sie jeweils die Tabulatortaste, um zu den Tabstopps zu hüpfen, und schreiben Sie »Unser Zeichen/unsere Nachricht", am nächsten Tabstopp »Telefon, Name« und dann »Datum". Drücken Sie am Ende der Zeile die ⏎-Taste, um die Tabstopps in die nächste Zeile zu übernehmen.

Schritt 10

Geschäftsbriefe haben meist auch einen Brieffuß. Hier werden Daten zum Unternehmen wie Geschäftsräume, Handelsregistereintrag oder Bankverbindung(en) genannt. Klicken Sie auf der Registerkarte **Einfügen** auf **Fußzeile**, und wählen Sie **Leer** oder **Leer (Drei Spalten)**. Geben Sie die Angaben dann am besten wieder mit Tabstopps ein.

Schritt 11

Für den Briefkopf nutzen Sie eine Kopfzeile. Wenn Sie sich noch in der Fußzeile befinden, können Sie auf der Registerkarte **Entwurf** einfach auf das Symbol **Zur Kopfzeile wechseln** klicken (ansonsten klicken Sie auf der Registerkarte **Einfügen** auf **Kopfzeile** und wählen als Layout **Leer**).

Schritt 12

In den Kopfzeilenbereich schreiben Sie nun Ihren Firmennamen und die weiteren Angaben, die dort stehen sollen. Zum Formatieren nutzen Sie die bekannten Befehle. Sollen die Firmenangaben rechts auf der Seite stehen (aber nicht rechtsbündig), setzen Sie bei ca. 13 cm oder 14 cm (je nach Länge des Firmennamens) einen linksbündigen Tabstopp.

Der Geschäftsbrief (Forts.)

Schritt 13

Geben Sie nun die Adresszeile (Anschrift des Absenders) ein, die oberhalb des Adressfeldes erscheint. Damit der Text nicht zu lang ist, sollte er mit einer kleineren Schriftgröße formatiert werden, z. B. 8. Die Punkte zum Trennen sind über **Einfügen ▸ Symbol ▸ Weitere Symbole** eingefügt worden.

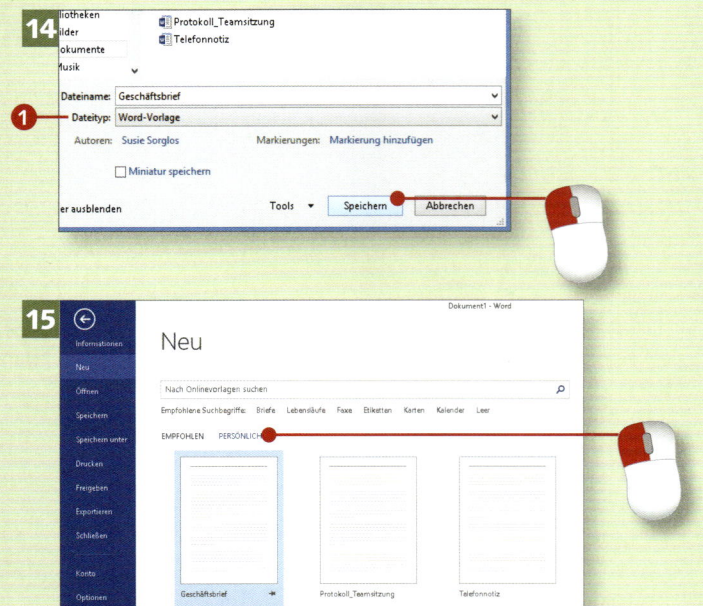

Schritt 14

Die Briefvorlage enthält jetzt die nicht variablen Elemente. Speichern Sie sie als Dokumentvorlage ab. Wählen Sie dazu **Datei ▸ Speichern unter ▸ Computer ▸ Durchsuchen**. Im Dialog **Speichern unter** stellen Sie **Word-Vorlage** als **Dateityp ❶** ein. Vergeben Sie einen passenden Namen, und klicken Sie auf **Speichern**. Die Vorlage wird automatisch im Ordner **Benutzerdefinierte Office-Vorlage** abgelegt.

Schritt 15

Um die Vorlage anzuwenden, klicken Sie auf **Datei ▸ Neu ▸ Persönlich**. Im nächsten Fenster klicken Sie die von Ihnen angelegte Vorlage für den Geschäftsbrief an.

> ℹ **Schriftart**
>
> Für eine gute Lesbarkeit sollten Sie keine ausgefallenen Schriftarten und keine Schriftgrößen kleiner als 10 Punkt für den Brieftext verwenden.

Schritt 16

Für das Adressfeld sind neun Zeilen vorgesehen. Schreiben Sie den Firmennamen in die vierte Zeile und darunter ohne Leerzeilen die weiteren Angaben. Schreiben Sie die Angaben für die Bezugszeichenzeile in die Zeile unter den Leitwörtern. Nutzen Sie die ⇆-Taste, um zu den Tabstopps zu springen.

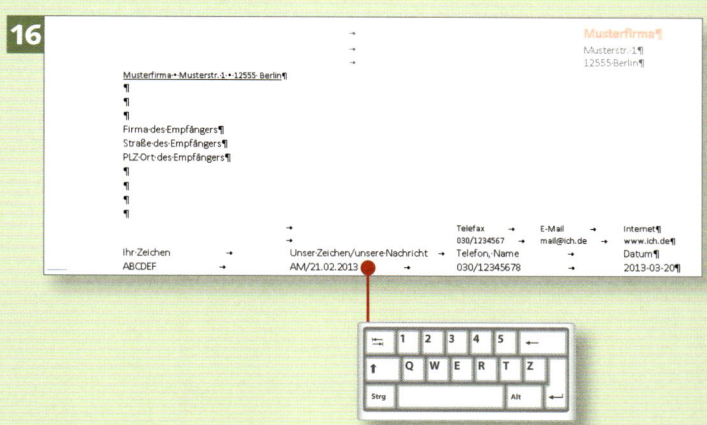

Schritt 17

Erzeugen Sie zwei Leerzeilen, um den Betreff einzugeben und danach zwei weitere Leerzeilen. Geben Sie dann die Anrede ein. Ergänzen Sie ein Komma, drücken Sie zweimal die ↵-Taste, und schreiben Sie den Brieftext (beginnend mit einem Kleinbuchstaben, es sei denn, es folgt z. B. eine Anrede).

Schritt 18

Am Ende des Textes folgt wieder eine Leerzeile, und dann schreiben Sie die Grußformel, die auf der gleichen Höhe steht wie der Text. Nach der Grußformel bleiben drei Leerzeilen für die Unterschrift und den Firmenstempel frei. Zuletzt folgt der Name des Unterzeichnenden. Denken Sie daran, den Brief als neues Dokument zu speichern.

Visitenkarten

Es gibt verschiedene Wege, mit Word Visitenkarten zu erstellen. Wir bauen die Seite hier mithilfe einer Tabelle auf und gestalten die Visitenkarte relativ schlicht, aber pfiffig.

Schritt 1

Fügen Sie eine Tabelle (**Einfügen ▸ Tabelle**) mit zwei Spalten ein. Dann sorgen Sie für die richtige Größe der Zeilen und Spalten. Klicken Sie auf der Registerkarte **Layout** der **Tabellentools** auf den Pfeil an der Gruppe **Zellengröße**. Es öffnet sich der Dialog **Tabelleneigenschaften**.

Schritt 2

Aktivieren Sie die Registerkarte **Zeile**, und geben Sie in das Feld neben **Höhe definieren** »5« ein, und im Feld **Zeilenhöhe** wählen Sie **Genau**. Aktivieren Sie die Registerkarte **Spalte**. Dort aktivieren Sie **Bevorzugte Breite** und geben »9 cm« in das Feld ein.

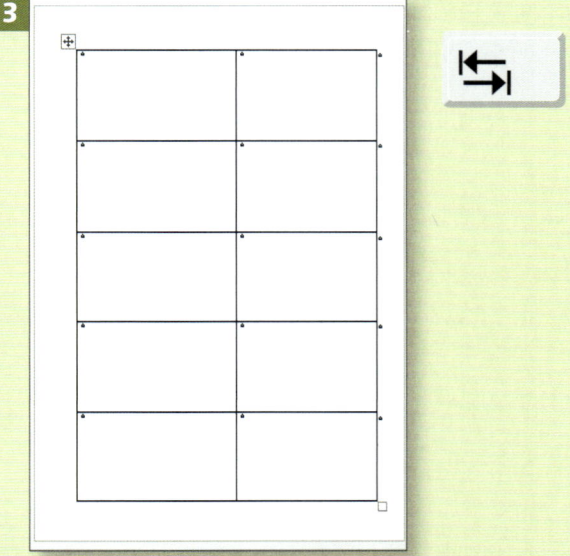

Schritt 3

Setzen Sie den Cursor in die zweite Spalte, und drücken Sie die Tabulatortaste, um eine neue Zeile zu erhalten. Dies wiederholen Sie dreimal, sodass Sie insgesamt fünf Zeilen auf dem Blatt haben.

Schritt 4

Nun setzen Sie den Cursor in die erste Zelle und füllen sie mit den Angaben für die Visitenkarte, also mit Namen, Adresse, Telefonnummer und sonstigen Angaben. Formatieren Sie den Text mithilfe der bekannten Befehle. Den Abstand zwischen dem Namen und der oberen Zellbegrenzung erzeugen Sie mit einem Absatzabstand (Dialog **Absatz** im Feld **Vor**).

Schritt 5

Drei farbige Rechtecke geben der Visitenkarte mehr Pfiff. Klicken Sie dazu auf der Registerkarte **Einfügen** auf das Symbol **Formen**, und ziehen Sie mit dem kreuzförmigen Mauszeiger ein Rechteck auf. Der Rahmen des Rechtecks wird auf der Registerkarte **Format** der **Zeichentools** über **Formkontur ▸ Kein Rahmen** entfernt.

Schritt 6

Für Füllung und Farbe öffnen Sie den Aufgabenbereich **Form formatieren**. Wählen Sie diese Option dazu im Kontextmenü der Form aus. Im Aufgabenbereich klicken Sie auf den Eintrag **Füllung**.

Visitenkarten (Forts.)

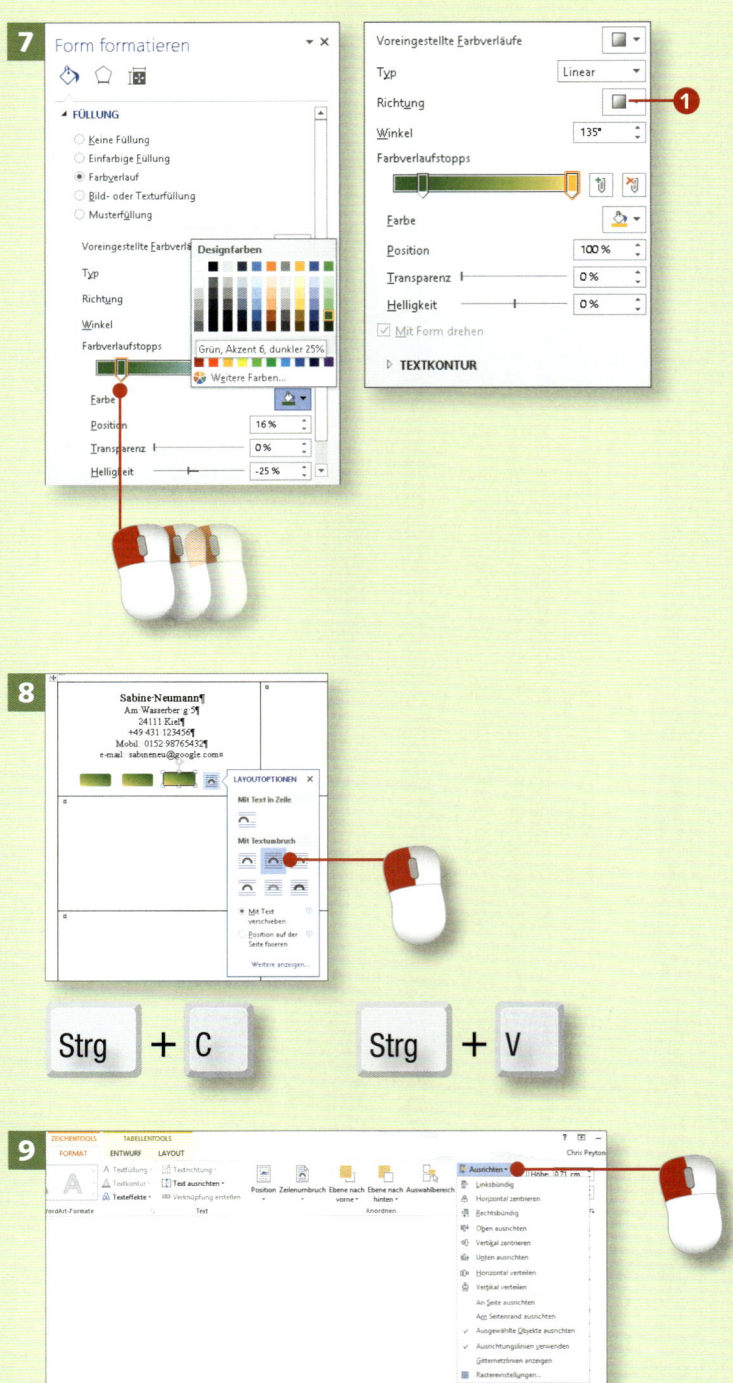

Schritt 7

Aktivieren Sie dann die Option **Farbverlauf**. Im Bereich **Farbverlaufstopps** wählen Sie die **Farbe** für jeden Farbverlaufstopp und stellen auf dem Balken mit der Maus den Verlauf ein. Die Richtung des Farbverlaufs bestimmen Sie im gleichnamigen Feld ❶.

Schritt 8

Wenn Sie drei gleiche Kästchen haben möchten, ist es am bequemsten, das erste, fertig bearbeitete Rechteck zu kopieren und zweimal einzufügen (mit Strg + C und Strg + V. Zum Positionieren mit der Maus müssen Sie eventuell den Textumbruch ändern. Klicken Sie dazu auf die Schaltfläche **Layoutoptionen**, und wählen Sie z. B. **Vor den Text**.

Schritt 9

Um die Abstände zwischen den Rechtecken nicht »Pi mal Daumen«, sondern präzise zu bestimmen, markieren Sie alle Kästchen mit gedrückter Strg-Taste und klicken dann auf der Registerkarte **Format** der **Zeichentools** auf das Symbol **Ausrichten**.

Schritt 10

Klicken Sie im Menü auf **Horizontal verteilen** und dann im selben Menü auf **Vertikal zentrieren** ❷. Vielleicht sehen Sie keinen Effekt bzw. keine Veränderung; in diesem Fall hatten Sie die Rechtecke schon gut ausgerichtet.

Schritt 11

Markieren Sie alle Rechtecke erneut, und öffnen Sie per Rechtsklick das Kontextmenü. Wählen Sie **Gruppieren** und im Untermenü erneut **Gruppieren**. Nun könnten Sie die Formen als einen Block noch etwas verrücken.

Schritt 12

Wenn Sie die erste Karte fertig gestaltet haben, markieren Sie die gesamte Karte und klicken auf **Kopieren**. Setzen Sie den Cursor in die nächste Zelle, und wählen Sie **Einfügen ▸ Ursprüngliche Formatierung beibehalten**.

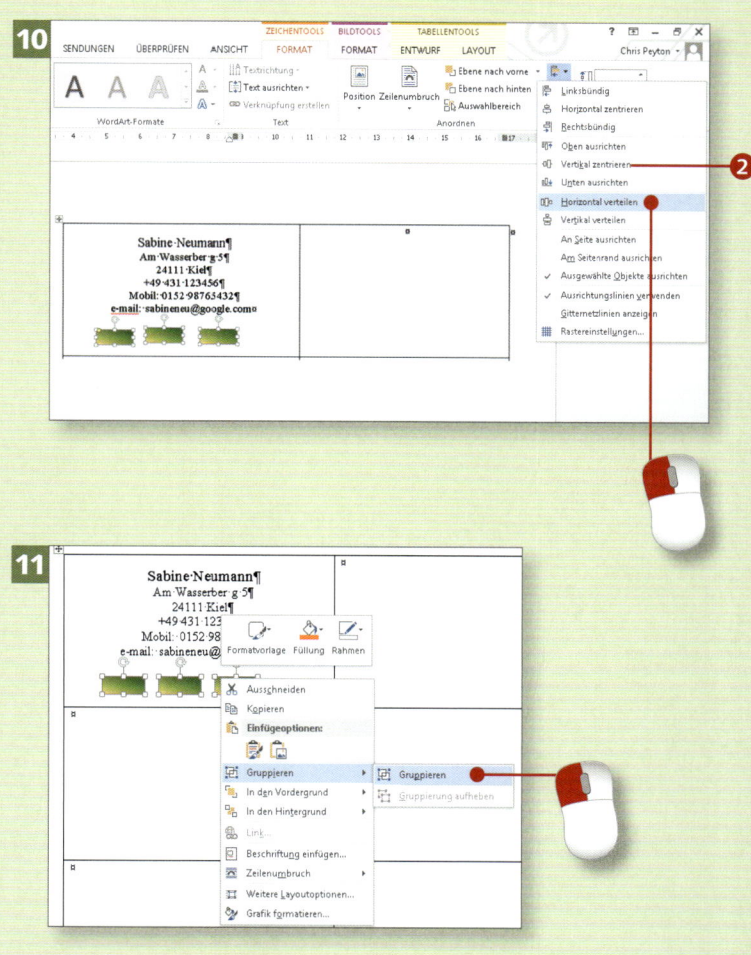

Formen verankern

Damit Formen nicht verrutschen, markieren Sie die Form, öffnen den Dialog **Layout** und aktivieren die Option **Verankern** auf der Registerkarte **Position**.

Etiketten

Für den Versand mehrerer Briefe sind Etiketten praktisch. Wir erstellen sie hier mithilfe des Seriendrucks. Deutlich schneller können Sie Etiketten zudem erstellen, wenn Sie eine vorhandene Empfängerliste nutzen.

Schritt 1

Öffnen Sie eine leere Seite, und klicken Sie auf der Registerkarte **Sendungen** auf **Seriendruck starten**. Im Menü wählen Sie **Etiketten**.

Schritt 2

Der Dialog **Etiketten einrichten** öffnet sich. Wenn Sie in den Feldern **Etikettenlieferanten** und **Etikettennummer** Ihr Etikettenpapier entdecken, wählen Sie es aus und überspringen die nächsten beiden Schritte. Ansonsten klicken Sie auf die Schaltfläche **Neues Etikett**.

Schritt 3

Im Dialog **Etikettendetails** geben Sie die Maße für die Etiketten ein (wir halten uns in etwa an die Maße, die ein Briefumschlagfenster hat). Messen Sie Ihre Etiketten aus, und geben Sie die entsprechenden Maße ein. Sie können dem Etikett auch einen Namen geben.

Schritt 4

Nach einem Klick auf **OK** sind Sie wieder im Dialog **Etiketten einrichten**. Hier werden die Maße nochmals angezeigt. Klicken Sie auf **OK**.

Schritt 5

Nun sehen Sie (je nach den eingegebenen Maßen) zehn Leeretiketten auf Ihrem Blatt, und zwar in Form einer Tabelle. Nun muss die Empfängerliste mit den Adressen erstellt werden. Klicken Sie also auf **Empfänger auswählen ▸ Neue Liste eingeben**.

Schritt 6

Wie schon im Zusammenhang mit dem Serienbrief beschrieben (siehe dazu den Abschnitt »Serienbriefe« ab Seite 228), tragen Sie nun die Empfängerinformationen in die Tabelle ein. Verwenden Sie für die Straße das Feld **Adresszeile 1**.

Etiketten (Forts.)

Schritt 7

Für den nächsten Datensatz klicken Sie jeweils auf **Neuer Eintrag**. Erst wenn Sie alle Informationen eingegeben haben, klicken Sie auf **OK**.

Schritt 8

Der Dialog **Adressliste speichern** öffnet sich, und zwar mit dem Ordner **Meine Datenquellen**. Geben Sie der Adressatenliste einen sinnvollen Namen; als Dateiendung wird *.mdb* für eine Datenbank im Access-Format vergeben. Klicken Sie auf **Speichern**.

Schritt 9

Nun können Sie die Seriendruckfelder einfügen, die später durch die konkreten Angaben aus der Datenquelle ersetzt werden. Platzieren Sie den Cursor in der ersten Zeile der ersten Zelle, und klicken Sie auf den Pfeil neben dem Symbol **Seriendruckfeld einfügen**.

Die Position der Seriendruckfelder

Die Seriendruckfelder können Sie einfach hintereinander einfügen und dann nachträglich mit der ⏎-Taste Absätze setzen, oder Sie denken daran, den Cursor gleich beim Einfügen jeweils richtig zu positionieren.

Schritt 10

Im Menü wählen Sie **Titel** (für die Anrede »Herr« oder »Frau«). Eine Zeile darunter fügen Sie **Vorname** und **Nachname** ein, darunter **Adresszeile_1** (für die Straße) und dann nebeneinander **Postleitzahl** und **Ort**. Denken Sie daran, dazwischen eine Leerstelle zu setzen.

Schritt 11

In den übrigen Etiketten lassen Sie den Platzhalter «Nächster Datensatz» stehen. Er steuert, dass die Adresse bei jedem Feld neu aus der Datenbank geholt wird. Klicken Sie nun auf **Etiketten aktualisieren**. Danach werden die eingefügten Felder in allen Etiketten angezeigt.

Schritt 12

Zu guter Letzt klicken Sie auf **Fertig stellen und zusammenführen** auf der Registerkarte **Sendungen**. Um die Etiketten direkt zu drucken, wählen Sie **Dokumente drucken**. Sie müssen natürlich das passende Papier in den Drucker legen.

---

i

Vorschau

Um zu prüfen, ob die Etiketten in Ordnung sind, blenden Sie die Vorschau ein. Klicken Sie dazu auf **Vorschau Ergebnisse**.

Etiketten (Forts.)

Schritt 13

Schneller erstellen Sie Etiketten, wenn Sie bereits über eine Datei mit Empfängeradressen verfügen. Starten Sie den Etiketten-Seriendruck wie gehabt. Möchten Sie das bereits erstellte Etikett verwenden, wählen Sie im Dialog **Etiketten einrichten** im Feld **Etikettenlieferanten** den Eintrag **Andere/Benutzerdefiniert**. Der Namen des Etiketts taucht im Feld **Etikettennummer** ❶ auf. Klicken Sie auf **OK**.

Schritt 14

Nun klicken Sie auf das Symbol **Empfänger auswählen**. Im Menü entscheiden Sie sich für **Vorhandene Liste verwenden**.

Schritt 15

Der Dialog **Datenquelle auswählen** wird geöffnet. Wenn nicht der richtige Ordner angezeigt wird, müssen Sie oben den Ordner auswählen, der die Datenquellen enthält (**Meine Datenquellen**). Markieren Sie dann die Datei, und klicken Sie auf **Öffnen**.

Schritt 16

Nun verfahren Sie wie bisher: Klicken Sie erst auf **Seriendruckfeld einfügen ❷** und danach auf **Etiketten aktualisieren ❸**. Wenn Sie auf **Fertig stellen und zusammenführen ▸ Dokumente drucken** klicken, werden die Etiketten gedruckt.

Schritt 17

Wenn Sie die Empfängerliste verändern möchten, klicken Sie auf der Registerkarte **Sendungen** auf **Empfängerliste bearbeiten ❹**. Mit den Kontrollkästchen nehmen Sie einzelne Adressaten kurzfristig aus der Empfängerliste heraus (nicht gleichzusetzen mit »entfernen«); um Änderungen eingeben zu können, markieren Sie die Datenbank im unteren Bereich und klicken auf **Bearbeiten**.

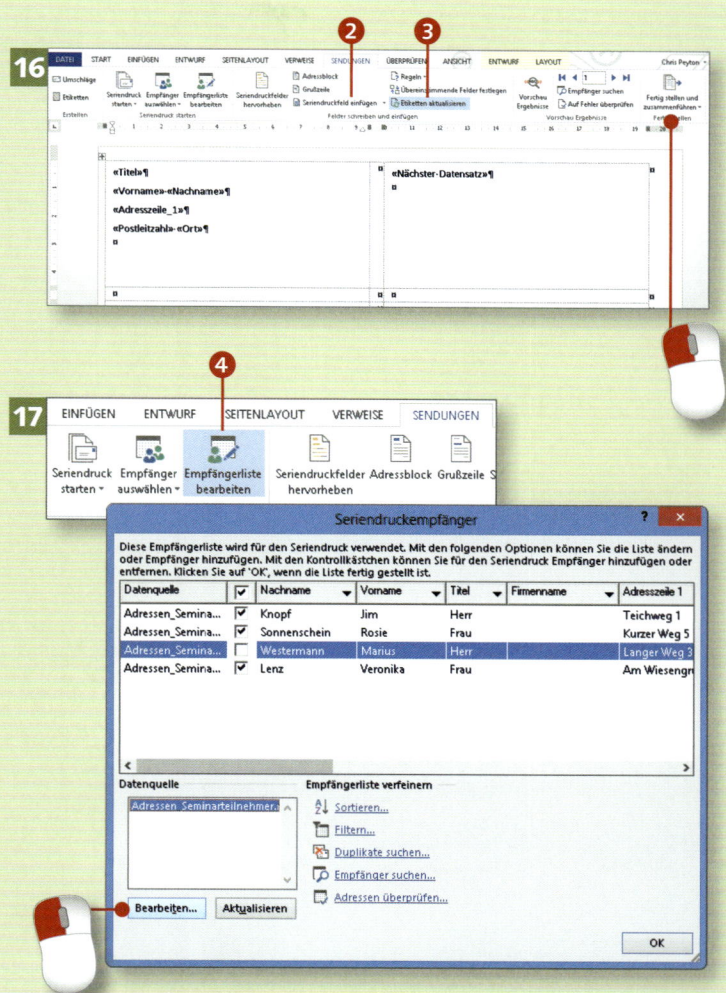

Schritt 18

Im nächsten Dialog (**Datenquelle bearbeiten**) setzen Sie den Cursor in den entsprechenden Datensatz und ändern/korrigieren auf dem üblichen Weg. Um einen Eintrag, also einen Datensatz, zu löschen, markieren Sie ihn und klicken – wenig verwunderlich – auf die Schaltfläche **Eintrag löschen**.

Eine DVD-Hülle erstellen

Word bietet vielfältige Möglichkeiten zur Gestaltung von CD- oder DVD-Hüllen – ganz nach Geschmack schlicht oder grell. Wir erstellen hier eine DVD-Hülle.

Schritt 1

Fügen Sie auf einer Seite im Querformat drei Tabellenspalten ein. Klicken Sie also auf **Einfügen ▸ Tabelle**, und fahren Sie mit dem Mauszeiger über drei Spalten.

Schritt 2

Nun stellen Sie die notwendige Zellengröße ein. Die Zeilenhöhe soll 18,3 cm betragen. Klicken Sie auf den Pfeil an der Gruppe **Zellengröße** auf der Registerkarte **Layout**, und wechseln Sie auf die Registerkarte **Zeile**. Hier aktivieren Sie die Option **Höhe definieren** und geben das Maß ein. Im Feld daneben wählen Sie **Genau**.

Schritt 3

Wechseln Sie auf die Registerkarte **Spalte**, und aktivieren Sie die Option **Bevorzugte Breite**. Geben Sie »12,9« ein. Dann klicken Sie auf **Nächste Spalte** und geben »1,4« ein. Für die dritte Spalte geben Sie wieder »12,9« ein.

---

i

Das Maß anpassen

Je nach Hülle bzw. Rückendicke Ihrer DVD müssen Sie das Maß 1,4 cm etwas variieren. Es könnte eventuell etwas knapp sein.

Schritt 4

Für den farbigen Hintergrund setzen Sie den Cursor in die erste Spalte und klicken unter **Tabellentools** auf **Entwurf ▸ Schattierung**. Wählen Sie eine Grauschattierung.

Schritt 5

Wiederholen Sie diesen Vorgang für die nächsten beiden Spalten. Für die zweite Spalte wählen Sie eine Rotschattierung (klicken Sie auf **Weitere Farben ❶**, wenn Sie eine größere Auswahl haben möchten) und für die dritte Spalte ein helles Grau.

Schritt 6

Wenn Sie für die Hülle keine Umrandungen haben möchten, müssen Sie den Rahmen der Tabelle entfernen. Klicken Sie dazu auf den Auswahlpfeil des Symbols **Rahmen ▸ Rahmen und Schattierung**. Im Dialog wählen Sie die Einstellung **Ohne ❷**. Im Feld **Übernehmen für** wählen Sie **Tabelle**.

Maße für CD-Hüllen

Für die klassische CD-Hülle benötigen Sie andere Maße und arbeiten am besten mit zwei Tabellen. Die Rückseite der CD-Hülle ist knapp 11,7 cm hoch; die erste Tabellenspalte ist 0,6 cm breit, die mittlere 13,8 cm und die dritte 0,6 cm.

Eine DVD-Hülle erstellen (Forts.)

Schritt 7

Schreiben Sie die erste Zeile, und formatieren Sie sie. Wählen Sie als Schriftart z. B. **Cambria**, **14 Pt**, und stellen Sie eine andere Laufweite ein (die Laufweite bestimmt/verändert den Abstand zwischen Zeichen). Öffnen Sie dazu den Dialog **Schriftart**, und wechseln Sie auf die Registerkarte **Erweitert**. Wählen Sie im Feld **Abstand** die Option **Erweitert** und **2 Pt** im Feld **Von**.

Schritt 8

Für die Linie klicken Sie auf **Einfügen ▸ Formen ▸ Linie** und ziehen die Linie mit gedrückter Maustaste größer. Halten Sie dabei die ⇧-Taste gedrückt, um eine gerade Linie zu zeichnen.

Schritt 9

Um die Linie zu bearbeiten, markieren Sie sie und klicken auf der Registerkarte **Format** der **Zeichentools** auf **Formkontur**. Im Menü wählen Sie eine Farbe und im Untermenü des Eintrags **Stärke** eine dickere Linie.

i

Linie ausrichten
Die genaue Position der Linie legen Sie im Dialog **Layout** (Kontextmenü **Weitere Layoutoptionen**) auf der Registerkarte **Position** fest. Als **Absolute Position** wählen Sie **0 cm rechts von Innerer Rand**.

Schritt 10

Den Titel »Best of the Sixties« formatieren Sie mithilfe eines Texteffekts. Klicken Sie auf der Registerkarte **Start** auf den Pfeil an der Schaltfläche **Texteffekte**. Im Menü wählen Sie für die Zeile z. B. **Füllung – Weiß, Kontur – Akzent 2**.

Schritt 11

Zur Gestaltung können Sie eine ClipArt einfügen. Klicken Sie auf **Einfügen ▸ Onlinegrafiken ❶**. Im Fenster **Bilder einfügen** geben Sie im Suchfeld von **ClipArt von Office. com** z. B. »Musik« ein. Markieren Sie das gewünschte Bild, und klicken Sie auf **Einfügen**.

Schritt 12

Zur Bearbeitung des Bildes öffnen Sie zunächst das Menü der Schaltfläche **Layoutoptionen** und wählen den Textumbruch **Vor den Text**. Positionieren Sie die ClipArt nun mit der Maus, und passen Sie ihre Größe mithilfe der Ziehpunkte an.

!

Bild verankern

Denken Sie daran, das Bild zu verankern. Die Option finden Sie auf der Registerkarte **Position** des Dialogs **Layout**.

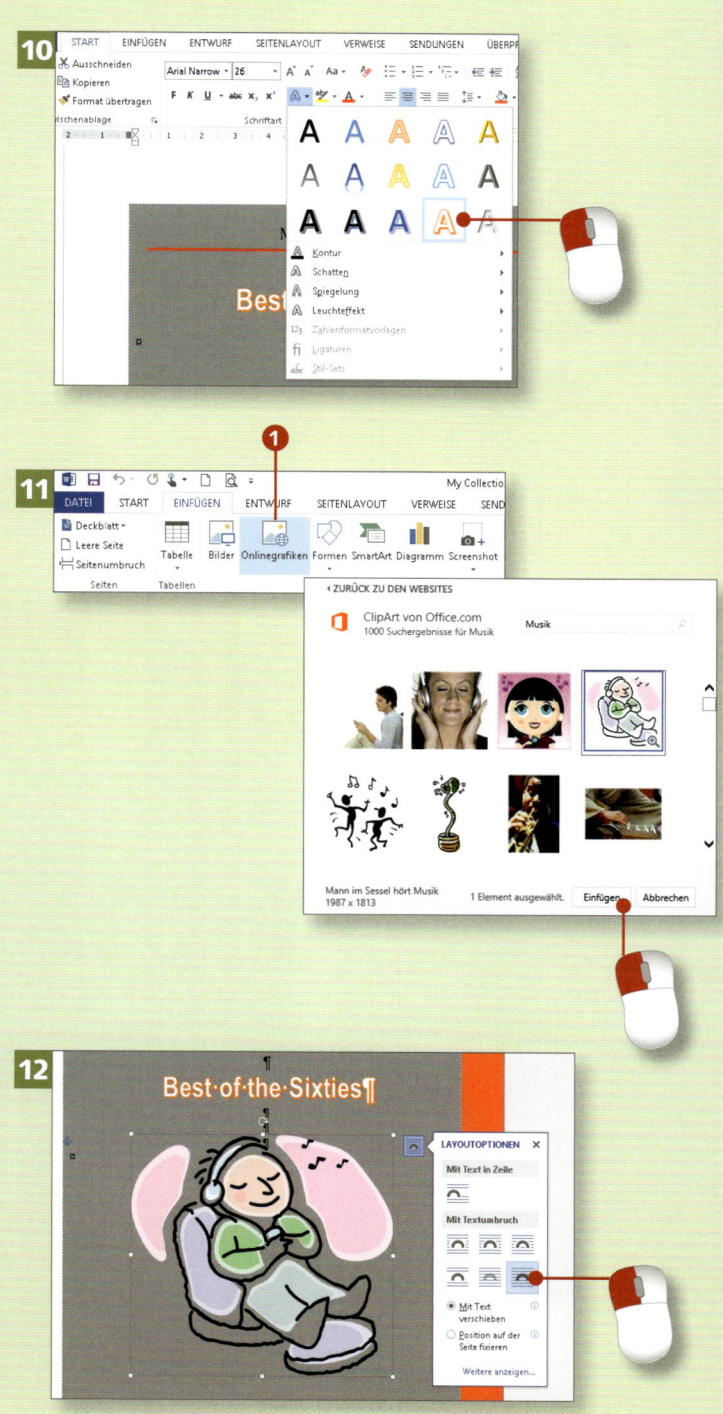

Eine DVD-Hülle erstellen (Forts.)

Schritt 13

Der Text auf dem Hüllenrücken soll vertikal ausgerichtet werden. Dazu markieren Sie ihn und klicken auf der Registerkarte **Layout** der **Tabellentools** so oft auf **Textrichtung**, bis die gewünschte vertikale Schrift auftaucht. Wählen Sie als **Schriftgrad** die Größe **22**, und zentrieren Sie den Text.

Schritt 14

Auf der Rückseite sollen die Songtitel aufgelistet werden. Die Überschrift »Songliste« soll aussehen wie der Titel auf der Vorderseite. Markieren Sie diese Zeile, klicken Sie auf der Registerkarte **Start** auf das Symbol **Format übertragen**, und klicken Sie in die Überschrift auf der Rückseite.

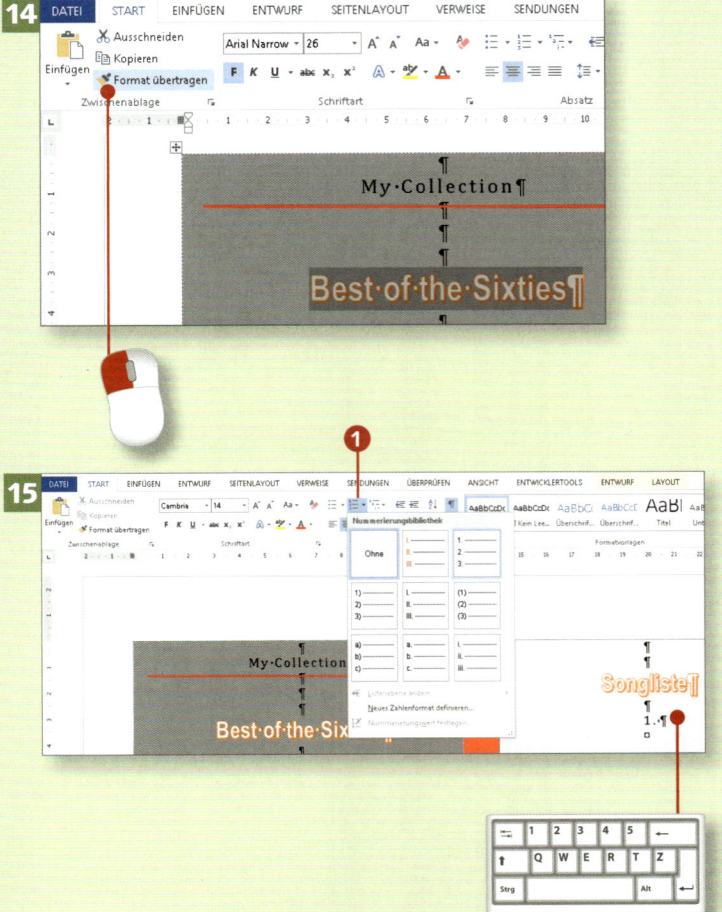

Schritt 15

Für die Liste der Lieder brauchen Sie eine Nummerierung. Positionieren Sie den Cursor unter den Titel, klicken Sie auf der Registerkarte **Start** auf den Auswahlpfeil des Symbols **Nummerierung** ❶, und wählen Sie eine passende Option. Geben Sie den ersten Songtitel ein.

Schritt 16

Formatieren Sie die Zeile. Markieren Sie sie dazu, und wählen Sie z. B. die Schriftart **Times New Roman** und im Feld **Schriftgrad** die Größe **14**. Setzen Sie die Zeile linksbündig. Drücken Sie dann die ⏎-Taste, und setzen Sie die Nummerierung auf diese Weise fort.

Schritt 17

Auch die Rückseite wird noch durch eine Form ergänzt, damit sie etwas pfiffiger wirkt. Wählen Sie auf der Registerkarte **Einfügen** im Menü **Formen** die Option **Explosion 2**. Sie finden diese Form in der Kategorie **Sterne und Banner**.

Schritt 18

Markieren Sie die Form, und wählen Sie auf der Registerkarte **Zeichentools** im Menü **Fülleffekt** eine Farbe. Den Farbverlauf stellen Sie im Untermenü des Eintrags **Farbverlauf** ein.

Farbwert ermitteln

Um einen exakten Farbwert zu ermitteln, öffnen Sie den Dialog **Farben** mit der Registerkarte **Benutzerdefiniert** (z. B. über **Fülleffekt ▶ Weitere Füllfarben**). Schauen Sie sich hier die Werte in den Feldern **Rot**, **Grün** und **Blau** an.

Bewerbungsunterlagen

Wir beschreiben in diesem Abschnitt die Gestaltung von Bewerbungsunter-lagen – mit Lebenslauf, Anschreiben und einem einfachen Deckblatt. Wir beginnen mit dem Lebenslauf.

Schritt 1

Belassen Sie es bei den Standardsei-tenrändern, drücken Sie zwei- oder dreimal die ↵-Taste, und fügen Sie eine Tabelle mit zwei Spalten ein (über **Einfügen ▸ Tabelle**).

Schritt 2

Schreiben Sie einen Text wie etwa »Persönliche Daten« in die erste Zelle. Drücken Sie dann die Tabu-latortaste, um in die zweite Spalte zu springen, und drücken Sie hier die ⇥-Taste erneut, um die Tabelle um eine Zeile zu erweitern. Um unter der Überschrift eine freie Zeile zu lassen, drücken Sie in der zweiten Spalte noch einmal die ⇥-Taste.

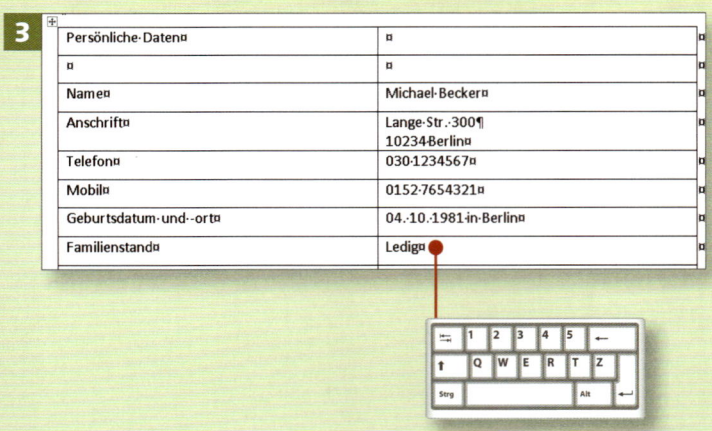

Schritt 3

Schreiben Sie »Name« in die dritte Zeile, und bauen Sie Zeile für Zeile den Block mit den persönlichen Da-ten auf. Stören Sie sich nicht an den Linien, sie werden später entfernt.

i **Lebenslauf mit Unterschrift**

Unterhalb des Lebenslaufs schreiben Sie »Ort« und »Datum« und unterschreiben ihn dann hand-schriftlich.

Schritt 4

Vor dem nächsten Block, etwa »Berufliche Erfahrung«, lassen Sie wieder eine Zeile der Tabelle leer. Ähnlich verfahren Sie dann für die weiteren Blöcke (»Berufsausbildung«, »Schulbildung«, »Sonstige Kenntnisse«, »Hobbys«).

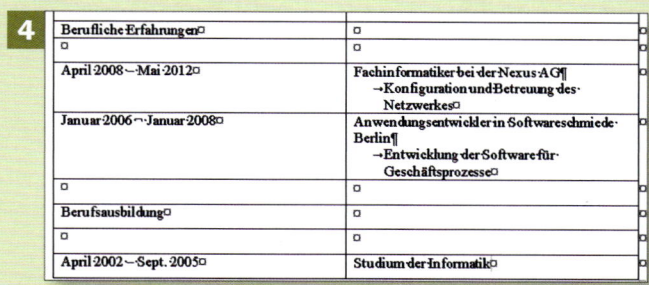

Schritt 5

Formatieren Sie nun den Text der Überschriften. Nutzen Sie dafür die Funktion **Format übertragen**: Setzen Sie den Cursor in die erste formatierte Überschrift, klicken Sie doppelt auf **Format übertragen** (Registerkarte **Start**), und klicken Sie in die nächsten Überschriften. Der Mauszeiger hat dabei einen kleinen Pinsel im Gepäck. Beenden Sie die Übertragung mit [Esc].

Schritt 6

Die Linien sollen später im Ausdruck natürlich nicht zu sehen sein. Markieren Sie daher die ganze Tabelle, und öffnen Sie das Menü der Schaltfläche **Rahmen** (Registerkarte **Start**). Wählen Sie hier **Kein Rahmen**. Setzen Sie nach Wunsch Linien unterhalb der Zeilen mit den Überschriften (**Rahmenlinie unten**), und/oder arbeiten Sie mit Schattierungen.

Bewerbungsunterlagen (Forts.)

Schritt 7

Nun ist das Anschreiben an der Reihe. Öffnen Sie ein leeres Dokument, und stellen Sie zunächst die Seitenränder ein: oben 2,7 cm und links 2,41 cm (**Seitenlayout ▸ Seitenränder ▸ Benutzerdefinierte Seitenränder**). Für das Seitenlayout können Sie sich an die Empfehlungen für den Geschäftsbrief halten (siehe dazu den Abschnitt »Der Geschäftsbrief« ab Seite 236).

Schritt 8

Fügen Sie über **Einfügen ▸ Kopfzeile** eine leere Kopfzeile ein. Tragen Sie Ihren Namen, Ihre Adresse etc. ein, und zentrieren Sie diese Angaben. Den Abstand zum Blattrand setzen Sie auf der Registerkarte **Entwurf** aus der Gruppe **Kopf- und Fußzeilentools** über **Kopfzeile von oben** auf 1 cm. Schließen Sie die Kopfzeile.

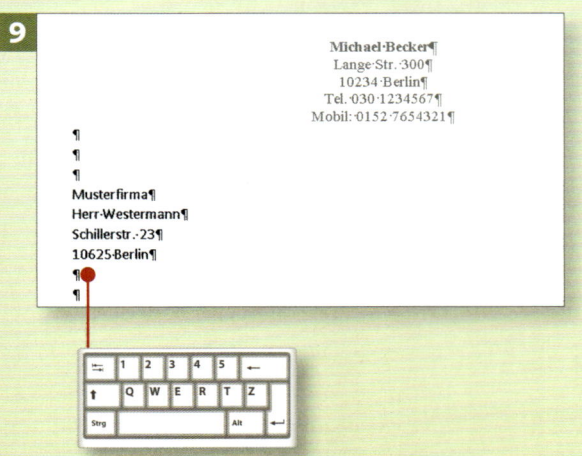

Schritt 9

Tragen Sie drei Zeilen unter Ihrer Adresse die Empfängeranschrift ein. Reservieren Sie für den Adressblock neun Zeilen – auch wenn Sie sie nicht benötigen. Ändern Sie vor der Eingabe gegebenenfalls den Absatzabstand, der mit 8 Pt zu groß ist (Dialog **Absatz** im Feld **Nach**).

Schritt 10

Lassen Sie eine Zeile frei, und fügen Sie das Datum über **Einfügen ▸ Datum und Uhrzeit** ❶ ein. Setzen Sie das Datum mithilfe eines Tabstopps (dazu klicken Sie einfach bei etwa 12 cm in das Lineal) nach rechts. Positionieren Sie den Cursor genau vor das Datum, und drücken Sie die Tabulatortaste, um das Datum an die Position des Tabstopps zu setzen.

Schritt 11

Nach zwei weiteren Zeilen schreiben Sie den Text für die Betreffzeile (»Bewerbung als [Berufsbezeichnung]«). Dann brauchen Sie erneut zwei Leerzeilen und schreiben die Anrede. Nach einer weiteren Leerzeile beginnen Sie schließlich den Text Ihres Anschreibens.

Schritt 12

Achten Sie darauf, dass Sie Ihr Anschreiben auch optisch strukturieren (Absätze, Einzüge etc.). Den Text beenden Sie nach einer Leerzeile mit der Grußformel. Da Sie z. B. Zeugnisse beilegen, schreiben Sie nach einer Leerzeile unter Ihren Namen noch »Anlagen«.

Bewerbungsunterlagen (Forts.)

Schritt 13

Zum Schluss gestalten wir das Deck-blatt. Oben (nach ein paar Absätzen) schreiben Sie »Bewerbung als [Berufsbezeichnung]«. Diese Zeile formatieren Sie in einer relativ großen Schriftgröße und zentrieren sie: z. B. **Cambria**, **18 Pt**, **fett**. Über **Rahmen ▸ Rahmenlinie unten ❶** wird dann die Linie eingefügt.

Schritt 14

Fügen Sie Ihr Foto in das Deck-blatt ein. Dazu klicken Sie auf der Registerkarte **Einfügen** auf **Bilder ❷**. Im Dialog suchen Sie den Ordner mit Ihren Fotos, markieren das gewünschte Foto und klicken auf **Einfügen**.

Schritt 15

Zur Weiterbearbeitung und Positi-onierung klicken Sie auf die Schalt-fläche **Layoutoptionen** rechts am Bild und wählen im Menü als Text-umbruchart **Quadrat**. Ziehen Sie das Foto an die passende Stelle.

Schritt 16

Rechts neben dem Foto sollen Ihr Name und Ihre Anschrift erscheinen. Für einen kleinen Abstand von der rechten Kante des Fotos wählen Sie im Kontextmenü des Bildes **Größe und Position**.

Schritt 17

Im Dialog **Layout** auf der Registerkarte **Textumbruch** geben Sie im unteren Bereich **Abstand vom Text** im Feld **Rechts** den Wert »0,8 cm« ein. Der kleine Abstand sorgt dafür, dass die Textzeilen nicht zu dicht am Bild »kleben«.

Schritt 18

Schreiben Sie nun Ihren Namen und weitere Angaben untereinander neben das Foto. Der Schriftgrad wird mit dem Symbol **Schriftart vergrößern** um einen Punkt hochgesetzt. Die Abstände zwischen den Absätzen ändern Sie gegebenenfalls im Dialog **Absatz** im Feld **Nach**.

Originelle Deckblätter

Besonders in Kreativberufen können Sie ruhig weitere Gestaltungselemente in ein Deckblatt einbauen. Es ist auch möglich, besondere Stärken schon auf dem Deckblatt zu erwähnen ❸.

Flyer

Wir erstellen hier einen Flyer, der dreimal auf eine DIN-A4-Seite im Querformat passt. Auf diese Weise können Sie Ihren Flyer schnell vervielfältigen.

Schritt 1

Stellen Sie über **Seitenlayout ▸ Ausrichtung** das Querformat ein. Dann richten Sie für das Blatt drei Spalten ein. Klicken Sie dazu auf der Registerkarte **Seitenlayout** auf das Symbol **Spalten**, und wählen Sie im Menü **Drei**.

Schritt 2

Geben Sie zuerst den Text ein, der auf dem Flyer erscheinen soll. Wir basteln hier einen Flyer eines Yoga-Vereins. Die Formatierung kommt später an die Reihe.

Schritt 3

Formatieren Sie die erste Zeile relativ auffällig. Stellen Sie einen **Schriftgrad** von **16 Pt** ein, als Schriftfarbe **Blau**, und weisen Sie der Zeile über das Symbol **Texteffekte ▸ Schatten** z.B. den Effekt **Offset unten** zu.

Erst schreiben, dann formatieren

Sie tun sich selbst einen Gefallen, wenn Sie erst den Text schreiben und dann die Formatierung vornehmen. So vermeiden Sie, dass Sie Formatierungen durch Drücken der ⏎ -Taste aus Versehen nach unten »mitnehmen«.

Schritt 4

Die Auflistung erhält Aufzählungszeichen. Markieren Sie die Liste,
und klicken Sie auf der Registerkarte
Start auf den Pfeil am Symbol **Aufzählungszeichen**. Wählen Sie ein
Aufzählungszeichen aus der **Aufzählungszeichenbibliothek**.

Schritt 5

Wenn Sie das gesuchte Zeichen nicht
in der Bibliothek finden, klicken
Sie auf **Neues Aufzählungszeichen
definieren ❶** und dann auf die
Schaltfläche **Symbol**.

Schritt 6

Wählen Sie im Dialog **Symbol** die
Schriftart **Wingdings ❷**, indem Sie
auf den kleinen Pfeil klicken. Suchen
Sie in der Palette der Symbole das
gewünschte Zeichen, markieren Sie
es, und klicken Sie auf **OK**. Schließen Sie alle Dialoge.

Flyer (Forts.)

Schritt 7

Auch die Farbe der Aufzählungszeichen lässt sich anpassen. Klicken Sie im oben gezeigten Dialog **Neues Aufzählungszeichen definieren** auf die Schaltfläche **Schriftart**, und wählen Sie im neuen Dialogfenster im Feld **Schriftfarbe** eine Farbe aus der Palette.

Schritt 8

Ein Bild soll den Flyer beleben. Sie können natürlich ein eigenes Foto oder eine eigene Grafik verwenden, wir fügen hier eine Onlinegrafik ein. Klicken Sie auf der Registerkarte **Einfügen** auf **Onlinegrafiken**. Geben Sie als Suchbegriff »Yoga« ein, und klicken Sie auf die Lupe. Wählen Sie aus den Treffern dann ein Bild aus, und klicken Sie auf **Einfügen**.

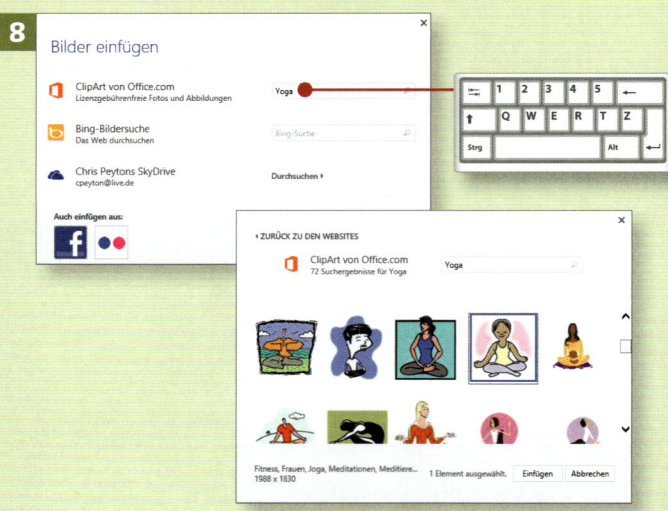

Schritt 9

Das Bild soll etwas blasser hinter dem Text liegen. Daher klicken Sie auf der Registerkarte **Format** der **Bildtools** auf den Pfeil am Symbol **Farbe**. Im Bereich **Neu einfärben** wählen Sie die Variante **Blau, Akzentfarbe 1 hell**.

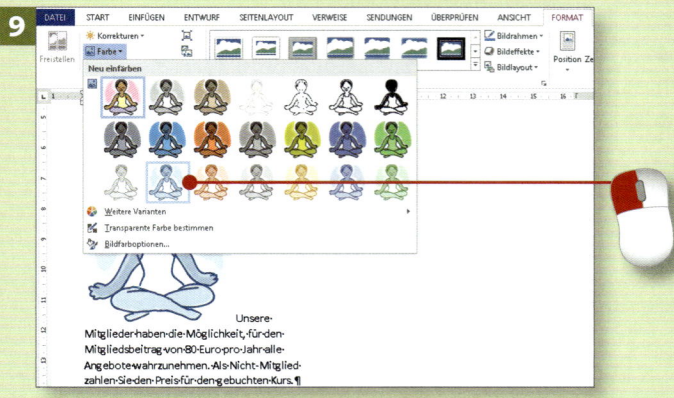

Schritt 10

Markieren Sie die Grafik, und klicken Sie dann auf die Schaltfläche **Layoutoptionen**. Wählen Sie im Menü den Textumbruch **Hinter den Text**. Mit dieser Umbruchart können Sie dann auch die Option **Position auf der Seite fixieren** aktivieren, damit das Bild nicht verrutscht, falls Sie den Absatz, an dem es verankert ist, noch verschieben.

Schritt 11

Positionieren Sie die Grafik nun so, dass sie teils hinter der Aufzählung liegt, und passen Sie gegebenenfalls die Größe an. Formatieren Sie nach Wunsch weitere Textpassagen des Flyers.

Schritt 12

Nachdem Sie den ersten Flyer gestaltet haben, markieren und kopieren Sie den kompletten Inhalt und fügen ihn in die nächsten beiden Spalten ein, indem Sie jeweils `Strg` + `V` drücken oder auf das Symbol **Einfügen (Ursprüngliche Formatierung beibehalten)** klicken. Denken Sie daran, den Cursor vor dem Einfügen richtig, also jeweils in die nächste Spalte, zu setzen.

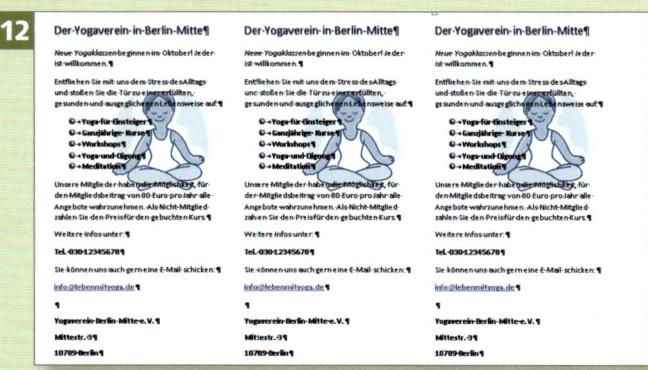

Zwischenlinien einfügen

Wenn Sie Schnittlinien zwischen den Spalten einfügen wollen, klicken Sie auf der Registerkarte **Seitenlayout** im Menü des Symbols **Spalten** auf **Weitere Spalten**. Im Dialog aktivieren Sie die Option **Zwischenlinie**.

Grußkarte

Wir erstellen eine Karte, die Sie anlässlich Ihres Umzugs verschicken können. Die Klappkarte im DIN-A4-Format ist außen gestaltet und bietet innen Platz für Ihren Text.

Schritt 1

Geben Sie zunächst im Dialog **Seite einrichten (Seitenlayout ▸ Seitenränder ▸ Benutzerdefinierte Seitenränder)** für den oberen und den unteren Rand 2 cm ein, für den linken und rechten Rand jeweils 1,8 cm. Wählen Sie das Querformat, und bestätigen Sie mit **OK**.

Schritt 2

Klicken Sie auf der Registerkarte **Seitenlayout** auf **Spalten** und im Menü auf **Weitere Spalten**. Im Dialogfenster markieren Sie das Symbol für zwei Spalten ❶ und aktivieren die Option **Zwischenlinie** ❷.

Schritt 3

Klicken Sie dann auf der Registerkarte **Entwurf** in der Gruppe **Seitenhintergrund** auf **Seitenränder**. Im Dialogfenster wählen Sie auf der Registerkarte **Seitenrand** im Feld **Farbe** Ihre Wunschfarbe und im Feld **Breite** die Stärke des Seitenrahmens. Klicken Sie dann auf **Kontur** ❸.

Schritt 4

Die linke Spalte bildet die Rückseite der Klappkarte. Diese Seite
enthält eine kleine Form, in die Sie
Ihre neue Adresse schreiben. Wechseln Sie auf die Registerkarte **Einfügen**, und klicken Sie im Menü der
Schaltfläche **Formen** ganz unten
auf das Symbol **Wolkenförmige
Legende**.

Schritt 5

Ziehen Sie die Form mit gedrückter
Maustaste auf. In dieser Form blinkt
automatisch der Cursor, sodass
Sie hier gleich schreiben können.
Den Text formatieren Sie dann wie
üblich mit den Befehlen auf der
Registerkarte Start (**Schriftgrad 16**,
Schriftfarbe Rot, **Fett**).

Schritt 6

Die Form soll keine farbliche Füllung haben. Markieren Sie sie, und
klicken Sie auf der Registerkarte
Format der **Zeichentools** auf **Fülleffekt**. Wählen Sie im Menü **Keine
Füllung**.

Grußkarte (Forts.)

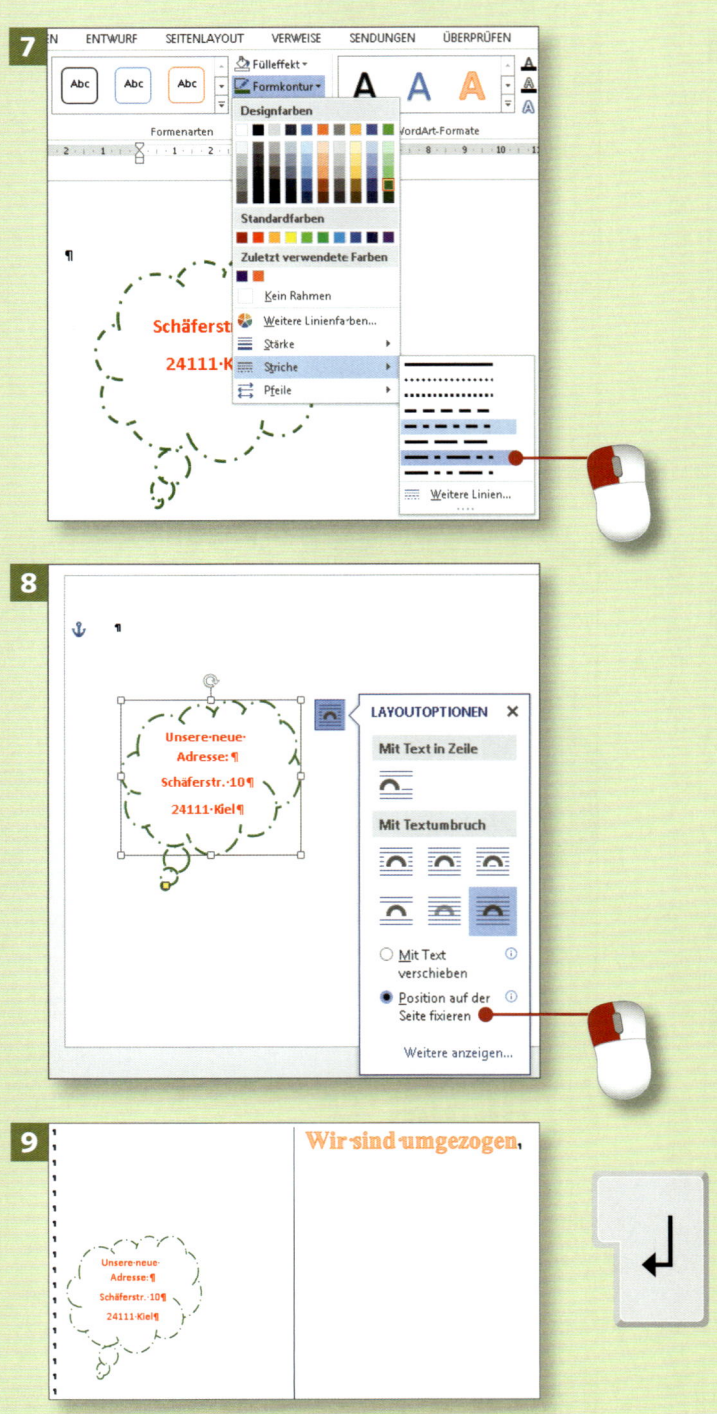

Schritt 7

Den Umriss der Form bearbeiten Sie im Menü der Schaltfläche **Form-kontur**. Wählen Sie hier eine Farbe und über das Untermenü des Eintrags **Striche** eine Umrissvariante (**Strichpunkt**).

Schritt 8

Zum Positionieren der Form stellen Sie am besten einen nicht zu großen Zoom ein, sodass Sie die Seite gut erkennen können. Ziehen Sie die Form mittig auf die Seite. Klicken Sie dann auf die Schaltfläche **Layoutoptionen**, und aktivieren Sie die Option **Position auf der Seite fixieren**.

Schritt 9

Drücken Sie so oft die ⏎-Taste, bis Sie in die nächste Spalte gelangen. Für den Text auf der Vorderseite der Klappkarte (»Wir sind umgezogen«) wählen Sie die Schriftart **Times New Roman**, **36 Pt** und als Texteffekt (Symbol **Texteffekte**) **Füllung – Orange**, **Akzent 2**.

Schritt 10

Der Texteffekt wird mit einer 3-D-Wirkung noch etwas aufgepeppt. Markieren Sie den Text, und öffnen Sie über **Texteffekte ▸ Spiegelung ▸ Spiegelungsoptionen** den Aufgabenbereich, in dem Sie 3-D-Formate finden.

Schritt 11

Wandern Sie im Aufgabenbereich **Texteffekte formatieren ▸ Spiegelung** ein wenig nach unten bis zu dem Bereich **3D-Format**. Öffnen Sie die Auswahl **Abschrägung oben**, und wählen Sie **leichte Abschrägung**. Für eine kräftigere Kontur ist im Feld **Material** die Variante **Dunkle Kante** eingestellt (den Effekt sehen Sie in der Abbildung zu Schritt 13).

Schritt 12

Auch auf der Vorderseite fügen Sie eine passende Grafik ein. Öffnen Sie über **Einfügen ▸ Onlinegrafiken** das Fenster **Bilder einfügen**. Geben Sie in das Suchfeld von **ClipArt von Office.com** den Suchbegriff »Umzug« ein, und klicken Sie auf die Lupe. Sofort werden die Treffer präsentiert. Markieren Sie die Grafik Ihrer Wahl, und klicken Sie auf **Einfügen**.

Grußkarte (Forts.)

Schritt 13

Passen Sie die Größe der Grafik an, positionieren Sie sie, und setzen Sie sie in den Hintergrund. Klicken Sie dazu auf die Schaltfläche **Layoutoptionen**, und wählen Sie die Textumbruchart **Hinter den Text** (wegen einer Zeile, die später noch hinzugefügt wird). Aktivieren Sie im Menü auch gleich die Option **Position auf der Seite fixieren**.

Schritt 14

Über eine **Bildformatvorlage** erhält das Bildchen einen besonderen Pfiff. Markieren Sie das Bild, und klicken Sie auf der Registerkarte **Format** der **Bildtools** auf den Pfeil der **Bildformatvorlagen**. Wählen Sie im Menü z. B. **Reflektiertes abgerundetes Rechteck**.

Schritt 15

Wandern Sie mit der ⏎-Taste ein wenig nach unten, und schreiben Sie die nächste Zeile. Markieren Sie die Zeile, und formatieren Sie sie mit dem **Schriftgrad 20** und über das Menü der Schaltfläche **Schriftfarbe** mit der **Schriftfarbe Grün**, **Akzent 6**.

Schritt 16

Zu guter Letzt fügen Sie noch ein Textfeld ein, damit Sie einen Text frei auf der Seite positionieren können. Klicken Sie auf der Registerkarte **Einfügen** auf **Textfeld ▸ Textfeld erstellen**. Der Mauszeiger wird – wie bei anderen Formen – zu einem Kreuz. Ziehen Sie das Textfeld mit gedrückter Maustaste auf.

Schritt 17

Schreiben Sie den Text in das Textfeld. Um es zu positionieren, zeigen Sie mit der Maus auf den Rand, sodass der Vierfachpfeil erscheint. Dann ziehen Sie das Textfeld an die gewünschte Stelle.

Schritt 18

Stellen Sie den Zoom so ein, dass Sie beide Seiten des Flyers und die Anordnung der Elemente gut sehen. Nehmen Sie Änderungen vor, wenn Sie noch nicht zufrieden sind. Speichern Sie Ihr Dokument nach, oder klicken Sie auf **Datei ▸ Speichern unter**, sofern es noch nicht gespeichert ist.

Die Karte als PDF
Wenn Sie die Karte in großen Stückzahlen anfertigen wollen, speichern Sie sie als PDF (**Datei ▸ Exportieren**), und gehen Sie in den nächsten Copyshop. Dort können Sie hochwertige Ausdrucke anfertigen.

Rechnungen

Rechnungen kann man mit Excel schreiben, aber auch Word bietet dafür gute Möglichkeiten – sogar Rechenoperationen können Sie an Word delegieren. Der Clou ist, dass sich die Ergebnisse anpassen lassen, wenn sich die zugrunde liegenden Zahlen ändern.

Schritt 1

Für eine klassische Rechnung benötigen Sie fünf Spalten. Legen Sie also über **Einfügen ▸ Tabelle** fünf Spalten an. Um die Anzahl der Zeilen brauchen Sie sich erst einmal nicht zu kümmern.

Schritt 2

In der ersten Zeile der Tabelle stehen die Überschriften der Tabelle. Geben Sie z. B. »POS«, »Produktbezeichnung«, »Menge«, »Einzelpreis/€« und »Gesamt« ein.

Schritt 3

Passen Sie die Spaltenbreite an. Die Spalte *POS* enthält lediglich eine Nummer, kann also sehr schmal sein. Setzen Sie den Cursor an die rechte vertikale Linie, und ziehen Sie sie mit gedrückter Maustaste ein wenig nach links. Die Spalte *Produktbezeichnung* verbreitern Sie etwas.

Euro-Zeichen

Das Euro-Zeichen erzeugen Sie, indem Sie die Taste `Alt Gr` gedrückt halten und `E` drücken.

Schritt 4

Setzen Sie den Cursor in die letzte Spalte, und drücken Sie die Tabulatortaste. Sie erhalten eine neue Zeile. Schreiben Sie nun den Text für die Rechnung: »001« in der Spalte *POS*, dann die Produktbezeichnung etc.

Schritt 5

Die Spalte *Gesamt* lassen Sie frei, da Sie die Aufgabe der Berechnung (Menge x Einzelpreis) später Word überlassen.

Schritt 6

Formatieren Sie nun die erste Zeile der Rechnung. Markieren Sie dazu die gesamte Zeile, stellen Sie eine Schriftgröße von **14 Pt** ein, und setzen Sie den markierten Text auf **Fett**. Welche Schriftart Sie wählen, bleibt Ihnen überlassen.

Zeilen markieren

Sie können eine Zeile markieren, indem Sie den Mauszeiger links neben die Zeile setzen (Sie sehen einen Pfeil) und klicken.

Rechnungen (Forts.)

Schritt 7

Wenn Sie sich nicht alle Linien anzeigen lassen möchten, markieren Sie die Tabelle und entfernen zunächst alle Linien. Klicken Sie also auf der Registerkarte **Start** auf **Rahmen ▸ Kein Rahmen**.

Schritt 8

Markieren Sie nun die erste Zeile. Wählen Sie im Menü des Symbols **Rahmen** die Option **Rahmenlinie unten** und dann **Rahmenlinie oben**.

Schritt 9

Fügen Sie eine neue Zeile hinzu. Setzen Sie den Cursor dazu in die letzte Zelle, und drücken Sie die Tabulatortaste. Schreiben Sie »Gesamtbetrag« in die zweite Spalte.

Schritt 10

Fügen Sie zwei weitere Zeilen hinzu. Schreiben Sie »Mehrwertsteuer« in die zweite Spalte, und »19 %« in die dritte (der Eintrag »19 %« gehört in eine neue Zelle, damit Sie damit rechnen können). In die letzte Zeile schreiben Sie »Bruttobetrag«.

Schritt 11

Auch über der Zeile *Gesamtbetrag* soll eine Linie zu sehen sein. Markieren Sie also die Zeile, und wählen Sie im Menü des Symbols **Rahmen** die Option **Rahmenlinie oben**.

Schritt 12

In der letzten Zelle wird der Bruttobetrag stehen. Auch sie soll Linien erhalten. Markieren Sie nur diese Zelle, und klicken Sie im Menü des Symbols **Rahmen** auf **Rahmen und Schattierung** (weil Sie eine doppelte Linie brauchen).

Gitternetzlinien

Ob Sie nach der Formatierung der Linien noch »zarte« Linien auf dem Bildschirm sehen oder nicht, hängt von den Einstellungen der Gitternetzlinien ab. Sie (de)aktivieren sie auf der Registerkarte **Layout** über das Symbol **Gitternetzlinien anzeigen**.

Rechnungen (Forts.)

Schritt 13

Klicken Sie im Vorschaubereich auf das Symbol für eine Linie oben ❶, wählen Sie dann in der Liste **Formatvorlagen** eine doppelte Linie ❷, und klicken Sie danach auf das Symbol für eine Linie unten. Bestätigen Sie mit **OK**.

Schritt 14

Die Tabelle ist vorbereitet; nun fehlen nur noch die berechneten Beträge. Setzen Sie den Cursor in die erste Zeile der Spalte *Gesamt*. Klicken Sie auf der Registerkarte **Layout** der **Tabellentools** auf **Formel**.

Schritt 15

Im Dialog **Formel** geben Sie die Formel bzw. Funktion ein, die Sie für die Berechnung benötigen. Word schlägt **SUM** vor, was an dieser Stelle nicht funktioniert, weil Sie multiplizieren wollen. Löschen Sie **SUM(LEFT)**, aber nicht das Gleichheitszeichen.

»LEFT« und »ABOVE«

Diese Angabe drückt aus, dass die Zahlen, mit denen Sie rechnen wollen, links oder oberhalb vom Cursor stehen. Word akzeptiert auch deutsche Begriffe. Anstelle von »LEFT« (wie vorgeschlagen) können Sie auch »links« schreiben (oder »RIGHT« bzw. »rechts«), anstelle von »ABOVE« geht auch »über«, anstelle von »BELOW« auch »unter«.

Schritt 16

Wählen Sie im Feld **Funktion einfügen** die Funktion **PRODUCT ❸**. In die Klammer im Feld **Formel** schreiben Sie dann »left«. Im Feld **Zahlenformat** wählen Sie ein Format mit zwei Nachkommastellen. Bestätigen Sie die Formel mit **OK**.

Schritt 17

Diese Funktion setzen Sie auch für die nächsten drei Zeilen ein. In der Zelle, in der der Gesamtbetrag zu errechnen ist, können Sie den Vorschlag **=SUM(ABOVE)** übernehmen, denn es geht ja darum, die Summe der Zahlen über dem Cursor zu bilden.

Schritt 18

In die Zelle mit der Mehrwertsteuer geben Sie im Feld **Formel** »=E6 * 19%« ein, für den Bruttobetrag »=E6 + E7«. Um die Berechnung zu aktualisieren, markieren Sie die gesamte Tabelle und drücken F9.

POS¤	Produktbezeichnung¤	Menge¤	Einzelpreis/€¤	Gesamt¤	¤
001¤	BB-Liner¤	5¤	44,50¤	222,50¤	¤
002¤	ProFomer, blau¤	12¤	19,90¤	238,80¤	¤
003¤	Punching-Ball¤	12¤	14,90¤	178,80¤¤	
004¤	Pocket-Gym¤	8¤	34,50¤	276,00¤¤	
¤	Gesamtbetrag¤	¤	¤	916,10¤¤	
¤		¤	¤	174,06¤¤	
¤			¤	1.090,16¤	

Zelladressen in Word

Sie können mit den Werten einzelner Zellen rechnen. Dazu verwenden Sie die Adressen der Zellen. Word benennt dabei die Spalten mit Buchstaben (A aufsteigend) und nummeriert die Zeilen beginnend bei 1.

Faxvorlagen

Die Faxvorlage wird als Dokumentvorlage erstellt. Textvorgaben und Kästchen zum Ankreuzen erleichtern die Eingabe und dem Empfänger das Verständnis.

Schritt 1

Klicken Sie auf **Datei ▸ Neu**, und beginnen Sie Ihre Arbeit an der Faxvorlage mit einem leeren Dokument. Klicken Sie also auf **Leeres Dokument**.

Schritt 2

Schreiben Sie nun am Kopf der Seite Ihren Firmennamen, Ihre Adresse und als Überschrift »Fax-Deckblatt«. Formatieren Sie nach Belieben. Hier ist der obere Rand des Blattes auf 1 cm gesetzt. Das Telefon- und Fax-Symbol und das Trennzeichen sind Symbole aus der Schriftart **Wingdings**.

Schritt 3

Als Nächstes fügen Sie eine zweispaltige Tabelle mit sieben Zeilen ein. Klicken Sie auf der Registerkarte **Einfügen** auf **Tabelle**, und markieren Sie mit der Maus zwei Spalten und sieben Zeilen.

Schritt 4

Die Spalten der unteren drei Zeilen sollen verbunden werden. Markieren Sie dazu die erste der drei Zeilen, und klicken Sie auf der Registerkarte **Tabellentools/Layout** auf **Zellen verbinden**. Verfahren Sie mit den anderen beiden Zeilen ebenso.

Schritt 5

Den Abstand zwischen den Linien stellen Sie folgendermaßen ein: Klicken Sie auf der Registerkarte **Layout** auf **Zellenbegrenzungen** ❶. Aktivieren Sie im Dialog die Option **Abstand zwischen Zellen zulassen**, und wählen Sie im Feld daneben »0,15 cm«.

Schritt 6

Geben Sie nun den Text in die Tabelle ein. Drücken Sie nach der Eingabe für die späteren Eingabefelder jeweils einmal die ⏎-Taste. In der vorletzten Zeile geben Sie untereinander »Dringend«, »Zur Kenntnis«, »Zur Stellungnahme«, »Mit Dank zurück« und »Zum Verbleib« ein. In die letzte Zeile schreiben Sie »Bemerkung/Kommentar«.

Faxvorlagen (Forts.)

Schritt 7

Aktivieren Sie nun – falls noch nicht eingeblendet – die Registerkarte **Entwicklertools**, um die Formularfelder einfügen zu können. Klicken Sie auf **Datei ▸ Optionen**, und wechseln Sie zu **Menüband anpassen**. Aktivieren Sie im rechten Bereich **Hauptregisterkarten** das Häkchen vor **Entwicklertools**. Bestätigen Sie den Dialog mit **OK**.

Schritt 8

Um Kästchen zum Ankreuzen einzufügen, setzen Sie den Cursor an den Anfang der jeweiligen Zeile (beginnend bei »Dringend«) und klicken auf der Registerkarte **Entwicklertools** auf **Kontrollkästchensteuerelement ❶**.

Schritt 9

Nun setzen Sie den Cursor in eine Zelle, in die später Text eingetragen werden soll. Fügen Sie dann mit dem Symbol **Nur-Text-Inhaltssteuerelement ❷** ein Eingabefeld für Text ein (hier taucht nun ein entsprechender Text auf). Verfahren Sie ebenso mit den anderen Zellen.

Schritt 10

Damit »Klicken Sie hier …« nicht mit ausgedruckt wird, müssen Sie die Felder als **Ausgeblendet** formatieren. Markieren Sie dazu nach und nach alle Felder, und öffnen Sie den Dialog **Schriftart**. Aktivieren Sie hier die Option **Ausgeblendet**.

Schritt 11

Im untersten Eingabefeld sollen Zeilenumbrüche möglich sein. Markieren Sie das Feld, und klicken Sie auf der Registerkarte **Entwicklertools** auf **Eigenschaften** ❸. Im Dialog aktivieren Sie die Option **Wagenrückläufe zulassen (mehrere Absätze)**.

Schritt 12

Nun müssen Sie das Dokument noch schützen, um nur Texteingaben in den dafür vorgesehenen Feldern zuzulassen. Klicken Sie auf der Registerkarte **Entwicklertools** auf **Bearbeitung einschr.**.

Absätze in Textfeldern

Ohne die Einstellung aus Schritt 12 kann zwar langer Text in das Feld eingegeben werden, aber das Drücken der ⏎-Taste erzeugt keinen Absatz.

Faxvorlagen (Forts.)

Schritt 13

Daraufhin wird rechts der Aufgabenbereich **Bearbeitung einschränken**
geöffnet. Aktivieren Sie hier die
Option **Nur diese Bearbeitungen
im Dokument zulassen**, und wählen Sie im Auswahlfeld darunter die
Option **Ausfüllen von Formularen**.
Klicken Sie dann auf **Ja, Schutz jetzt
anwenden**.

Schritt 14

Im Dialog **Dokumentschutz anwenden** können Sie ein Kennwort
eingeben, ohne dessen Kenntnis
der Dokumentschutz nicht aufgehoben werden kann. Wenn Sie
kein Kennwort eingeben, kann
jeder den Schutz aufheben, aber
das Dokument ist dennoch vor
versehentlichen Änderungen gefeit –
was im Allgemeinen ausreicht.

Schritt 15

Die Dokumentvorlage ist nun fertig
und kann gespeichert werden. Klicken Sie dazu auf **Datei ▸ Speichern
unter**. Markieren Sie **Computer**, und
klicken Sie dann auf **Durchsuchen**.

Schutz aufheben

Um geschützte Dokumente zu ändern, klicken Sie
auf der Registerkarte **Entwicklertools** ebenfalls auf
Bearbeitung einschränken und im Aufgabenbereich
dann auf **Schutz aufheben**.

Schritt 16

Wählen Sie im Dialog **Speichern unter** über die Auswahl des Feldes **Dateityp** den Typ **Word-Vorlage** ❶. Der Vorlagenordner wird automatisch geöffnet ❷. Geben Sie der Vorlage einen Namen, und speichern Sie sie. Dann können Sie sie schließen.

Schritt 17

Um die Faxvorlage zu verwenden, klicken Sie auf **Datei ▸ Neu** und dann auf den Link **Persönlich** ❸. Wählen Sie die soeben gespeicherte Vorlage aus, indem Sie sie anklicken.

Schritt 18

Im neuen Dokument können Sie aufgrund des eingestellten Schutzes nur in den vorgegebenen Feldern Text eingeben und die Ankreuzfelder aktivieren. Alle anderen Änderungen am Dokument werden unterbunden.

i

Datumsfelder

Wenn Sie im Dokument für das Datumsfeld eine kalenderartige Auswahl einblenden lassen möchten, wählen Sie in der Dokumentvorlage ein **Datumsauswahl-Inhaltssteuerelement**.

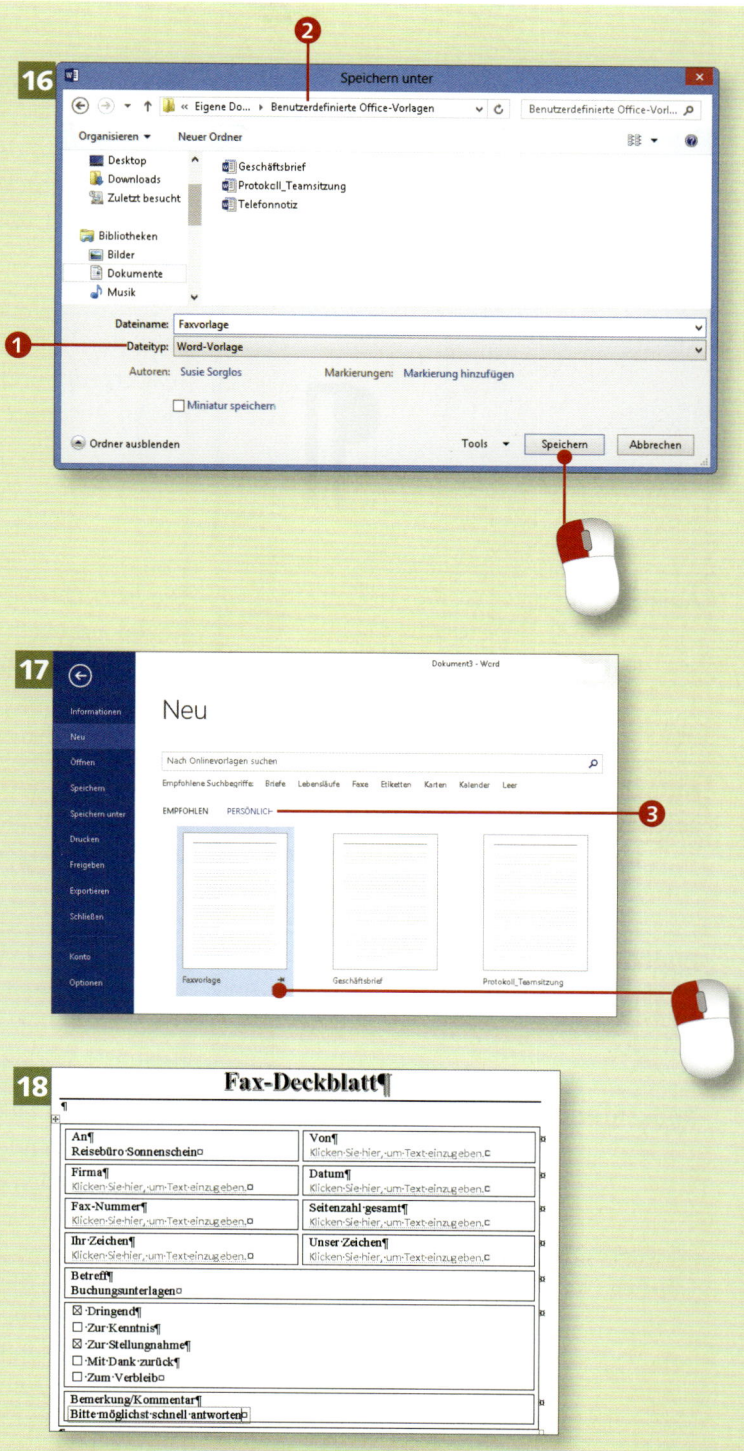

Glossar

Begriff	Abbildung	Erklärung
Absatz		Ein Absatz ist der Text zwischen zwei Absatzmarken. Sobald Sie die ⏎-Taste drücken, erzeugen Sie einen neuen Absatz, der beendet wird, wenn Sie erneut die ⏎-Taste drücken. Dazwischen steht Fließtext, also fortlaufender Text.
Absatzmarke	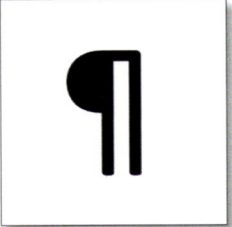	Wird durch das Drücken der ⏎-Taste in einem Word-Text erzeugt und gehört zu den Formatierungszeichen, die im Ausdruck nicht sichtbar sind.
Ausrichtung		Die Ausrichtung bezieht sich auf die Anordnung von Absätzen auf einer Seite. Standardmäßig ist sie linksbündig (die ersten Zeichen stehen Zeile für Zeile untereinander), Absätze können aber auch zentriert, rechtsbündig oder im Blocksatz ausgerichtet werden.
Aufzählungs-zeichen		Aufzählungszeichen werden einzelnen Zeilen einer Liste vorangestellt. Sie dienen der Abhebung und Gestaltung von Textpassagen.
Bildlaufleiste		Befindet sich in vielen Programmfenstern am rechten und am unteren Rand. Man kann innerhalb der Fenster navigieren, indem man mit gedrückter Maustaste an dem Balken zieht oder auf die Pfeile klickt.
Bildschirmtastatur		Die virtuelle Tastatur, die sich bei Laptops mit Touch-screen einblenden lässt. Auf dieser Tastatur kann man die Buchstaben antippen, um zu schreiben.
ClipArt		ClipArts sind Bilder (Illustrationen, Fotos) und andere Mediendateien, die in ein Dokument eingefügt werden können. In den neuen Office-Programmen werden sie (nur) online zum Download angeboten.

Cursor		Auch Einfügemarke genannt. Kennzeichnet die aktuelle Bearbeitungsposition in einem Computerprogramm. Bei einem Textverarbeitungsprogramm zeigt er z. B. die Stelle auf dem Bildschirm an, an der Tastatureingaben eingefügt werden. Er wird meist als senkrechter oder waagerechter Strich dargestellt.
Datei	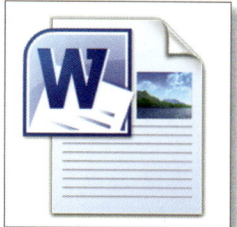	Besteht aus inhaltlich zusammengehörigen Daten, die unter einem Dateinamen und in einem bestimmten Dateiformat auf einem Datenträger oder Speichermedium gespeichert sind. Dateien sind »persistent«, weil sie trotz der Beendigung des Programms nicht verloren gehen.
Dateiformat		Legt den Inhalt von Dateien fest und ist bestimmten Anwendungsprogrammen zugeordnet. Wichtig ist dabei die Einhaltung der vereinbarten Konventionen über die Strukturierung der Informationen eines bestimmten Datentyps (z. B. Text oder Audio). Nur so können die Computer- und Anwendungsprogramme diese Dateiformate lesen. Ein Dateiformat wird durch die Dateinamenerweiterung gekennzeichnet, z. B. *.docx*.
Design		Das gewählte Design bestimmt das Aussehen des gesamten Dokuments, einschließlich Schriftarten, -farben oder Texteffekten. Word 2013 bietet im Dateiformat DOCX zahlreiche Designs an.
Drag & Drop	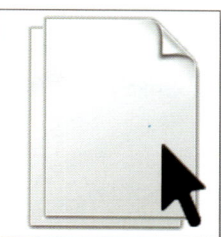	Methode, um Text zu kopieren und einzufügen. Sie markieren den Text und ziehen ihn (Drag) mit gedrückter Maustaste an die gewünschte Stelle im Dokument. Dort lassen Sie ihn »fallen« (Drop), indem Sie die Maustaste loslassen.

Glossar

Dokumentvorlage		Dokumentvorlagen sind vorgefertigte Dokumente. Sie können Formatierungen, Text und andere Elemente enthalten. Selbst erstellte Dokumente werden unter **Persönlich** gesammelt. Word 2013 bietet viele Vorlagen zu unterschiedlichen Themen, die Sie sich aus dem Internet herunterladen können.
Einzug	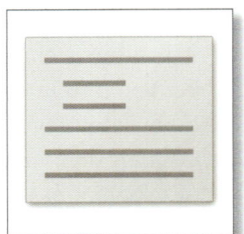	Wenn man Text ein wenig vom eingestellten Seitenrand aus einrückt (meistens vom linken Seitenrand), spricht man von einem Einzug. Der Befehl wirkt sich auf den Absatz aus, in dem der Cursor steht.
Entwurfsansicht		Die Entwurfsansicht ist eine der möglichen Ansichten in Word. Im Gegensatz zum Seitenlayout werden hier keine Ränder, Seitenumbrüche oder Ähnliches angezeigt; das Dokument sieht also nicht so aus wie der Ausdruck.
Fingereingabe		Die Möglichkeit, die Funktionen des Programms durch Berührung mit dem Finger zu bedienen, sofern man an einem Touchscreen arbeitet. Word 2013 bietet einen speziellen Fingereingabemodus für die Fingereingabe an, bei dem die Abstände zwischen den Symbolen größer sind, sodass man sie besser »treffen« kann.
Formatieren		Die optische Bearbeitung eines Textes nennt man Formatieren. Man unterscheidet zwischen *Zeichenformatierung* (die Veränderung einzelner markierter Zeichen), *Absatzformatierung* (die Bearbeitung von Absätzen) und *Seitenformatierung* (die Bearbeitung des ganzen Dokuments oder einzelner Abschnitte).

Formatierungs-zeichen		Die Formatierungszeichen wie Absatzmarken und Leerzeichen helfen Ihnen, Ihre Dokumente zu steuern, zu strukturieren und zu korrigieren. Sie sind – mit der Einstellung **Alle anzeigen** – nur auf dem Bildschirm, aber nicht im Ausdruck zu sehen.
Formatvorlage		Formatvorlagen sind gebündelte Formatierungen (z. B. eine bestimmte Schriftart oder Schriftgröße), die man einem Absatz per Mausklick zuweisen kann. Auf diese Weise kann man Textabschnitte schnell und gleichbleibend formatieren. Es gibt fertige Formatvorlagen (z. B. **Überschrift 1**), die sich anpassen lassen.
Fußnote		Fußnoten sind Texte, die an den Fuß einer Seite geschrieben werden. Es handelt sich um Ergänzungen zum Textinhalt, z. B. Literaturhinweise, Quellenangaben oder Kommentare. Fußnotenzeichen im Text verweisen auf die Fußnoten, denen das entsprechende Zeichen ebenfalls vorangestellt wird.
Fußzeile	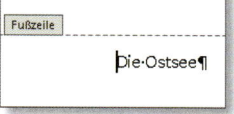	Die Fußzeile ist der Bereich am Fuß der Seite, der Text aufnimmt, der auf jeder Seite des Dokuments stehen soll. Die Wiederholung des Textes erfolgt automatisch. Typischerweise wird der Fußzeilenbereich auch dafür verwendet, Seitenzahlen einzufügen.
Hochformat		Das Hochformat beschreibt eine Seite, bei der sich die kürzeren Blattkanten oben und unten befinden. Öffnet man ein neues Dokument in Word, ist standardmäßig das Hochformat eingestellt. Das Pendant (mit den längeren Blattkanten oben und unten) ist das Querformat.
Kopieren	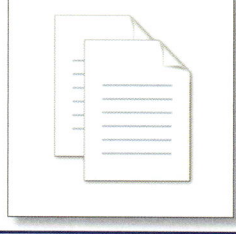	Kopieren bedeutet in der Textverarbeitung, dass eine Textpassage mithilfe des Befehls **Kopieren** dupliziert wird. Die kopierte Textpassage landet in der Zwischenablage und kann dann an anderer Stelle eingefügt werden.

Glossar

Kopfzeile		Die Kopfzeile ist der Bereich am Kopf der Seite, der Text aufnimmt, der auf jeder Seite des Dokuments stehen soll. Die Wiederholung des Textes erfolgt automatisch. Oft steht in der Kopfzeile ein Firmenname, die Überschrift des Kapitels oder der Name des Dokuments.
Kursivierung		Die Kursivierung ist eine Schriftauszeichnungsart. Sie dient zur Hervorhebung der Schrift innerhalb von Texten und Textpassagen. Kursivschrift läuft im Gegensatz zur normalen Schrift schräg (normalerweise nach rechts geneigt).
Laufweite		Die Laufweite bezeichnet den Abstand zwischen den Zeichen einer Schrift. In Word kann man die Standardlaufweite einer Schrift sowohl verkleinern (um die Zeichen näher zusammenrücken zu lassen) als auch erweitern (sodass sich der Abstand zwischen den Zeichen vergrößert).
Lesemodus		Im Lesemodus wird ein Dokument ohne Menüband wie ein Buch angezeigt. Links und rechts gibt es Pfeile zum Blättern.
Lineal		In Word lassen sich Lineale anzeigen. Es gibt das horizontale Lineal am oberen Bildschirmrand und ein vertikales Lineal am linken Rand. Beide sind in Zentimeter gegliedert und zeigen u. a. die Breite der Seitenränder an.

Markieren		Markieren bedeutet, dass man eine Anzahl von Zeichen auswählt, um Word »mitzuteilen«, dass Formatierungseigenschaften nur auf diesen Text angewandt werden sollen. Üblicherweise markieren Sie mit der linken Maustaste, es geht aber z. B. auch mit der ⇧-Taste und einer der Pfeiltasten, mit Tastenkombinationen oder bei einem Touchscreen auch mit dem Finger.
Querformat		Das Querformat beschreibt eine Seite, bei der sich die längeren Blattkanten oben und unten befinden. Es eignet sich z. B. für Tabellen mit vielen Spalten.
Rechtschreib-prüfung	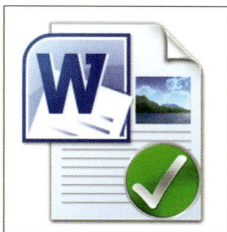	Die Rechtschreibprüfung in Word überprüft den geschriebenen Text anhand eines programmeigenen Wörterbuchs. Wurde ein Wort nicht so geschrieben, wie es im Wörterbuch steht, oder ist der Begriff unbekannt, erscheint unter dem Wort eine rote Wellenlinie.
Registerkarte		Registerkarten sind die Bereiche auf dem Menüband, auf denen zu unterschiedlichen Themen passende Befehle und Funktionen gesammelt sind. Mit einem Klick auf den jeweiligen Reiter wechselt man die Registerkarten. Auch Dialogfenster können mehrere Registerkarten beinhalten.
Schriftart		Als Schriftart bezeichnet man die grafische Gestaltung eines Zeichensatzes. Zur Unterscheidung der typografischen Eigenschaften erhalten Schriften Namen, z. B. **Arial**, **Courier** oder **Times New Roman**. Word wird standardmäßig mit einer Menge verschiedener Schriftarten ausgeliefert.

Glossar

Seitenlayout	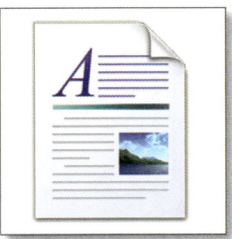	Das Seitenlayout bezieht sich sowohl auf die eingestellten Seitenränder eines Dokuments als auch auf die Ausrichtung des Blattes. Dabei kann zwischen Hochformat und Querformat unterschieden werden.
Seitenumbruch	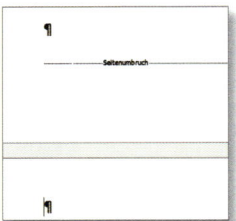	Wenn das Ende einer Seite erreicht ist, wandert Word automatisch auf die nächste Seite. Dies ist der Seitenumbruch. Um an einer bestimmten Stelle einen Seitenumbruch einzufügen, drückt man die Tasten Strg + ↵ .
Serienbrief		Ein Serienbrief ist ein Dokument, das an mehrere Empfänger versendet wird. Eine Datenbank enthält die variablen Elemente, z. B. die Namen der Empfänger und ihre Adressen. Diese werden mithilfe von Feldern in die Textvorlage/das Dokument integriert. Durch das Zusammenführen des Dokuments mit der Datenquelle ergeben sich die fertigen Serienbriefe.
Spalte		Ein Dokument kann einspaltig geschrieben sein (Standard) oder in mehrere Spalten unterteilt werden. Die Zeilen werden am Ende der Spalte umbrochen. Am Ende einer Spalte springt der Cursor zum Anfang der nächsten Spalte (oder in die erste Spalte der Folgeseite).
Statusleiste		Die Statusleiste befindet sich am unteren Rand des Word-Fensters. Hier werden u. a. Informationen über die Anzahl der Seiten und Wörter angezeigt. Rechts in der Statusleiste können Sie den Zoom einstellen oder die Ansicht ändern.
Tabelle		Eine Tabelle ist eine geordnete Zusammenstellung von Texten und/oder Daten. Die Inhalte werden dabei in Zeilen und Spalten gegliedert. Um in Word mit einer Tabelle zu arbeiten, fügt man sie einfach mit der gewünschten Spalten- und Zeilenanzahl in das Dokument ein.

Tabellenspalte	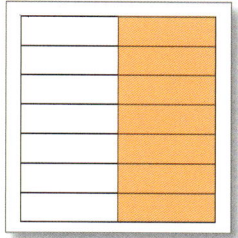	In den Tabellenspalten stehen die Informationen, die zur Spaltenüberschrift des jeweiligen Datensatzes passen. Unter der Überschrift *Nachname* stehen z. B. die unterschiedlichen Nachnamen, die in die Tabelle aufgenommen werden.
Tabellenzeile	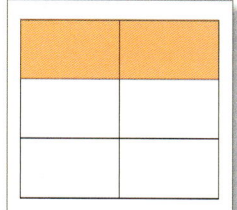	In einer Tabellenzeile stehen die Informationen, die zu einem Datensatz gehören, z. B. der Name, Vorname und der Wohnort einer Person.
Texteffekt	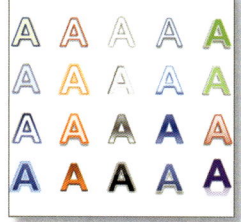	Mithilfe der Texteffekte wendet man einen Grafikeffekt auf den markierten Text an. Zu diesen Effekten zählen z. B. **Schatten**, **Spiegelung** oder **Leuchten**. Das Menü ist nur im Dateiformat DOCX nutzbar.
WordArt	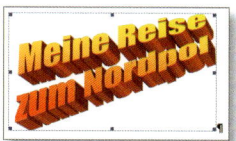	Mit WordArt kann Text dekorativ gestaltet werden. So erreichen Sie Effekte, die mit »normaler« Formatierung nicht einzustellen wären, z. B. Konturen und unterschiedlichste Verformungen von Schriftzügen (z. B. Bogen oder Wellen).
Zeilenumbruch		Text wird in Word automatisch umbrochen, wenn das Ende der Zeile, also der rechte Seitenrand, erreicht ist. Der Cursor springt dann in die nächste Zeile. Die ⏎-Taste wird nur gedrückt, um bewusst einen neuen Absatz zu beginnen.
Zoom		Mit dem Zoom wird die Anzeige auf dem Bildschirm gesteuert. Je höher der Zoomwert ist, desto größer wird die Anzeige der Schrift, doch der Ausschnitt verkleinert sich entsprechend.

Index

Index

Index

Index

Index

- Für alle Windows-Editionen geeignet

- Foto, Musik, Videos, Internet, Mail, Netzwerk, Sicherheit u.v.m.

- Mit klaren Schritt-für-Schritt-Anleitungen

René Gäbler

Windows 8
Der umfassende Ratgeber

So haben Sie Windows 8 schnell im Griff. René Gäbler zeigt und erklärt Ihnen das System mit all seinen Möglichkeiten. Von der Installation und dem Umgang mit Dateien und Ordnern über die Einrichtung von Hard- und Software bis hin zum eigenen Heimnetzwerk. In Farbe, mit vielen Bildern und anhand zahlreicher Schritt-für-Schritt-Anleitungen führt Sie René Gäbler in diesem umfassenden Ratgeber durch Windows 8. Kompetent, praxisnah und vollständig.

778 S., 2013, komplett in Farbe, mit DVD, 29,90 Euro
ISBN 978-3-8421-0058-9
www.vierfarben.de/3173

- Berechnen, Auswerten, Präsentieren

- Leicht verständlich, Bild für Bild erklärt

- Mit zahlreichen Excel-Vorlagen

Petra Bilke, Ulrike Sprung

Excel 2013
Die Anleitung in Bildern

Sie möchten Excel im Büro oder für Ihre privaten Berechnungen nutzen, wissen aber nicht, wie? Dann ist dieses Buch genau das richtige für Sie. Schritt für Schritt zeigen Petra Bilke und Ulrike Sprung Ihnen, wie Sie Daten in Excel eingeben, Formeln und Funktionen nutzen, Diagramme gestalten, Tabellenblätter ausdrucken u.v.m. Jeder Schritt wird an einem Bild verdeutlicht, sodass Sie alle gängigen Excel-Aufgaben schnell und sicher im Griff haben. Auch ohne Vorkenntnisse.

ca. 350 S., komplett in Farbe, 9,90 Euro
ISBN 978-3-8421-0074-9, Juni 2013
www.vierfarben.de/3287

- Grundlagen, Praxistipps, Profiwissen

- Tabellen gestalten, Daten analysieren, Ergebnisse verwalten und präsentieren

- Alle Funktionen ausführlich erklärt

Helmut Vonhoegen

Excel 2013
Das Handbuch zur Software

Umfassendes Excel-Wissen! Alle Funktionen von Excel 2013 werden Ihnen anhand praxisnaher Beispiele sowohl für den beruflichen als auch für den privaten Einsatz erklärt. Sie erfahren, wie Sie Daten effektiv eingeben, Excel auch auf einem Touchscreen bedienen, Formeln zur Berechnung einsetzen, Analysen erstellen, Tabellen gestalten oder Ihre Ergebnisse präsentieren und mit anderen teilen. Damit ist dieses Buch Einführung, Anleitung und Nachschlagwerk zugleich.

1145 S., 2013, mit DVD, 24,90 Euro
ISBN 978-3-8421-0073-2
www.vierfarben.de/3286

Vierfarben

- Leicht verständlich, Bild für Bild erklärt

- Schritt für Schritt zu eindrucksvollen Präsentationen

- Ohne Vorwissen sofort loslegen

Sabine Drasnin

PowerPoint 2013
Die Anleitung in Bildern

Im Handumdrehen eine PowerPoint-Präsentation erstellen – mit diesem Buch ist das kein Problem mehr! Schritt für Schritt zeigt Ihnen Sabine Drasnin, wie Sie PowerPoint 2013 richtig einsetzen und ohne mühsames Herumprobieren vorzeigbare Folien anfertigen. Anhand einer Beispielpräsentation sehen Sie, wie Sie Texte sinnvoll gestalten, Ergebnisse anschaulich präsentieren oder Musik und Videos einbinden. Aus den Anleitungen können Sie gezielt auswählen, was Sie für Ihre Präsentation benötigen.

ca. 320 S., komplett in Farbe, 9,90 Euro
ISBN 978-3-8421-0087-9, Mai 2013
www.vierfarben.de/3362